KB166026

삶이 있는
수업

# 삶이 있는 수업

## 수업혁신, 배움을 넘어 삶으로

류창기 지음

한솔수북

# 교육 실천가, 가르침의 물음에 직면하다

　배움이 교실 안팎을 넘나들기를 원한다면 교사는 아이들의 다양한 요구를 받아들일 준비가 되어 있어야 한다. 일정한 틀 속에 가두어 요구를 획일화시키려 하기보다는 저마다의 독특함을 가지고 있는 아이들의 요구를 수용하고 개별적으로 반응하며 자유롭게 선택할 수 있게끔 문을 열어두어야 한다. 각기 다른 아이들을 상대로 똑같은 학습 기회와 환경을 제공하는 것만으로는 모두에게 배움의 기회를 공평하게 부여했다고 말할 수 없기 때문이다. 모든 아이들이 동일한 지점의 배움에 이르도록 조장하기보다는 아이들이 본래부터 가지고 있던 개성들을 잃지 않고 배움을 향해 언제든지 나아갈 수 있는 선택권을 내어줄 수 있을 때 비로소 삶이 흐르고 넘나드는 배움이 가능해진다.

　하지만 학교는 삶의 교육을 점차 잃어가고 있다. 객관적이고 과학적으로 검증을 거친 지식들이 교육의 내용이 되어야 한다고 말한다. 그것을 가르치는 교사 또한 개인의 가치를 배제한 채 중립적인 태도로 교육해야 함이 마땅하다고 스스로에게 각인시키고 있다. 하지만 교육 현장의 속살을 살짝 들여다보면 어디에도 가치 중립적인 모습은 찾아볼 수 없다. 쉬는 시간에 비일비재하게 일어나는 사소한 말다툼에서부터 누가 옳으니 그르니를 판단해야 한다. 수업 중에 오가는 수많은 대화 속 어디에도 중립적인 가치는 존재하지 않는다. 심지어 학자들이 객관적인 연구에 근거하여 만들어놓았다는 교과서에도 집필자의 생각과 의도가 고스란히 담겨 있다. 교육에서 가치 중립을 강변하며 교사와 아이의 생각과 입을 막아버리기보다 가치 중립의 의미를 교사 스스로 깨닫게 하는 편이 옳다. 한쪽으로 치우치지 않고 다양한 가치를 품에 안으며 누구나 열린 눈으로 새로운 것을 펼쳐갈 수 있게 만드는 교육이야말로 진정한 의미의 교육의 공공성이라 말할 수 있기 때문이다.

지금의 학교 교육은 가치 판단의 문제제기 과정을 생략한 채 외부로부터 주어진 지식을 전달하는 곳이 되어버렸다. 교사 스스로 교육 전문가의 자리에서 내려와 교육 수행인이 되어버린 지 오래이다. 교육 수행인으로서의 교사는 아이들에게 지식을 보다 효과적으로 전달할 수 있는 방법에만 몰두하고, 이를 지켜보는 학부모들은 자녀의 시험 점수로 교사의 전문성을 판단한다. 이러한 상황에서 관리와 통제는 수업에서 중요한 덕목으로 자리 잡게 되었다. 일반적으로 전문가란,

자신이 처한 상황을 인식하고 정보를 조직하고 해석하여 변화를 이끌어내는 광범위한 지식을 소유한 자를 지칭한다. 교사의 전문성은 여기에서 한 발짝 더 나아가 아이들이 이러한 지식의 소유자로 성장할 수 있게끔 조력하는 역할까지 담당하는 교육 실천가여야 한다. 실로 고도의 전문성이 요구되는 자리인 것이다.

교사가 교육 실천가로 나아가려면 자신이 알고 있는 지식에 질문을 던질 수 있어야 한다. 가르치는 일이 단순한 기술에 머물지 않으려면 교사가 무엇을 가르치려고 하는지, 그것을 어떤 방법으로 가르치려고 하는지, 어느 수준까지 달성하고자 애쓰는지, 궁극적으로 왜 가르치려고 하는지를 스스로 물어야 한다. 그럴 때만이 그동안 알고 있던 지식이 무엇인지 이해하고 해석할 수 있게 된다.

지식에 대한 이해와 해석은 또 다른 목표를 만들면서 지식을 변화시켜나갈 수 있는 통로를 만들어낸다. 변화된 지식은 또다시 이해와 해석의 과정을 거치면서 처음과는 다른 풍성한 지식이 되어 돌아온다. 이해와 해석의 과정이 변화를 통해 신빙성을 얻는 것이라면, 변화는 이해와 해석의 과정을 통해 새롭게 방향을 찾아나가는 과정이라 말할 수 있다. 따라서 교사가 넘나드는 배움을 일으키는 교육을 펼치고자 한다면, 지식을 이해하고 해석하며 변화하는 과정에 끊임없이 도전하는 것에 마음을 쏟아야 한다. 문제를 직면한다고 해서 모든 문제가 해결되는 것은 아니지만 직면하지 않고서는 어떠한 문제도 해결할 수 없기에 매 순간 자신의 가르침에 직면할 수 있는 질문을 던질 수 있는 용기가 넘나드는 배움에 밑바탕이 되어야 한다.

2017년 5월
남한산에서 류창기

# 차례

**4장**

넘나드는 배움의 교육과정

**5장**

**넘나들며 배우기 시즌 1** 가치 마을 활동

– 『오즈의 마법사』, 함께 만드는 공동체

**6장**

**넘나들며 배우기 시즌 2** 경제 마을 활동
– 『어린왕자』, 세상을 바꾸는 새로운 관점

1장

# 길 위에서
# 묻고 답하다

# 교사로
# 산다는 것

학교 텃밭에 오이가 주렁주렁 달리기 시작했다. 아침에 살짝 내린 안개비가 송골송골 맺혀 연녹색의 오이 빛깔이 더욱 싱그럽게 느껴진다. 얼핏 봐도 여느 가게에서 파는 오이와 비교할 수 없을 만큼 먹음직스럽다.

"선생님, 오이 하나 따서 먹어도 될까요?"
"당연히 안 되지. 주무관님이 정성스럽게 키우시는 오이잖아. 안 그래도 지나 가는 등산객들이 말도 안 하고 자꾸 따가는 바람에 주무관님은 몇 개 따지도 못 했다고 하시더라. 먹더라도 주무관님께 허락을 받아야 하지 않을까?"

아이는 묻지 않고 그냥 따서 먹을 것을 괜히 물어보았다는 듯 아쉬운 표정을 짓는다. 오이가 맛있어 보이기는 교사나 아이나 매일반인가 보다. 한참을 가지 끝 에 달린 오이들을 들여다보니 그 모양이 제각각이다. 길쭉길쭉한 것이 있는가 하 면 호박처럼 둥글둥글한 것도 있다. 양쪽 끝부분이 도톰하고 가운데 부분이 홀쭉한 것도 있는가 하면 끝으로 갈수록 홀쭉해지는 것도 있고 전체적으로 굵기가 고른 것도 보인다. 고추처럼 약간 휘어진 것도 있고 곧게 뻗어 자라는 것도 있다. 모양과 색깔은 다르지만 한입 베어 물면 금방이라도 단물이 배어날 것 같다. 교사는 대형마트에서 파는 오이를 잠시 떠올린다. 진열대에 올려놓은 오이들은 하나같이 똑같은 모양이었다. 어쩌면 그렇게 같은 모양과 같은 크기로 길러질 수 있는지 신기하기도 했다.

농부는 굵기가 고르고 반듯하게 기르기 위해서, 오이가 손가락 크기만큼 자랐을 때 캡을 씌운다. 플라스틱으로 특수 제작한 용기를 씌워두면 오이가 길쭉하고 반듯하게 자란다는 것이다. 플라스틱 캡에 갇혀서 자란 오이가 겉으로는 좋아 보일지 몰라도 과연 자라는 과정도 좋았을지 의문이다. 플라스틱 캡을 씌워서 보기 좋게 자라게 하든 저마다의 특성대로 제각기 자랄 수 있게 두든, 햇빛을 받고 땅의 양분을 얻어 자라는 것은 매한가지이다. 좀 더 자연스럽게 자랄 수 있게 두는 것이 더 좋지 않겠냐고 농부에게 묻는다면 과연 어떤 대답을 듣게 될까? 십중팔구 농부는 길쭉하고 반듯하게 자란 오이를 더 선호하는 소비자에게 그 책임을 돌릴 것이다. 오이의 상품성을 높이기 위해서는 캡을 씌워서 팔 수밖에 없다는 하소연을 늘어놓으면서 말이다.

'수업' '학교' '교육'이란 말을 들으면 어떤 그림이 떠오르는가? 하루 종일 허리 한번 제대로 펴지 못한 채 말과 글 속에 갇혀 꼼짝 않고 앉아 있어야만 했던 모습이 먼저 떠오른다. 마치 플라스틱 캡에 갇힌 오이마냥 모두 같은 모양이 되어야 하고, 심지어 자라는 속도마저도 맞출 것을 요구 받았던 답답한 기억이 떠오른다. 사회가 정해놓은 틀에 갇혀 지내던 학교 생활은 지금까지도 그대로이고, 앞으로도 크게 달라지지 않을 것 같아서 절망감마저 느껴진다.

이러한 상황 속에서 우리는 교사가 되었다. 교육 현장에 처음 발을 내딛던 때만 해도 지금까지 교육이란 명목 아래 가려져 있던 어두운 고리들을 단번에 끊어버리고 교실 한가운데 정의와 사랑의 깃발을 마음껏 흔들 수 있을 것이라 기대하였다. 하지만 한해 두해 교직 경험이 쌓여갈수록 높이 치켜세워야 할 깃발을 교실 한 구석으로 밀어둔 채, 매 순간 맞닥뜨리는 장애물을 넘느라 허덕인다. 처음에 품었던 꿈은 잊힌 지 오래고 결심은 흐릿해져만 간다. 이런저런 이유로 타협하고 살다가 어린 시절에 교실에서 느꼈던 차가움과 두려움이 나로 인해 되살아나 교실 안을 휘젓고 다니는 것을 보면 한숨이 절로 나온다. 때로는 그것이 생생하고 구체적으로 나타나기도 하고 모습을 드러내지 않은 채 누군가의 마음 한구석 깊은 곳에 숨어 있기도 한다. 문제를 그냥 덮어버리고 이리저리 고개를 돌리다보면 외면과 체념은 돌처럼 딱딱하게 굳어져 신념이 되고, 더 이상의 노력은 부질없는 것이라 스스로를 속이며 살아간다.

교사의 삶은 조각보를 만드는 것과 같다. 쓰다 남은 천들을 이리저리 돌려가며 맞대어 기워가듯 교사는 주어진 삶에 자신의 생각을 보태어 삶을 잇는다. 흩어져 있는 다양한 모양의 조각들 중에서 어떤 것을 고를지, 또 어떤 것과 맞대어 붙일지, 여러 장의 조각 천을 들고는 이리저리 돌려본다. 붓 끝에 닿은 하얀 종이 위에 물감이 번져나가듯 조각 천들은 실과 바늘의 움직임을 따라 번져나간다. 움직임이 반복될수록 조각보보다는 바늘과 실을 꿰는 손끝에 눈이 머문다. 몇 차례 따끔한 찔림을 경험하면 행여 뾰족한 바늘 끝에 또다시 찔리지는 않을까 하는 생각에 손이 저절로 움츠러든다. 그러다가 손끝의 감각만으로도 실과 바늘을 곱게 꿰매는 순간도 맞게 된다.

눈이 침침해지고 허리와 어깨가 쑤시는 고단함이 밀려올 때쯤이면 주름진 조각보를 손으로 쓱쓱 문질러가며 곱게 펼친다. 말로 표현할 수 없을 정도의 아름다움에 웃음이 절로 난다. 한 가지 천으로 만들었다면 이러한 모양과 색깔을 가진 조각보를 얻을 수 없었을 것이다. 세상에 하나밖에 없는 조각보를 보고 있으니 그동안의 고단함이 한순간에 사라진다.

세상은 조각난 천으로 가득하다. 모양도 제각각이고 색깔도 가지각색이다. 심지어 종류도 다르다. 이것들을 교실로 가져다가 기워내는 것이 수업이다. 처음에는 어떤 모양이면 좋겠고 어느 정도 크기면 적당하겠다고 생각하며 바느질을 시작한다. 원하는 모양과 크기의 조각보를 만드는 데 얼마큼의 시간이면 충분하다고 생각한다. 또 무엇을 만들어볼까 하며 다음 조각보를 생각하기도 한다. 하지만 얼마 지나지 않아 모든 것이 어리석고 불가능한 생각이었음을 알게 된다. 조각천을 들고 이리저리 돌리고 있는 교사 주변으로 아이들이 하나둘씩 모여들기 때문이다. 그리고 한마디씩 거든다.

"선생님, 이게 뭐예요?"
"와, 조각천이다!"
"선생님, 이걸로 뭐하실 건데요?"
"이걸로 밥상보 만드시려고요? 우리 엄마는 아주 잘 만들어요."

개중에는 이런 것에는 전혀 관심이 없다는 듯, 말을 툭 내뱉고 돌아서는 녀석들도 있다.

"어, 헝겊이네. 우리 집에 많은데."
"에게, 이게 뭐야. 쓰다 남은 것들뿐이잖아?"
"에이, 재미없어. 난, 공이나 차러 가야지."

이러쿵저러쿵 한마디씩 건네며 교사 주위로 몰려드는 아이들이 있는가 하면, 실실 눈치만 보면서 아무 말 없이 이 모든 광경을 물끄러미 지켜보고 있는 아이들도 서넛 보인다.

그러고 보니, 기워내야 할 천은 손에 들고 있는 것만이 아니었다. 살아 있는 조각 천들이 교실 안을 마구 휘젓고 돌아다니는 것이다. 과연 어떤 조각보가 탄생할 것인지 기대감으로 가득 차 있는 아이가 있는가 하면, 가지각색의 조각 천에만 관심을 보이는 아이도 있다. 조각 천을 기워가는 교사의 화려한 손놀림에 넋이 나간 아이, 선생님의 손가락이 바늘에 찔리면 어떻게 될까 하는 호기심에 빠져 있는 아이, 뾰족한 바늘이 마냥 무서워 곁에도 오지 않으려는 아이, 만들어지지도 않은 조각보를 벌써부터 어디에다 쓰면 좋을지부터 생각하는 아이, 조각보가 뭔지도 모르고 관심조차 없는 아이들이 바로 가지각색의 조각 천인 셈이다. 비로소 교사는 교실 밖에서 안으로 가지고 들어온 것만이 유일한 재료일 수 없음을 깨닫는다. 자신의 삶과 아이들의 삶이 덧대어질 때만이 근사한 빛깔을 품은 조각보가 펼쳐진다는 걸 깨닫게 된다. 실과 바늘을 넌지시 아이들에게 내밀며 교사가 묻는다.

"애들아, 나랑 예쁜 조각보 하나 만들어보지 않을래?"

이 물음 하나로 교사와 아이들 사이에 삶의 다리가 놓인다.

넘나들며 배우기

1. 이 책을 읽게 된 이유는 무엇인가? 무엇을 기대하고 글을 읽으려 하는가?
2. 수업이 무엇이라고 생각하는가?
3. 교사라는 고단한 삶을 살아내기 위해 나에게 가장 필요한 것은 무엇인가?

학교 뒷산, 통나무를 잘라 만든 의자에 걸터앉아 아이들에게 물었다.

"애들아, 노인이 심었던 나무가 뭐였더라?"

"떡갈나무예요."

아이들이 한 목소리로 대답한다. 장 지오노의 소설 『나무를 심은 사람』을 모두 읽었기에 목소리가 우렁차다.

"그럼, 숲에서 떡갈나무 한번 찾아볼까? 그런데 어떻게 찾지?"

"잎을 보면 알 수 있어요. 물결 모양처럼 삐죽삐죽 나와 있거든요."

"맞아요. 책 속 그림에서도 물결 모양처럼 잎이 그려져 있었어요."

"아, 그렇구나. 떡갈나무를 찾을 수 있는 또 다른 방법은 없을까?"

"도토리요. 나무 밑에 도토리가 많이 떨어져 있으면 떡갈나무 아닐까요?"

"맞아! 거기에다 잎 모양이 물결 모양이면 틀림없겠네."

평소 식물에 관심을 보이던 한 아이의 입에서 힌트가 될 만한 말이 툭 튀어나오자 다른 아이들도 같은 것을 보았다고 맞장구를 친다. 교사의 질문에 잠시 침묵이 흐르기도 하지만 묻고 답하기를 반복하며 이야기를 잘도 이어나간다.

아이들의 눈빛이 반짝이며 무언가를 알게 되었다는 표정을 짓는다. 그제야 나는 떡갈나무 잎과 둥치의 모습이 그려진 학습지를 꺼내든다. "자 그럼, 이제부터 떡갈나무를 찾아보자!" 떡갈나무를 직접 찾아 그려보자는 말이 떨어지기가 무섭게 아이들은 풀숲을 헤집고 다니기 시작한다. 이렇게 오늘 수업은 산책하던 길에서 시작한다.

오래된 소나무 사이를 뚫고 하늘을 향해 길게 뻗어 있는 떡갈나무를 찾아낸 아이들은 잎과 둥치를 직접 만져가며 그 생김새를 자세히 그려나간다. 비탈진 곳에서 비스듬히 자라고 있는 떡갈나무를 그림으로 담아내기가 여간 불편한 게 아니었으나, 아이들은 아랑곳하지 않고 나무에 몸을 기댄 채 그리기에 열중한다.

떡갈나무가 그려진 종이 한 장씩을 손에 들고서 교실로 들어온 아이들은 누가 더 잘 그렸는지 서로의 그림을 견주어보기 바쁘다. 떡갈나무를 옮겨놓은 듯 잎 모양과 나뭇결을 그대로 살려서 그린 그림이 있는가 하면 아직 달리지도 않은 도토리를 상상하여 잎 사이에 그려놓거나 아예 떡갈나무의 잎사귀를 떼어다가 붙여놓은 그림도 눈에 띈다. 아이들에게 노인이 왜 떡갈나무를 심었는지, 그것이 황폐해진 마을을 구하기 위한 최선의 방법이었는지 묻는다. 아이들은 교사의 질문에 나름의 근거를 세우며 의견을 말하기 시작한다.

"떡갈나무는 어디서든 잘 자라요. 뒷산 떡갈나무처럼 말이죠. 주위에 소나무로 둘러싸여 빛을 받지 못하는데도 잘 자라잖아요."

"떡갈나무는 비탈진 곳에서도 잘 자라나 봐요. 경사가 급한 곳에서 비스듬히 자라고 있었어요."

"떡갈나무가 황무지에서도 잘 자라니까 노인은 떡갈나무를 심은 것이죠."

떡갈나무를 찾아다녔던 경험을 교실 안으로 가지고 들어오니 이야기가 풍성해진다. 이야기에 서로의 생각을 조금씩 보탤수록 수업은 자연스럽게 배움을 향한다. 하루 일과표는 아침 산책 시간과 수업 시간으로 나뉘어 있지만 배움은 시간을 구별하지 않는다. 책상 앞에 앉아야만 배움이 생겨나는 것도 아니다. 시원한 바람을 가르며 하늘 높이 솟아오르는 그네 위에서든, 아슬아슬하게 미끄러져 내려오는 미끄럼틀에서든, 물건을 사고팔기 위해 사람들이 분주히 오가는 시장 한복판이든 별 상관없다. 모든 것이 배움의 시간이고 배움의 공간이 될 수 있기 때문이다.

배움이 시공간을 벗어나 이루어진다는 것은 교사라면 누구나 안다. 하지만 어느 때부터인가 우리는 적당한 크기의 울타리를 치고서는 그 안의 것만을 가리켜 '가르침'이라 말하고, 그에 반응하는 아이들의 모습만을 '배움'이라 말한다. 울타리는 나날이 높아지고 견고해져서는 '가르쳐야 하는 것과 가르치지 않아도 되는 것' '배워야 하는 것과 배우지 않아도 되는 것'의 기준이 되어버렸다. 기준이 생겨나면서 가르침과 배움은 몇 가지 행위로 단순해졌다. 교사는 약간의 시범을 보여주고서 아이들에게 해보라고 지시한 뒤, 아이들 사이를 돌아다니며 살펴보는 것으로 가르침의 소임을 다했다고 말할 수 있게 되었으며, 아이들은 교사의 지시에 따르기만 하면 잘 배웠다는 말을 들을 수 있게 되었다. 가르침과 배움은 학교와 같이 정해놓은 시간과 장소에서만 이루어지는 것으로 여기게 되었다.

하지만 가르침과 배움은 이러한 몇 가지 행위로 단정할 수 있는 것이 아니다. 보여주고 지시하고 확인하는 것은 가르침에서 극히 일부분에 지나지 않는다. 가르친다는 것은 준비하고, 맞이하며, 기대하고, 다가가고, 물러서고, 주었다가 돌려받기도 하며, 질문을 던지고, 기다리고, 북돋워주며, 다독이고, 이끌며, 때론 모른 채하고, 기회를 넘겨주고, 설득하며 이해하고 박수쳐주고, 단호한 표정을 내비치다가도 한없이 품어주는 것이다.

배움은 또 어떠한가? 배움은 몸에 새겨 날마다 반복하는 것이며, 익숙해지는 것이고, 뜻을 세우는 것이며, 인격을 기르는 것이고, 알면 알수록 겸손해지는 것이며, 삶의 자세를 바꾸는 것이고, 가르치면서도 배우게 되고, 배우다가도 가르치게 되는 것이다. 어떠한 기준을 세운들 어디서부터 어디까지가 가르침이고 배움인지 그 광대한 범위를 가늠할 수 없을 것이다. 무엇으로 나눌 수 없을 정도로 가르침과 배움은 맞닿아 있기도 하다.

이러함에도 학교 교육은 교육의 공공성을 근거로 객관적이고 과학적인 검증을 거친 지식들만을 가르쳐야 하는 것으로 규정한다. 또한 그것을 가르치는 교사는 중립적인 태도로 교육해야 함이 마땅하다고 말한다. 하지만 교육 현장으로 한 걸음만 들어와서 보면 그 어디에도 가치 중립적인 상황은 존재하지 않는다.

교사는 쉬는 시간, 점심시간 가릴 것 없이 비일비재하게 일어나는 사소한 말다툼에서부터 누가 옳은지 그른지 판단을 한다. 수업 시간이라고 해서 상황은 다르지 않다. 수업 중에 오고가는 대화 속 어디에도 중립적인 가치는 설 자리가 없다. 심지어 학문을 근거로 만들어진 교과서에도 집필자의 생각과 의도가 고스란히 담겨 있지 않은가!

한쪽으로 치우치지 말고, 단 한 명의 아이도 소외되지 않은 채로 배움이 일어날 수 있게 만드는 것이 진정한 의미에서 교육의 공공성이라고 할 수 있을 것이다. 허나 날이 갈수록 학교는 문제를 제기하고 가치를 판단하는 과정을 생략한 채 외부로부터 주어진 지식을 전달하는 곳으로 변해만 가고 있다. 교사가 삶의 가치를 나누기보다 지식을 전달하는 일에 매몰되어 갈수록 가르침과 배움은 수업 시간에만 이루어지는 것으로 간주된다. 결국, 시험을 준비하는 게 과정이고, 시험 점수가 가르침의 수준이며 수업의 질을 가늠하는 기준이 되어버리는 것이다. 관리와 통제가 수업에서 가장 중요한 덕목으로 자리 잡게 된 까닭도 이러한 흐름과 무관하지 않다.

문제를 직면한다고 해서 모든 문제가 해결되는 것은 아니지만 직면하지 않고서는 어떠한 문제도 해결할 수 없다. 매 순간 자신의 가르침을 직시할 수 있는 질문을 던질 수 있는 용기가 어느 때보다 절실하다. 나는 무엇을 가르치려고 하는가? 그것을 어떤 방법으로 가르치려고 하는가? 어디까지 가르치려고 하는가? 궁극적으로 나는 왜 가르치려고 하는가? 교사는 끊임없이 묻고 또 물어야 한다.

넘나들며 배우기

1. 수업에서 어떤 말들이 주로 오가는가? 어떤 말들이 오가길 바라는가?
2. 가르침과 배움이 무엇이라고 생각하는가? 그러한 가르침과 배움은 어디에서 일어나는가?
3. 나의 가르침을 직시할 수 있는 질문을 던지고 있는가? 어떤 질문이 나의 가르침을 직면하게 만드는가?

# 교사,
# 가지 않은
# 길에 서다

교사가 되기 위해 대학교에 입학한 지 얼마 안 되었을 무렵, 한 선배가 나에게 왜 교사가 되려는지 물었다. 초등학교 때부터 꿈꾸었던 일이라고 대답했다. 잠시 머뭇거리긴 했지만 그 말이 사실이었고, 교사가 되고자 하는 이유의 전부였다.

예비 교사 시절, 교사가 되려는 이유를 묻는 질문을 많이 받았다. 처음엔 같은 대답을 했지만 차츰 이유가 달라졌다. "4학년 때 만난 담임선생님이 저를 많이 아껴주셨거든요. 저도 그런 선생님이 되고 싶어서요." "6학년 때 담임선생님 때문이죠. 그분처럼 아이들을 함부로 다루는 교사가 되고 싶진 않다는 이유에서 교사가 더 되고 싶었어요." "학교라는 공간이 좋아요. 아이들도 좋고요." "아무래도 가정형편이 어려웠으니까, 빨리 직업을 갖는 것이 ……." "이제 생각해보니, 부모님이 제가 교사가 되길 원하셨기 때문인 것 같아요." 대답은 그때그때 달랐지만, 언제나 질문은 교사가 되려는 진짜 이유를 찾도록 나를 되돌아보게 만들었다.

정작 교사가 되고 나서는 교사가 된 까닭을 물어오는 사람은 없었다. 가끔 아이들이 '선생님은 왜 교사가 되셨어요?'라고 묻곤 하지만 교사들 사이에서 묻거나 답하는 경우는 극히 드물다. 쉬는 시간이면 연구실에 삼삼오오 둘러앉아 학교 돌아가는 이야기며, 살아가는 이야기를 즐겁게 나누다가도 자신의 속마음을 꺼내는 질문에는 참으로 어색해한다. 언제, 어디서 무엇을 할 것인지, 그리고 어떻게 할 것인지에 대해서는 잘도 이야기하다가도 '그거 왜 해야 하죠?'라는 질문에는 입을 닫아버린다. '왜'라는 말 자체가 학교와는 어울리지 않고 입 밖에 내어서는 안 될 것 같은 분위기다.

교사들이 '왜'라는 물음을 어려워하는 이유는 학교에 수많은 장벽이 가득하기 때문이다. 외부와 거의 단절되어 있는 공간에서 교사는 하루 종일 머문다. 출근과 동시에 아이들에게 둘러싸여 낮 시간의 대부분을 보내고, 나머지 한두 시간 정도를 업무와 수업 준비로 보낸다. 동료 교사와 얼굴을 맞대고 이야기를 나누는 시간은 고작 십여 분도 채 되지 않는다. 문제의 원인을 찾고 해결 방안을 모색하기에는 턱없이 부족한 시간이다. 퇴근 후에 따로 시간을 내어 이야기를 나누지 않는 이상 그냥 덮어두는 것이 서로가 마음 편하다. 사정이 이렇다보니 사람들을 만나 이야기를 나누는 시간이 턱없이 부족하다. 더구나 다른 직업군의 성인들과 교류하지 못하니 바깥으로 생각이 뻗어 나가지 못하고 학교 안에서 맴돌게 된다.

학교 안에서는 교사의 모든 말과 행동이 공개되어 있다. 마치 투명한 유리 상자 안에 있는 것처럼, 학교 안 어디에도 교사가 숨을 곳은 없다. 교사의 도움을 기다리는 아이들이 있는 한, 학교 안에서 '왜'라는 물음을 스스로 묻고 답하는 것은 상상조차 하기 힘들다. 관리와 통제가 뿌리 깊게 자리 잡고 있는 학교문화 속에서, '왜'라는 질문은 모두를 피곤하게만 만들뿐이다.

'왜'라는 물음이 교사들 사이에서만 사라진 것은 아니다. 교사들 사이에 이유를 묻고 답하는 것이 자연스럽지 않게 되면서 아이들의 입에서 나오는 '왜'라는 물음 또한 달갑지 않은 말이 되어버렸다. 특히 도시의 학교에서는 한 명의 교사가 감당해야 할 학생 수가 늘어나면서 아이들의 질문에 하나하나 반응해주는 것이 현실적으로 불가능해져버렸다. 공간의 부족과 시간의 압박, 그리고 학교 교육에 대한 사회적 편견이 맞물리면서 이유를 묻는 물음은 시간낭비처럼 여겨진다. 어려운 상황에서도 원인을 찾고 문제를 해결해보고자 교사들 각자가 발버둥쳐보지만 그리 오래가지 않는다. 그러니 많은 교사들이 현실적인 이유에 기대어 눈으로 보이는 확실한 것을 찾는다. 배우고 익히는 데 덜 수고스럽고 금방 사용할 수 있는 것이면 더 좋다. '왜'라는 질문에 완전히 소진되고 싶지 않기 때문이다.

'왜'라는 질문이 사라지면서 교육에 대한 묻고 따짐이 멈추었고, 교사는 교육 소비자로 전락했다. 교육 신상품을 교사의 손에 쥐어주며 그것을 소비하라고 독려한다. 얼마 되지 않아서 그것은 낡은 것이니 과감히 버리고 새로운 것을 가르치라고 또 무언가를 손에 쥐어준다. 아무리 보아도 예전 것과 별 다를 것 없는 듯한데도 미래에 달라질 사회와 그 속에서 살아갈 아이들에게 필요한 역량 등을 운운하며 제대로 한번 가르쳐보라 말한다. 새로운 것이라서 잘 모를 수 있으니 교과서와 활동지, 사용법이 자세히 기록된 지도서까지 두고 가는 친절함도 잊지 않는다. 교사가 할 일은 그저 수업 일수에 맞게 시간 계획을 세우고, 그대로 하면 되는 것이다.

'왜'라는 질문 뒤에는 언제나 '누가'라는 답이 기다린다. '교사가 왜 되셨나요?'라는 물음은 '나는 어떤 사람이지?' '내가 어떤 사람이기에 교사가 되려고 하는 것이지?' '교사는 어떤 사람이어야 하지?'라는 질문으로 이어질 수밖에 없다. 그러므로 가르침에서 '왜'라는 질문이 빠지면 '누가 가르쳐도 상관없어!'가 되어버리는 것이다.


각자도생의 시대로 들어선 사회에서, 교사는 선망하는 직업이 되어버렸다. 걷잡을 수 없을 정도의 경쟁과 속도전으로 내몰리는 직업들에 비해 교직만큼 안정적인 곳이 없다는 생각 탓이다. 정치, 경제, 사회 각 분야의 어두운 전망들이 현실로 나타나고 취업의 문턱이 높아만 갈수록 안정적인 직장에 들어가려고 하는 것은 인지상정이다. 그렇다고 가르치는 일이 쉽다거나 아무나 할 수 있는 것으로 치부되어선 곤란하다. 사람보다는 물질이 우선시되고, 편협하고 이기적인 생각이 사회를 지배하며, 공동체보다는 개인의 만족만을 채우려는 의식이 팽배해질수록 교육다운 교육을 펼쳐나갈 제대로 된 교사가 더욱 절실한 법이다.

현실적인 필요들이 뒤엉키는 바람에 교직이 인기 있는 직업 중 하나가 되었지만, 여전히 많은 이들이 교직을 소명으로 여기며 가르치는 일에 온 힘을 쏟는다. 누가 알아주기를 바라서도 아닌 교사 스스로 세워놓은 수준에 도달하고자 매 순간 힘겨운 싸움을 마다하지 않는다. 교사의 말과 움직임을 따라 귀를 종긋 세우고 연신 고개를 이리저리 돌려가며 엉덩이를 들썩이는 아이들의 맑은 눈망울을 보고 있으면 없던 힘도 새로 생긴다.

아무리 힘을 다해 애쓴다 한들 세상은 꿈쩍도 하지 않는다. 그렇다 하더라도 마음속에 희망의 씨앗을 따뜻하게 품어줄 아이들이 있다. 아이들이 도움의 손길을 필요로 하고 있다면 그것만으로도 가르치는 것은 충분한 가치를 지닌다. 거대한 세상에 비하면 한 사람은 아무것도 아니겠지만 세상의 변화는 늘 한 사람으로부터 시작했음을 잊지 말아야 한다. 바로 그 한 사람을 만날 수 있는 기회가 교사에게 있는 것이다. 아이들의 변화와 가능성, 그리고 성장을 일구어낼 수만 있다면, 머지않아 사회를 바꾸는 것도 가능하기 때문이다. 세상에 변화해야 할 것이 남아 있고 변화의 주체가 되어줄 아이들이 있는 한, 여전히 교사는 세상을 바꾸는 일의 중심에 서 있는 것이다.

바로 이것이 가르침을 소명으로 여기며 묵묵히 교실을 지켜나가는 교사들의 마음이다. 교직에 들어오기를 희망하는 이들 또한 세상의 풍조에 떠밀려 편안한 길을 과감히 거부하고 세상을 바꾸어가기 위한 원대한 꿈을 품어야 한다. 그래서 이 일은 쉽지가 않다. 매우 고단한 일이며 넓고 편안한 길을 놔두고 좁은 문으로 고개를 숙이고 들어가야 한다. 그 길은 사람들의 발길이 닿지 않는 곳이라 수풀은 우거져 있고 길도 울퉁불퉁하다. 닦여 있지 않은 길에는 웅덩이가 깊게 파여 있다. 이정표도 없어 어디로 가야 할지 길을 잃고 헤매기도 한다. 잠시 편안히 앉아 쉴 곳도 마땅치 않고 수시로 엄습해오는 위험들이 곳곳에 도사리고 있어 선잠을 자야 할 때도 있다. 지치고 힘들 때면 내가 왜 이 길을 선택했는지 후회가 물밀 듯 밀려온다.

교직이 하나의 직업에 머물고, 학교라는 조직 사회 안에서 각자도생을 지향한다면 교육의 본질은 학교의 중심에 바로서지 못하고, 가르침의 열정을 품은 교사들은 영혼에 상처를 입고 만다. 열성을 다해 가르침을 펼쳐가는 과정에서 지속적인 지원과 격려를 받기는커녕 괜한 짓을 저지르고 있다는 식의 냉소와 싸늘한 시선으로 교육을 바로 세우고자 하는 마음이 위축되는 것이다. 하지만 가르침의 길을 방해하는 더 큰 장애물은 다름 아닌 우리 안에 있다. '학교가 이런데 내가 할 수 있는 게 뭐가 있겠어?' '우리나라 입시제도가 바뀌어야 가능한 것 아닌가?' '그건 우리가 고민할 게 아니고 대학 교수들이 해야 되는 것이지!' 이런 푸념 섞인 말의 이면에는 문제의 원인도, 해결 방법도 모두 바깥으로 미뤄버리고 싶은 마음이 존재한다.

그렇다면 문제를 해결하는 방법이 정말 따로 있는 것일까? 결코 그렇지 않다. 만약 문제 해결의 열쇠가 바깥에서 주어진다고 하더라도 막상 구멍 속에 열쇠를 집어넣고 손잡이를 돌려 문을 열 사람은 다름 아닌 바로 교사이다. 따라서 교사가 직접 나서서 목소리를 높여야 한다. 교육 정책가나 교육 연구자, 관리 감독자들의 말에 귀를 기울이기보다 교육 실천가의 목소리를 들어야 한다. 당장이라도 주위에 있는 교사의 신음에 귀를 대고 응답해야 한다. 그가 외치는 말이 옳다면 함께 맞장구를 쳐주고, 생각이 다르다면 생각을 보태주는 말을 건네야 한다. 그래야만 우리가 꿈꾸는 위대한 미래를 함께 이루어갈 수 있다.

1. 교사가 되려 했던 이유는 무엇인가? 그 이유는 교사가 되고 나서도 그대로인가, 아니면 달라졌는가?

2. 교사를 직업으로 희망하는 사람들이 많아지는 현상을 어떻게 생각하는가? 교사를 꿈꾸는 이들에게 해주고 싶은 말은 무엇인가?

3. 교사가 가지고 있는 힘은 무엇이라고 생각하는가? 그 힘을 기르기 위해 어떻게 해야 한다고 생각하는가?

# 교사와
# 학생에 대한
# 다섯 가지
# 고정관념

때가 저물어 가매 제자들이 예수께 나와 여짜오되 이곳은 빈 들이요 날도 저
물어가니 무리를 보내어 두루 촌과 마을로 가서 무엇을 사 먹게 하옵소서. 대답
하여 이르시되 너희가 먹을 것을 주라 하시니. 『마가복음』 6:35-37

주변에 먹을 것을 구하기도 어렵고 많은 사람들을 모두 다 먹일 수도 없으니,
각자가 알아서 해결하는 것이 현실적이고 합리적이라고 말하는 제자들에게 예
수는 함께 문제를 해결해보자고 한다. 문제를 해결하기 위해 모두 머리를 맞댔을
때, 비로소 떡 다섯 개와 물고기 두 마리로 5,000명의 사람들을 배불리 먹이고도
음식이 남는 기적을 경험하게 된다. 서로 가지고 있는 아픔을 우리의 아픔으로
끌어안고 문제를 향해 함께 맞설 때 해결의 실마리를 찾을 수 있다. 그러기 위해
서는 서로의 목소리를 들어야 한다. 저 멀리 어딘가에 얼굴도 알지 못하는 누군
가의 외침이 아닌, 바로 옆에 벽 하나 사이를 두고 문만 열면 언제든 만날 수 있
는 동료 교사의 이야기에 귀를 기울여야 한다.

물론, 교사의 목소리를 듣는다는 건 말처럼 쉬운 일은 아니다. 바쁜 일상에서 가르침과 배움에 대한 깊이 있는 이야기를 나누는 기회를 가지기도 어렵지만 대화 속에서 옥석을 가려내는 일은 더욱 힘들다. 교육 정책가의 말 속에는 정치적 당리당략이 숨어 있고, 교육 연구자의 글 속에는 연구 결과의 일반화를 꾀하려는 의도가 담겨 있으며, 관리 감독자의 지시와 명령에는 행정적 편의주의가 깔려 있다. 마찬가지로 교육 실천가인 교사의 말 속에는 자신의 경험을 과장하고 합리화하고자 하는 마음이 도사리고 있다. 무용담과 같이 풀어놓은 교사의 말과 행동에서 거품을 걷어내고 그 안에 담긴 가르침의 본질을 찾기 위해서는 옥석을 가려낼 수 있어야 한다. 진실이 아님에도 참인 것처럼 위장하고 있는 고정관념이 학교 안을 떠돌며 우리의 말과 행동을 지배할 수 있기 때문이다.

## 고정관념 1
### 학기 초에 아이들을 꽉 잡아야 한다

학년이 바뀌고 새로운 아이들과 만나는 첫 날은 교사도 긴장하기 마련이다. 일찍 출근해서 아이들보다 먼저 교실에 앉아 있어야 할 것인지, 아니면 교무실에서 기다렸다가 아이들이 모두 모였을 때쯤 교실 문을 벌컥 열고 들어갈 것인지, 교단에 섰을 때 시선은 어디에다가 둘 것이며 조용히 자리에 앉으라고 먼저 말을 꺼낼 것인지, 아니면 아이들이 조용해지고 자리에 앉을 때까지 아무 말 없이 서 있을 것인지, 웃을 것인지 약간 인상을 쓰고 있을 것인지, 생각을 하나하나 정리하고 나서야 교실에 들어간다.

이 모든 것이 첫날에 어떤 인상을 주느냐에 따라서 1년의 생활이 달라진다는 믿음 때문이다. 이 말의 옳고 그름을 떠나서, 많은 교사들의 경험을 바탕에 두는 것이기에 사실에 가깝다고 할 수 있다. 첫날은 교사가 교실의 주도권을 쉽게 잡을 수 있는 절호의 찬스인 것은 분명하다. 교사 못지않게 아이들도 긴장 속에 첫날을 보내기 때문이다. 과연 어떤 분이 나의 담임교사가 될 것인지 반은 설레고 반은 두려워하기 때문에 그 마음속을 비집고 들어가 주도권을 잡기에 수월하다.

물론, 교실에 규칙과 질서는 반드시 있어야 한다. 경험상, 통제가 무너진 교실의 무질서보다는 오히려 엄격하게 통제된 교실이 안전 차원에서 훨씬 낫다. 적어도 성실한 태도로 학교 생활에 참여하고자 하는 아이가 보호받을 수 있는 환경은 마련되기 때문이다. 하지만 무엇을 위해 교사가 주도권을 잡으려는 것인지 묻지 않을 수 없다. 손쉽게 아이들을 다루기 위한 목적이거나 더 많은 공부를 해나가기 위한 전제 조건으로써의 통제라면 결코 바람직하지 않다. 어떤 식으로든 일순간 규칙과 질서가 생겨났다면 겉포장이 아무리 그럴듯해 보여도 그 속은 두려움으로 가득 채워져 있을 확률이 매우 높다. 두려움 속에서는 어떠한 배움도 일어나지 않기 때문이다.

두려움이 훑고 지나간 자리에 배움의 싹이 자라기는 어렵다. 뇌과학을 말하지 않더라도 긴장과 두려움 속에서는 아무 소리도 들리지 않는다는 사실을 우리는 경험으로도 잘 알고 있다. 따라서 규칙과 질서는 한순간에 길러지거나 기르려 해서도 안 된다. 규칙과 질서는 언제나 그 너머에 존재하는 목적을 이루어가는 과정 속에서 서서히 길러져야 한다. 교사는 아이들을 잡을 방법이 무엇일지 고민하기보다는 아이들이 목적을 이루어나가는 재미에 꽉 잡혀서 살 수 있게 만드는 방법이 무엇일지 먼저 생각해야 한다.

어떤 이유에서 이런 말이 생겨났는지 교사라면 잘 알고 있다. 학부모들은 아이들이 학교에서 공부를 잘하고 있는지 확인하기 위해 교과서를 뒤적거릴 때가 가끔 있다. 교과서 문제들에 아이가 답을 잘 썼는지, 글씨는 바르고 맞춤법은 틀리지 않았는지 등을 살펴보다가 문제가 띄엄띄엄 풀려 있거나 배운 흔적을 찾을 수 없을 때, 화살이 교사로 향한다. 교사가 제대로 가르치지 못했다고 생각하기 때문이다. 이러한 경우를 대비해 교사는 아이들에게 교과서를 펼치게 하거나 배운 흔적을 남겨두게 한다.

괜한 오해나 민원의 소지를 예방한다는 차원에서는 옳은 행동처럼 보일지 몰라도 사실은 그렇지 않다. '교사는 교육과정을 가르치는 것이지 교과서를 가르치는 것이 아니다' '교과서는 수많은 교재 중 하나일 뿐이다'라는 말은 누구이 들어봤을 것이다. 하지만 교과서의 내용을 하나도 빠짐없이 다루어야 직성이 풀리고 가르침의 소임을 다했다고 여기는 것에서 벗어나지 못하고 있다. 교과서를 전부 다 가르치지 않아도 된다는 사실을 잘 알고 있음에도 교과서를 손에서 놓고 싶어 하지 않는다. 가르치면 다 배웠을 것이라고 생각하거나 알고 있으면 실천할 수 있을 것이란 생각이 수업의 바탕을 이루고 있기 때문이다. 아이가 배웠는지 배우지 않았는지를 기준으로 자신의 가르침을 돌아보고 반성해야 함에도 오히려 가르친 행위를 기준으로 배움을 단정 지음으로써 모든 책임을 고스란히 아이에게 미루어버린다.

과연 교사가 생각하듯이 아이가 배울 수 있을 만큼 충분한 시간이 주어졌을까? 전혀 그렇지 않다. 일정표에 맞추어 움직이는 지금과 같은 수업 방식으로는 아이들은 시간의 부족함을 느낄 수밖에 없다. 한 예로 수업 시간에 돌아가며 이야기 짓기를 하는 경우가 종종 있다. 종이를 접어 작은 책을 만들고 돌아가며 한

페이지씩 이야기를 짓는다. 앞 사람이 지은 이야기를 이어가며 완성해가는 방식이라 처음 의도와는 달리 전혀 엉뚱한 방향으로 이야기가 뻗어나갈수록 아이들은 더욱 즐거워한다. 하지만 정해진 시간 안에 이야기를 지어야 하는 어려움 때문에 불평의 소리가 적잖게 들린다. 이는 아이들마다 글을 읽는 속도, 생각을 정리하는 데 필요한 시간, 글을 써가는 손놀림 정도가 다르기 때문에 벌어지는 자연스러운 현상이다.

어떻게든 시간 안에 자신에게 맡겨진 책임을 다하며 이야기를 꼼꼼하게 전개해나가는 아이들도 있는가 하면, 귀찮은 듯 글씨를 휘갈겨 쓰거나 아주 큰 글씨로 한 페이지를 채우고서는 옆 사람에게 획 하니 넘겨버리는 아이도 있다. 충분한 시간이 허락되지 않는다는 사실을 아이들이 알기 때문에 벌어지는 모습들이다. 사람이면 누구나 무슨 일이든 잘해내고 싶어 하고 끝까지 마무리짓고자 한다. 하지만 주어진 시간이 턱없이 부족하다면, 그 일을 대충 해버리거나 하지도 않은 것을 하는 것처럼 시늉만 하다 포기하고 말 것이다. 그리고 이러한 경험들이 쌓여갈수록 지레 포기하는 마음을 갖게 되기 마련이다.

가르침은 하나의 모습일 수 있으나 배움은 하나일 수가 없다. 학습 기회와 환경을 아이들에게 공평하게 제공한다고 해서 배움이 보장되는 것은 아니다. 배움의 모습은 아이들 숫자만큼이나 다양하다. 그럼에도 교사가 수업을 통해 모두가 배웠을 것이라고 생각하는 것은 가르침에 무한한 자신감을 가지고 있거나 아니면 모두 배웠을 것이라고 여기는 것이 마음 편하기 때문이다. 오랜 세월 그것의 근거가 교과서였다. 교과서를 펼치면 배움의 흔적을 찾아볼 수 있었고 그것으로 배움을 확신하였다. 아마도 교과서를 끝까지 포기하지 못하는 것은 아이들이나 학부모의 요구보다는 오히려 자신의 직무를 확인하고 싶어 하는 교사의 마음 때문일 것이다.

**덜 준비한 수업이 더 잘된다**

덜 준비한 수업이 더 잘되는 것은 힘의 균형이 맞았기 때문이다. 다시 말해서 준비를 덜 했기 때문에 수업이 잘된 것이라기보다는 평소와는 달리 가르침의 무게는 줄이고 배움 쪽에 더 많은 무게를 둔 결과인 것이다. 보통 교사 스스로 수업 준비가 부족하다는 생각이 들면 아이들의 의견을 묻고 말을 끝까지 듣게 된다. 물론 교사에 따라서 횡설수설하며 말이 더 길어지는 경우도 있다. 하지만 평소와 달리 아이들에게 의견을 묻고 충분히 말할 수 있는 기회를 주니 아이들의 참여가 늘어나는 것은 당연한 일이다.

준비를 많이 할수록 수업이 잘되지 않는다고 생각하는 것은, 교사가 하고 싶은 것이 많아질수록 가르침 쪽에 힘이 잔뜩 실리기 때문이다. 그럴수록 교사의 말은 많아지고 수업은 교사가 주도하는 활동들로 한가득 채워진다. 대개 이러한 경우 교사는 시간에 쫓겨 넘어야 할 산을 가리키며 아이들을 다그치게 된다. 아이들은 영문도 모른 채 끌려가고 자신들의 의견이 반영될 틈이 없으니 소극적인 반응만 보일 수밖에 없게 된다. 상황이야 어떻게 되었든 수업만 잘되면 되지 않겠느냐는 생각이 들 것이다. 하지만 그렇지 않다. 교사들이 수업에서 간과해서는 안 되는 점이 하나 있다. 바로 교사에게는 수업이 정말 잘되었는지 잘되지 않았는지를 확인할 길이 전혀 없다는 것이다. 하루하루 수업하기에도 급급한 상황에서 수업을 돌아볼 수 있는 시간과 기회조차 주어지지 않는 것이 현실이다.

많은 교사들은 수업이 잘되고 못 되고를 자신의 감정에 비추어 생각한다. 기대가 큰 만큼 실망도 큰 법이라서 준비를 많이 할수록 수업에 거는 기대도 크기 마련이다. 이 정도 준비하면 어느 정도의 수준은 될 것이라고 예상해보지만 결과가 기대에 미치지 못할 때는 크게 실망한다. 교사가 자신의 수업에 실망하는 마음을 갖는 것은 자연스러운 것이고 수업을 돌아본다는 면에서 그나마 바람직한 일이다. 제대로 준비하지 않은 수업이 오히려 잘되었다는 말은, 수업에 기대도 하지 않아 후회와 실망이 생기지 않는 것처럼 지극히 당연한 일이다. 그것을 위안으로 삼고 이 정도면 나쁘지 않다고 생각하는 것은 수업을 돌아볼 기회마저 잃게 만든다. 그렇게 한해 두해 보내고 나면 수업을 돌아보는 건 엄두가 나지 않는 일이 되고 만다.

## 고정관념 4
### 회의는 불필요한 형식이다

학교는 회의가 참으로 많은 곳이다. 일주일에 한 번은 전체 교직원이 모이는 회의가 있고, 부장 교사라면 하루가 멀다 하고 수시로 크고 작은 회의에 참석한다. 하지만 말이 좋아 회의이지, 말하는 사람은 늘 정해져 있다. 공지사항을 전달하는 정도의 수준을 넘지 못하는 회의는 그마저도 시간에 쫓겨 제대로 된 논의 한번 거치지 않고 그대로 추진된다. 전달하고 전달받는 방식의 회의에 익숙해져 버린 나머지 받아 적기 무섭게 회의는 어느새 끝나버린다. 문제점에 대해서 제대로 이야기를 나누기는커녕 회의 내용을 제대로 이해하지도 못하고 지시-전달-수행의 과정을 반복한다.

회의를 하는 목적이 아이들의 성장을 돕기 위함이고, 교사들의 교육 실천을 돕기 위함일 텐데, 어찌된 영문인지 교육에서 가장 중요한 아이들 이야기, 수업 이야기는 거론조차 되지 않는다. 고작 아이들에 관해서라고는 '아이들이 복도나 계단에서 뛰어다니지 않게 하세요' '교실에서 시끄럽게 소리 지르지 않게 잘 지도해주세요' '길 건널 때 사고 나지 않게 주의를 주시기 바랍니다' 정도로 생활지도와 안전에 관한 이야기가 대부분을 차지한다.

최근에는 시간이 부족하다고 호소하는 교사들의 요구에 부응하기 위해 회의 시간과 횟수마저 줄이는 실정이다. 모이는 데 걸리는 시간을 최대한 줄여보자는 의도에서 컴퓨터마다 메신저를 설치하고 공지사항을 쪽지로 전달한다. 기계의 힘을 빌려 최대한 효율성을 높여보자는 것인데 결과는 어떠한가? 예상만큼 불필요한 회의가 줄어들고 소통이 원활해졌을까? 처음에는 메신저의 사용으로 회의가 줄고 소통이 잘 이루어지게 될 것이라고 생각했지만 결과는 만족스럽지 못하다. 시도 때도 없이 삑삑 울려대는 쪽지 알림 소리가 수업을 방해하고, 수신 확인을 알리는 쪽지의 깜빡거림이 교사를 신경 쓰게 만든다. 이런 것이 싫어서 알람을 꺼놓거나 아예 쪽지를 읽지 않는 교사들이 점점 늘어나게 되었다. 메신저가 진정한 소통을 이루어가는 데 오히려 방해가 된다고 판단한 학교에서는 점차 메신저 프로그램을 삭제하자는 의견들이 생겨난다. 회의를 싫어하고 귀찮아하는 문제를 효율성을 높이는 것으로 풀어보려고 하였지만 실패하고 만 것이다.

이러한 시도들이 실패하게 된 이유는 무엇일까? 교사가 회의를 싫어하는 이유는 효율적이지 않아서가 아니다. 권위적인 지시와 명령으로 진행되기 때문이다. 또한 듣고 싶은 이야기를 듣지 못하고, 하고 싶은 말을 하지 못하기 때문이다. 삼삼오오 둘러앉아 대화를 주고받을 수 있게끔 책상 배치만 살짝 바꿔도 회의 분위기는 달라진다. 아이들과 생활하면서 있었던 이야기를 말할 수 있도록 분위기를 만들고 자신의 생각과 느낌을 있는 그대로 풀어 놓게만 해도 고민거리는 저절로 풀리게 될 것이다. 이야기가 충분히 나누어지기만 해도 지금과 같이 회의 시간에 고개를 푹 숙이고 무언가를 잘 받아 적는 척하며, 딴 생각에 빠져 있는 모습은 크게 줄어들게 될 것이다.

회의를 싫어하는 교사일지라도, 이야기를 나누는 것은 다들 좋아한다. 이야기를 나누다보면 이야기는 아이들과 수업, 그리고 함께 해결해야 할 공동 과제로 흐른다. 일상적인 이야기로 시작되더라도 분위기가 무르익기만 하면 교사들은 자리를 뜨지 않고 이야기에 빠져든다. 교사가 말을 해야 하는 이유는 비단 개인의 답답한 심정을 풀기 위함만은 아니다. 학교에서 교사가 말을 하지 않으면 학교는 중심을 읽고 길을 잃어버린다. 학교가 교육을 위해 존재하는 것이 당연한 듯 말하지만 실상은 조직을 유지하고 관리하는 쪽으로 중심축이 기울어진 경우가 많은 이유도 바로 여기에 있다. 소통이 막히면 관리와 감독이 교육의 모습으로 변장하고서는 학교 이곳저곳을 들쑤시고 다닌다.

조직이나 규정 또한 교육을 지원하기 위해 생겨난 것임에도 수많은 규칙을 지켜나가기 위해 교육을 희생시키는 풍토가 조성된다. 교육적인 방법으로 교육을 풀어나가야 교육다운 교육이 되는데, 교육을 담아내는 방식이 교육적이지 않으니 교육이라 말하고 실천한들 무슨 소용이 있겠는가! 함께 이야기하고 목소리를 높여야 한다. 회의를 없애고 시간을 줄일 것이 아니라 진심이 담긴 말들이 오갈 수 있게 소통의 장을 만들어야 한다.

## 고정관념 5

### 아이들은 스스로 하지 않는다

교사들이 공통으로 가지고 있는 바람 중 하나가 아이들이 스스로 하는 힘을 갖는 것이다. 교실이 어질러져 있으면 아이들이 알아서 치워주었으면 좋겠고, 아무 말 하지 않아도 수업 시간이 되면 공부할 것들을 챙겨서 자리에 앉아 있으면 한다. 알아서 조용히 했으면, 알아서 공부했으면, 준비물도 알아서 챙겨오고, 연필도 예쁘게 깎아서 필통 속에 넣어오고, 숙제도 스스로 하고, 알아서 욕도 하지 않고 고운 말만 썼으면 한다. 혹시 친구들 사이에서 다툼이 생기더라도 아이들끼리 알아서 해결했으면 한다. 어쩌면 이 모든 것을 가능하게 하는 스스로 하는 힘마저도 알아서 길러졌으면 하는 건 아닐까?

간혹 어떤 것들은 아이들 스스로 하는 경우도 있다. 축구를 너무 좋아하는 아이들은 억수같이 내리는 비를 맞으며 진흙탕 속을 뒹굴면서도 신나게 공을 찬다. 공기놀이에 흠뻑 빠진 아이들은 오 분도 채 남지 않은 자투리 시간에도 모여서 논다. 읽고 싶은 책이 생기면 수업 시간이라도 책상 속에 몰래 감추고서 슬금슬금 교사의 눈치를 살피며 읽는다. 만화 그리기에 재미를 붙인 아이들은 책이든 공책이든 가리지 않고 빈 공간에 온통 만화를 그려댄다. 알뜰시장에서 아끼는 물건들을 팔아서 악착같이 번 돈을 무슨 마음에서인지 몽땅 불우이웃돕기 모금함에 쏟아 넣는 것도 바로 아이들의 모습들 중 하나다.

스스로 하는 힘이 있다고 보는 것이 맞는 것인지 아니면 없다고 보는 것이 맞는 것인지, 아이들을 어떻게 보아야 할지 분간하기가 어렵다. 스스로 하는 힘을 기르는 것에 대해 교사들과 이야기를 나누다보면 '자치'와 '방치' 사이에서 교사의 고민이 깊어진다는 사실을 발견한다. 자치에 대하여 이야기를 나누던 중에 한 교사가 물었다. '아무리 아이들이 주체가 되어 여는 동아리 발표회지만 한 곡도 아닌 한 소절만 준비해서 무대에 오르겠다는 것이 맞을까요? 이런 사실을 알고 교사는 어떻게 해야 할까요? 한 곡을 끝까지 부르도록 해야 하는 것일까요? 아니면 아이들이 스스로 결정한 것이니 놔두어야 하는 것이 맞을까요?' 어떤 판단을 내려야 할지 쉽지 않은 질문이었다.

이 동아리는 아이들이 스스로 만든 자율 동아리로 오랜 기간 함께 모여 연습했지만 제대로 연주할 수 있는 곡이 하나도 없었던 것이다. 잘하는 아이들을 앞에 세우고 못 하는 아이들은 하는 것처럼 시늉만 하게 한다면 한 곡쯤은 충분히 연주할 수 있겠지만, 그러고 싶지 않은 게 아이들의 의견이었다. 이처럼 아이들에게 스스로 하는 힘을 길러주기 위해 시작한 일인데 생각만큼 결과가 좋지 않다거나 꾸준히 이어가지 못할 때, 교사는 어떻게 해야 할지 망설여진다. 그러다보면 교사가 팔을 걷어붙이고서 가르쳐야 한다는 생각이 강하게 든다.

학생자치회의도 마찬가지다. 교사는 학급 대표가 된 아이에게 회의에 반드시 참석해야 한다고 하고, 아이는 회의를 해보았자 아무 소용없다면서 학원에 가겠다고 버티는 경우가 많다. 회의에 빠지고 학원에 가라는 부모의 말과 행동 속에 '스스로'라는 의미는 찾아볼 수 없다. 만약 교사의 지시에 따라 아이가 학생자치회의에 들어가 앉아 있더라도 그것을 자치로 보기는 어렵다. 그 아이에게 자치는 이미 자치가 아닌 게 되어버렸기 때문이다. 문제는 이와 비슷한 일들이 거의 모든 학교에서 흔하게 일어난다는 것이다.

아무리 좋은 것이라도 남이 시켜서 하는 것을 스스로 한 것이라 할 수 없다. 스스로 한다는 것은 그 일을 할 것인지 하지 않을 것인지 선택할 권리를 온전히 가지고 있다는 것이다. 진정으로 스스로 하는 힘을 기르고 싶다면 '그것을 할 수 있는 권리'와 '하지 않아도 될 권리' 두 가지 모두가 보장되어야 한다. 엄밀하게 말하자면 그 일을 하는 것만 자치가 아니라 그 일을 하지 않는 것도 자치이기 때문이다.

'마당 쓸려고 비를 드니 마당 쓸라고 한다. 그러자 마당을 쓸고 싶은 마음이 사라졌다'는 말이 있다. 하루 종일 실컷 놀고 공부하려 책상에 앉았는데 '너, 공부 안 하니?'라는 말 한마디에 공부할 마음이 싹 사라지듯이, 스스로 하는 힘은 누구의 지시와 명령에서 길러지는 것이 아니다. 가르치려고 할 때 사라지고 마는 것이 자치이다. 그래서 가르침에는 오래 참음과 격려가 필요하다. 아이들을 향한 교사의 믿음만 흔들리지 않는다면 그리 멀지 않아 아이들에게서 스스로 하는 힘이 생겨났음을 보게 될 것이다.

1. 가르침과 배움에서 옥석이 될 만한 말에는 어떤 것들이 있는가? 그것이 나에게 어떤 영향을 끼치는가?

2. 배움은 어떻게 일어나는가? 어떤 모습에서 배움이 일어났다고 확신을 갖는가?

3. 학교에서 진솔한 의사소통이 일어나게 하기 위해서는 어떻게 해야 하는가?

사람을 잇고 .
사랑을 맺는
배움과 가르침 ✕

　　가르침은 교과 중심, 교사 중심, 학습자 중심 등으로 나뉜다. 수업의 목표나 내용 그리고 방법이 교과, 교사, 학습자 중에서 어느 쪽에 더 많이 치우쳤는지에 따라서 수업은 달리 이해된다. 하지만 수업이 시작되면 무엇에 중심을 두고 있는지는 명확히 구별되지도 않고, 그것이 수업을 이해하는 데 썩 유용하지도 않음을 알게 된다. 교과를 중심으로 수업이 시작되었지만 학습자 중심으로 바뀌기도 하고, 학습자 중심으로 수업을 계획하였지만 교사 중심으로 흘러가기도 한다.

　　수업을 교과 중심, 교사 중심, 학습자 중심 등으로 구분하는 것은 수업의 효율성을 판단함에 어느 쪽이 더 유용하고 그렇지 않은가에 대해 말할 수 있을지는 몰라도 배움의 과정에서 그 변화를 멈추게 할 수는 없다. 배움은 늘 유동적이고 다방향적이기 때문에 가르침은 늘 배움에 의존할 수밖에 없게 되고 만다. 늘 급변하는 배움을 세심하게 감지해내고 학습 환경을 수시로 바꾸어주지 않고서는 제대로 가르침을 펼칠 수 없기 때문이다.

　　학습 환경을 조성하는 초기 단계에서는 배움이 어떻게 일어나고 흘러가는가에 대한 교사의 지식과 경험이 중요하게 작용한다. 교사는 그동안의 경험을 바탕으로 배움의 목표를 세워 내용을 구성하고 그것을 달성하기 위한 최선의 방법을 선택함으로써 최적의 수업을 기획하게 된다. 하지만 수업이 시작되는 순간부터 전혀 예상하지 못했던 수많은 장벽이 배움을 멈추어 서게 만든다. 막다른 길에 들어섰을 때는 오던 길을 되짚어 돌아가야 하듯 교사는 아이들의 생각이 멈춰진 지점을 찾아 가르치기를 다시 시작한다. 다행히 문제의 실마리를 찾아 해결하였다고 하더라도 또 다른 이유로 아이들의 배움이 멈추기 마련이다. 다시 말해 교사가 쌓아놓은 이전의 경험들은 문제를 풀어가는 데 약간의 도움은 될 수 있지만 문제의 발생을 처음부터 막을 수는 없다.

배움은 유동적이고, 현재적이며, 개별적인 특성을 가진다. 방금 전에 배움이 일어났다 하더라도 지속적으로 일어날 것이라 단정할 수는 없다. 교사가 예상한 시점에 배움이 일어날 수도 있고 아닐 수도 있다. 또한 같은 시간과 장소에서 동일한 가르침을 받아도 배움이 모두에게 일어날 수도 있고 한두 명에게만 일어날 수도 있다. 심지어 아무에게도 배움이 일어나지 않을 수도 있다. 집단지성을 통한 협력수업이 배움에 유리하다고 할지라도 배움을 가져가는 것은 개인마다 다르다. 열 명 중 아홉 사람이 깨달았다고 해서 나머지 한 명에게서 덩달아 배움이 일어나는 경우는 있을 수 없기 때문이다.

유동적이고 현재적이며 개별적인 특성을 가졌다고 해서 배움을 개인적 차원에서만 다루는 것도 바람직하지 않다. 오히려 이러한 특성은 수업에서 관계 맺기를 더욱 필요로 한다. 배움의 과정이 궁금하다면 교사는 아이들과 늘 함께 있어야 한다. 교육과정이라는 꾸러미를 잠들어 있는 아이 머리맡에 몰래 놓아두고서는, 깨어난 아이가 기뻐하는 모습을 상상하며 흐뭇한 미소를 짓는 산타클로스가 되어서는 안 된다. 선물 상자를 처음 본 아이들의 눈빛과 그것을 풀어보는 동작 하나하나를 곁에서 보고 아이가 어느 순간에 '야호!'라고 외치는지 그 속삭임과 떨림 하나하나까지도 들을 수 있어야 한다. 배움이 언제 어디에서 누구에게 어떻게 일어나게 될지 모르니 늘 과정에서 눈을 떼지 말아야 한다. 하지만 연구자적 태도를 취한답시고 아이들과 거리를 두고 객관적인 태도로 상황을 보려고만 해서도 안 된다. 배움과 그 기쁨을 아이들과 함께 나누려고 할 때 비로소 아이들은 배우기 시작하고, 자신이 배우고 있음을 교사에게 보여준다. 아이들 스스로 자신의 모습을 보여줄 때만이 배움의 순간을 교사가 들여다볼 수 있게 된다.

교과 중심, 교사 중심, 학습자 중심 등으로 학습 환경을 구분하려는 것은 배움을 개인적 차원에서 일어나는 그 무엇으로 제한하여 보게 만든다. 교사의 교수 형태가 어떤지 말하기는 쉬울지 몰라도 배움과 직접적인 연관을 짓기는 무리가 따른다. 아이들의 배움을 전제로 하는 가르침은 결과만을 가지고 논하게 되면서 배움의 과정을 소홀히 다룰 가능성이 높아지기 때문이다. 그럼에도 교사들은 다른 사람의 생각에 따라가려는 경향을 보인다. 객관성을 최고의 선으로 여기고 책에 나온 이야기라면 무조건 신뢰한다. 궁금해 하지만 문제 속으로 뛰어 들어가려 하지 않는다. 그러니 정말 그런지 들여다보지 않게 되고 생각하지 않게 된다. 생각이 깊어지지 않으니 또다시 전문가에게 문제를 맡기고 답을 기다린다. 그에게 답을 받아다가 어떻게든 문제를 풀어보려 하지만 잘 풀리지 않는다. 이러한 과정을 몇 차례 반복하다보면 문제를 풀기 위해 가졌던 마음마저도 잃고 만다. 그래서 남는 것은 책임만 면할 정도의 역할뿐이다.

배움이 가르침이 된다는 것은 대단한 기술이 필요한 게 아니다. 사랑하지 않으면 핑계만을 찾고, 사랑하면 방법을 찾듯이 자그마한 관심에서 시작해 사랑으로 맺는 일이 배우고 가르치는 일이다. 아이의 생각과 시선이 어디에 머물고 어떻게 이어가는지를 보는 일, 이전과 달라진 점이 무엇인지 지켜보는 일, 아이 앞에 어떤 다리를 놓아야 할 것인지 고민이 생겼다면 그것으로 준비는 다 된 셈이다.

1. 지금 나의 수업을 교과 중심, 교사 중심, 학습자 중심으로 구분할 수 있는가? 구분할 수 있다면 그 기준은 무엇이고, 어떤 의미가 있는가?

2. 수업 중에 배움을 멈추게 하는 난관들에는 어떤 것들이 있는가? 그런 일이 생겨날 때 어떻게 문제를 해결하는가?

3. 배움이 가르침이 된다는 의미가 무엇이라 생각하는가? 아이들과 함께 배우려고 할 때, 더 잘 가르치게 되는 경험을 해본 적 있는가?

# 2장

# 교실에 갇힌 배움,
# 삶의 무대에서 펼쳐지는 배움

# 열정이
# 식는 이유

산을 오르다가 잠시 쉬는 틈에 두 아이가 주고받는 말이 들려왔다.

"사랑하는 것과 좋아하는 것이 어떻게 다른지 아니?"
"음, 사랑하는 것과 좋아하는 거? 글쎄, 둘 다 같은 거 아닌가?"
"만약 지구가 멸망한다고 해봐. 너를 탈출시켜줄 마지막 우주선이 출발하려
는 순간이고. 근데 남은 자리가 딱 하나밖에 없는 거야. 그때 내가 아닌 그 사람
을 태우려 한다면 그 마음이 바로 사랑이래. 근데 좋아하는 것은 그저 내 옆 자
리에 그 사람을 태우고 싶어 하는 마음이래."

아이가 들려준 이야기를 통해서 사랑하는 것과 좋아하는 것이 어떻게 다른지
내 마음에 와닿았다. 아주 짧은 대화였지만 소나무 숲의 싱그러운 향기와 어우러
지면서 아이들의 모습이 긴 여운으로 남았다. '나는 아이들을 사랑하는 걸까, 아
니면 좋아하는 걸까?' '그동안 나는 교사로서 아이를 이해하고 있었던 것일까?'

'아이를 이해하고 가르친다는 것은 무엇일까?' '아이를 이해하고 잘 가르치려면 어떻게 해야 하는 것일까?' 물음은 꼬리에 꼬리를 물다가 결국 '나에게 그럴 만한 시간이 주어지지 않으니 어쩔 수 없잖아!'로 끝을 맺었다.

그럴 법도 한 것이 수업을 마친 뒤 아이들을 서둘러 보내고 나면 급하게 처리해야 할 일들이 한 가득 기다린다. 수차례 수정과 확인을 거듭하며 어렵게 공문을 상신하고 나면 그때서야 잘못된 글자가 눈에 들어온다. 오탈자와 같은 내용 오류 등이 관리자의 눈에 발견되고, 어김없이 공문은 반려되어 다시 돌아온다. 말이 좋아 온라인 결재이지 직접 대면하여 보고하기를 관리자들은 내심 원한다. 행정서류 뭉치를 들고 학교 이곳저곳을 뛰어다니다보면 시계는 어느새 퇴근 시간을 가리킨다. 그제야 책상 한 귀퉁이에 밀어두었던 아이들의 각종 학습 결과물이 눈에 들어온다. 그것들을 가방에 담아 집으로 와보지만 피곤에 지쳐 금세 쓰러지고 만다. 교재 연구는 둘째 치고 집으로 가져간 학습 결과물을 풀어보지도 못하고 가방에 담아둔 채로 고스란히 학교로 다시 가져오는 일이 반복된다. 사정이 이렇다보니 아이들을 가르치는 것이 교사의 본분임에도 '평소에는 업무 처리하고 짬짬이 가르친다'는 웃지 못할 이야기가 생겨날 정도이다.

차분히 앉아 오늘 하루를 돌아보고 아이들 얼굴을 하나하나 떠올리며 가르쳤던 것을 돌아보고 싶지만 좀처럼 시간이 나지 않는다. 학기 초에는 아이들이나 교사나 새로운 환경에 적응하느라 바쁘고 학기 중에는 수업하느라 바쁘다. 학기말에는 진도 빼고 평가하느라 바빠서 정작 제대로 가르쳐보지도 못한 채 한 해가 지나가고 새로운 아이들을 맞이하게 된다. 이러한 일이 한해 두해 반복되면서 수업에 대한 열정은 점차 식어만 가고 아이의 상태와 수준에 따라 자신의 수업을 바꾸려 하기보다는 그동안 해오던 방식에 아이들을 끼워 맞추려고 한다. 교사 편의에 따라 일방적으로 진행되는 수업이 계속될수록 아이들의 반응은 싸늘해져만 가고, 교사의 마음에는 상처만이 쌓이게 된다.

무엇이 어디서부터 잘못되었는지 생각해보고 다시 힘을 내어 수업을 바꾸어보려고 하지만 혼자 힘으로는 쉽지 않다. 옆에 있는 동료에게 자신이 겪고 있는 어려움을 말하고 도움을 청하면 된다지만 말처럼 쉽지 않다. 교직문화가 워낙 폐쇄적이기도 하거니와 남의 고민을 들어줄 만큼 한가하지도 않다. 동료에게 자신이 겪고 있는 어려움을 토로하고 그에 적합한 조언을 들었다 하더라도 결국은 교사 스스로의 힘으로 해결해야 하기 때문이다. 아무리 힘들다고 하더라도 동료 교사가 대신하여 수업에 들어올 수는 없는 노릇이다.

문제는 수업에 대한 고민으로 빚어지는 고통이 몇몇 교사들에게만 일어나는 일이 아니라는 점이다. 정도의 차이가 있을 뿐 가르치는 사람이라면 누구나 평생 짊어지고 가야 할 짐과 같은 것이 바로 수업에 대한 고민이다. 산이 높을수록 골이 깊어지듯, 경력이 짧은 교사보다는 오히려 경력이 많을수록 수업에 대한 고민의 구덩이가 더 깊을 수밖에 없다.

수업 경험이 아무리 많다고 하더라도 가르침의 특성상 매 순간 다른 반응을 경험하게 된다. 같은 내용일지라도 시간과 장소, 그리고 가르치는 자와 가르침을 받는 대상의 상태, 그 외의 수많은 요인에 따라 과정과 결과가 달라지기 마련이다. 수업에서 어제의 성공이 오늘의 수업을 보장할 수 없다. 방금 전에 수업이 잘되었다고 다음 수업이 잘될 것이라 장담할 수 없다. 경력이 많은 교사라고 할지라도 수업에 대한 고민은 저경력 교사와 마찬가지로 늘 생소하고 새로운 문제처럼 맞닥뜨리게 된다.

하지만 교육 현장의 모습은 어떠한가? 수업을 평가의 대상으로 간주하고 점수를 매겨가며 교사들을 한 줄로 세우려고 한다. 시험과 점수로 아이들을 서열화하는 것도 모자라서 이제는 교사마저 경쟁의 장으로 내몰고 있는 실정이다. 어떤 이는 교사의 주요 역할이 가르치는 것이라면 수업을 잘하는지 못하는지 평가받는 것이 무슨 문제냐고 물을 수 있을 것이다. 얼핏 보면 이러한 질문은 당연한 듯 보인다. 그러나 그러한 관점은 마치 공장에서 상품을 찍어내는 것과 아이들을 가르치는 것을 같은 과정으로 보는 것이다. 불량품을 최대한 줄이고 정상적인 물건을 생산해내기 위하여 공장에서는 공정마다 엄격한 평가 과정을 거쳐야 함이 마땅할 것이다. 하지만 아이들은 똑같은 모양과 규격으로 찍어져 나오는 상품이 아니다. 일정한 잣대를 가지고 수업을 평가하는 것은 바람직하지 않을뿐더러 그렇게 되지도 않는다. 오히려 수업을 평가하는 과정에서 교육의 본질을 변질시킬 우려가 더 높다.

우리나라는 수년 전부터 공교육 정상화와 사교육비 절감이라는 취지에서 교원능력개발평가제도를 시행하고 있다. 하지만 제도의 취지와 목적에 맞게 교사의 수업 개선 의지를 높이기보다는 평가 과정에서 수업에 대한 교사의 의욕마저 꺾어 놓거나 수업을 온전히 보지 못하고 왜곡하여 보는 눈만을 기르고 있는 실정이다. 교원능력개발평가제도가 그 취지에 맞게 수업 능력을 향상시키는 요인으로 작용하고 있다는 이렇다 할 증거는 어디에서도 찾아볼 수 없다. 다만 마지못해 수업을 공개해야 하는 교사의 처지를 비관하는 목소리가 높아질수록 수업 공개에 대한 두려움만 커지고 있을 뿐이다.

경쟁과 서열이 무언가를 향상시키는 근원적 동력이 될 수 없듯이 교사 간의 경쟁을 유발하는 줄 세우기로는 수업 개선의 동력을 마련할 수 없다. 오히려 평가에 대한 부정적인 인식 탓에 수업에 대한 거부감과 두려움만 커질 공산이 크다.

교사가 아무리 열정을 가지고 가르침과 배움에 임한다 해도 학교는 교사의 열정에 관심이 없다. 교사의 성장에 학교는 아무런 준비가 되어 있지 않다. 열정이나 성장은 교사 개개인이 알아서 챙겨야 하는 것인 까닭에, 초임 교사 한두 해는 학교 생활에 적응하는 데 온 힘을 쏟는다. 한마디로 생존을 위한 시기로 옆을 돌아볼 여유조차 없다. 처음에는 내가 잘하고 있는 것인지 불안감을 느끼게 되지만 그것도 잠시뿐이다.

처음 학교에 들어올 때는 누구나 교육의 희망과 꿈을 가지고 들어왔지만, 처음의 마음과 같지 않음을 발견할 때쯤에는 이미 학교 생활에 익숙해져버린 뒤다. 그러고 나면, 꿈과 희망이란 말은 철없는 이야기일 뿐, 학교는 더 이상 그런 곳이 아님을 깨닫게 된다. 누가, 언제부터, 왜 지켜왔는지도 모르는 관습을 따르는 것이 편해질수록 질문과 토론의 시간은 낭비처럼 여겨질 뿐이다. 거스를 수 없는 분위기 속에서 침묵을 깨고 자신의 의견을 말하는 것 자체가 큰 용기와 맞바꾸어야 하는 대단한 것이 되어버린다.

가르침에 대한 믿음을 간직하고 힘겹게 유지해가더라도 교사를 힘 빠지게 만드는 일들은 곳곳에서 튀어나온다. 민주주의에 대하여 가르치라면서도 전혀 민주적이지 않은 학교 운영 방식이 그러하고, 만남과 관계가 중요하다고 말하면서도 정작 아이들을 만나고 가르치는 것보다 공문 처리와 같은 것에 더 많은 힘을 쏟게 만드는 경우가 그러하다. 학교에서 일어나는 문제들을 공동의 책임으로 여기고 서로 도우려 하기보다는 담당자가 알아서 할 일이라고 선을 그어버리는 학교 문화가 그러하고, 자유롭고 자발적인 선택에 튀는 행동이라며 곱지 않은 시선을 보내는 것이 그러하다. 무언가를 제대로 펼쳐가기에는 턱없이 부족한 예산이 그러하고, 복잡한 제도와 수많은 규제들을 뚫고 실천하려는 교육 활동을 방해하는 수많은 증빙 자료가 그러하다.

학교 교육은 과연 어디에서부터 잘못된 것일까? 그 시작점을 찾는 것으로 문제를 해결할 수 있기는 한 것일까? 해결의 실마리를 찾았다 하더라도 그것이 감당하기 어려울 만큼 거대한 문제이거나 도저히 풀 수 없을 만큼 얽히고설킨 것이라면 어떻게 해야 할까?

학교 교육의 문제를 해결하기 위한 그동안의 노력들은 크게 두 가지로 나뉜다. 해결의 실마리를 '학교 안에서 찾을 것인가?' 아니면, '학교 밖에서 찾을 것인가?'이다. 전자가 학교 교육의 형태를 유지하면서 목적과 내용들을 올바르게 바꾸어나가는 것이라면 후자는 학교 교육 자체를 부정하고 폐지하자는 주장이다.

신낭만주의적 교육론자들은 학교 개혁이라는 슬로건을 내걸고, 배움을 상실한 학교 교육의 해결점을 학교 안에서 찾으려 한다. 제도화가 가져온 변질된 것들을 바로 세우고, 그에 걸맞는 교육과정을 재구성함으로써 개인과 사회의 필요를 조화롭게 만들 수 있다고 여긴다. 이에 반하여 신마르크스주의식 교육론자들은 학교 교육의 개혁은 개인과 학교 안에서 머물러서는 안 되며, 사회의 변혁으로 이어져야 한다고 주장한다. 학교 교육 또한 사회가 만들어놓은 구조에서 형성되고 유지되는 것이기에 학교 교육의 변화는 사회적 관계의 투쟁만으로 가능하다고 여긴다. 따라서 학교 교육은 참여민주주의를 실현할 수 있는 인재들을 양성하는 것에 집중해야 한다고 말한다.

학교 안에서 문제를 풀어보자는 신낭만주의적 교육론자와 신마르크스주의적 교육론자의 주장과 달리, 탈학교론자들은 학교 폐지를 주장한다. 그들은 잘못된 것을 고쳐서 사용하기에는 학교가 이미 그 한계를 벗어나 있다고 판단한다. '학교화'되어버린 교육은 학교를 제도화시켜버림으로써 교육의 참 기능을 잃어버리고 말았다. 누가 정해놓은 것인지, 그것을 왜 배워야 하는 것인지 궁금해 하지도 않고, 누구나 비슷한 연령에 그것을 배워야 하는 것이 당연하다고 여기게 만든 것이 학교가 제도화되었다는 증거이다. 제도화된 학교는 계획대로 수업이 진행되고 시간이 지나면 배움의 여부와 무관하게 다음 단계로 진급하는 것을 자연스러운 것으로 받아들이게 만들었다. '학교화'는 사회의 각 분야로 확대되면서 관료주의, 소비주의와 같이 더 많은 문제를 유발시키고 있다는 것이 탈학교론자들의 주장이다. 따라서 학교만의 문제로 볼 수 없기에 문제를 근본적으로 해결하기 위해서는 학교 폐지는 불가피하다고 말한다.

문제 해결의 실마리를 학교 안에서 찾든 아니면 밖에서 찾든 현재 겪고 있는 학교 교육의 문제가 학교만의 것이 아니라는 점은 분명해 보인다. 교육의 문제를 이해하기 위해서 사회를 이해해야 하는 것처럼 문제 해결에 있어서도 학교와 사회의 동시적 개혁이 필요한 이유가 바로 여기에 있다. 탈학교론자들이 말하듯이 교육의 학교화가 사회 전반에 학교화를 불러일으킨 것이 사실이라면, 그래서 학교를 폐지할 정도로 문제를 심각하게 만들어놓았다면, 지금 우리가 가르치고 있는 그 가르침이 교실 안에 머물러 있지도 않으며, 머물게 해서도 안 될 것이다. 여전히 배움은 삶을 넘어 세상을 변화시킬 수 있는 힘을 가지고 있다는 증거이다

넘나들며 배우기

1. 학교에서 나의 모습은 어떠한가? 늘 바쁘고 무언가에 쫓기듯 살고 있는 이유는 무엇인가?
2. 동료 교사와 많은 대화를 나누고 있는가? 대화를 나누지 못하고 있다면 해결 방법은 무엇이라고 생각하는가?
3. 학교 교육의 문제점은 어디에서 시작된다고 보는가? 문제 해결의 열쇠는 학교 안에 있는가, 학교 밖에 있는가?

# 수업을
# 평가할 수
# 있을까?

농부는 농사를 '잘 지어야' 하고 어부는 고기를 '잘 잡아야' 하며 상인은 물건을 '잘 팔아야' 하듯이 교사는 학생을 '잘 가르쳐야' 한다. 농사를 잘 짓기 위해 농부는 작물 키우는 법을 배우고, 어부는 물고기 잡는 방법을 익히며, 상인은 상거래의 경험을 쌓는다. 그렇다면 과연 우리 교사들은 아이들을 더 잘 가르치기 위하여 어떤 노력을 기울여야 할까?

교사라면 누구나 잘 가르치고 싶어 하는 마음을 가지고 있다. 지금보다 더 잘 가르치는 교사가 되기 위해 부단히 자기 연찬의 기회를 찾는다. 대학원 진학은 물론이고 연수의 규모가 크든 작든 상관없이 자신에게 도움이 될 만한 좋은 연수가 있다면 열 일을 제쳐두고 달려간다. 방학이든 학기 중이든 시간과 거리에 상관없이 배움의 자리를 마다하지 않는 것이 바로 교사들이다. 그만큼 교사에게 수업은 절대적인 위치를 차지하고 있기 때문이다. 교육부에서는 승진 점수와 관련하여 연간 60시간 정도의 연수 이수를 유도하고 있지만 대다수의 교사가 그 시간보다 더 많은 시간과 비용을 지불해가며 자발적으로 연수에 참여하고 있다. 특히 교원 능력을 개발하고 향상시키기 위하여 시도 교육청에서는 연수 프로그램을 제작하여 교사들을 적극적으로 지원하고 있다. 최근에는 학교 단위의 전문적 학습 공동체가 운영되면서 군이 연수 장소까지 가지 않더라도 외부 강사를 교내로 불러 편안하게 연수를 받을 수 있게 되었다. 교사들이 배우고자 한다면 언제 어디서든 양질의 연수를 받을 수 있게 된 셈이다.

연수 시간이 많아진 만큼 과연 수업의 질이 향상되고 교사는 가르침에 있어서 이전보다 더 많은 자신감을 가지게 되었을까? 주위를 살펴보면 예나 지금이나 변함없이 수업이 어렵다고 말하고, 더 좋은 수업에 대한 갈증에 여전히 목말라 하는 교사들이 많다. 이상하게도 더 많은 연수를 받은 교사일수록 그러한 목마름을 더 많이 느끼고 있다. 이것은 연수를 통한 수업 개선의 방법이 일시적인 효과를 거둘 뿐 지속적인 변화를 이끌어내는 동력이 되어주지는 못한다는 증거이다.

수업 개선을 위한 또 하나의 방법으로 수업연구대회를 들 수 있다. 연수가 수업에 적용시킬 콘텐츠를 일반화하는 과정이라면, 수업연구대회는 교사의 경쟁의식을 동력으로 삼아 역량을 기르고 이를 수업 개선으로 유도하려는 과정이라고 볼 수 있다. 따라서 교사의 폭넓은 지식을 바탕으로 수업을 개선하려는 것이 연수의 목적이라면, 수업연구대회는 수업 실천을 통하여 수업 개선을 이루려는 것이 차이점이다.

수업연구대회로는 수업의 본질을 추구할 수 없으며, 이를 수업 개선을 위한 동력으로 삼기에는 문제점이 많아 보인다. 이미 수업 개선을 위한 수업연구대회가 승진 점수를 획득하기 위한 교사 간 경쟁과 순위 가르기의 장으로 변질되어버렸기 때문이다. 물론 수업연구대회에 참여하는 모든 교사의 목적이 승진 점수 얻기라고 단정할 수는 없다. 하지만 수업연구대회에 참여하는 순간, 누구든 채점 기준으로부터 자유로울 수는 없다. 대회에 나온 이상 심사자로부터 좋은 점수를 받기 위해서 채점 기준표가 요구하는 수업의 형태를 따르게 될 것이고, 결과적으로 채점 기준에 적합한 수업으로 획일화될 우려가 매우 높기 때문이다.

　이러한 문제점을 보완하는 차원에서 수업 심사의 범위를 확대해 교사의 교수 철학에서부터 학급 경영, 생활 지도, 교수 학습 지도, 평가 처리 등의 다양한 요소를 평가 항목에 넣어보지만, 실효성이 그리 높지 않다. 우선, 심사자가 관찰하고 분석해내기에는 한두 차시 분량의 수업을 보는 것만으로는 턱없이 부족하다. 심사자가 판단의 어려움을 느낄수록 채점 기준에 더욱더 의존할 수밖에 없다. 채점 기준에 제시된 수업 개선의 방향들이 정말 수업의 본질에 부합하는 것인지도 모르는 상황에서, 교사는 자신만의 수업을 만들어가기보다는 기준에만 맞추려 할 가능성이 높다. 따라서 수업연구대회를 통하여 수업을 개선하려는 시도는 좋은 의도와는 상관없이 바람직하지 않은 방향으로 흐르기 마련이다.

　교원능력개발평가제도가 시작될 무렵, 교육청에서 일선 학교에 제도를 조속히 안착시킬 목적으로 몇 개 학교를 지정하여 시범학교를 운영하였는데, 그중 한 학교에 근무한 적이 있다. 그 당시 수업장학을 위한 수업 공개는 아주 오래전부터 있어왔던 일이지만 평가의 틀 속에서 수업이 진행된다는 것이 교사들에게 썩 유쾌하지 않게 다가왔던 것으로 기억한다. 아무리 좋은 것일지라도 위에서 내려오는 정책들은 지시와 명령으로 받아들여지기 마련이기 때문이었다.

　명령에 따라 마지못해 하기는 하지만 그 취지에 맞게 제대로 될 리는 만무했다. 상명하달식의 정책 수행 방식도 문제지만 수업을 어떻게 보아야 할 것인지에 대한 교사들의 합의가 빠져 있는 상태에서 일이 추진되는 것이 더 큰 문제였다. 교사 간에 이해와 공감이 없는 상태에서 동료 교사의 수업을 평가해야 한다는 것이 상황을 더욱 당혹스럽게 만들었다. 그나마 다행스러운 일인지 몰라도 체크리스트 방식으로 만들어진 참관기록표가 주어지면서, 누구나 쉽고 간편하게 동료 교사의 수업에 대하여 점수를 매길 수 있었다. 체크리스트 방식의 수업 평가가 지금까지도 유지되고 있지만 재미있는 사실은 평가를 하는 사람이나 평가를 받는 사람이나 결과에 대하여 아무런 신경을 쓰지 않는다는 것이다. 그만큼 교원능력개발평가제도 가운데 이루어지는 수업 평가에 대하여 교사들은 큰 의미를 두고 있지 않다.

한편, 수업 개선을 목적으로 진행되는 대표적인 프로그램이 바로 수업장학이다. 좋든 싫든 교사라면 1년에 두세 차례 수업을 공개하고 수업장학이란 홍역을 치러야 한다. 평소의 모습 그대로 수업을 공개해도 되지만 수업장학 일정이 잡히면 교사들은 몇날 며칠을 밤을 새워가며 준비한다. 하지만 쏟아부은 노력에 비하면 돌아오는 것이라고는 수고했다는 몇 마디의 말뿐, 배움과 성장은 어디에도 없다.

최 교사는 교직에 들어선 지 여섯 달도 채 되지 않은 초등학교 초임 교사이다. 2주 앞으로 다가온 임상수업 준비로 머릿속이 복잡하다. 우선 무슨 과목으로 해야 할지 정하지도 못했다. 아무래도 수학 교과보다는 국어 교과가 좀 더 낫지 않을까 하는 생각이 들었다. 교육대학교 수학과에서 공부하였지만 아이들의 수학 실력 차이가 워낙 커서 한 시간 동안 30명의 아이들을 모두 이끌고 도저히 수업 목표에 도달할 자신이 없었다. 그런 면에서 국어 교과가 좀 더 낫지 않을까 싶었다. 국어과는 수업 목표에 맞는 활동 몇 가지만 찾아 놓으면 수업을 진행할 수 있겠다는 생각이 들었기 때문이다.

첫 번째 활동은 교과서 문제를 풀어보는 것으로 정하였다. 수업 목표에 가장 부합된 활동이기도 하지만 혹시나 교과서를 다루지 않으면 교장, 교감선생님은 물론이고 선배 교사들도 이상하게 생각하지 않을까 하는 생각이 들었다. 교과서는 수많은 자료 중 하나일 뿐이라고 대학 시절부터 누누이 들어왔기에 교사가 되면 교과서에서 벗어나 자신이 만든 자료를 가지고 자유롭게 수업을 하고 싶은 마음이 컸다. 하지만 현실은 그렇지 못했다. 얼마 전 학부모로부터 교과서 때문에 항의 섞인 전화를 받은 이후부터는 교과서를 손에서 놓기가 어려워졌다.

학부모는 아이의 교과서를 살펴보던 중에 풀지 않고 넘어간 부분이 너무 많아서 그 이유를 알고 싶어서 전화를 했다고 하였다. 교사는 교과서 대신에 자신이 만든 자료를 가지고 수업을 진행한다고 설명하였지만 여전히 자신을 탐탁지 않게 여기는 학부모의 생각을 바꿀 수는 없었다. 지도안을 작성하기도 전에 교과서를 수업 시간에 써야 할지 말아야 할지부터 망설여졌다. _ (교직 경력 6개월. 남교사, 6학년 담임)

김 교사가 다니는 학교는 수업 공개가 잦은 편이다. 새로 부임한 교장은 교사가 수업을 잘해야 한다면서 교사들에게 여러 번에 걸쳐 수업장학을 요구하였다. 매월 한 번은 자신의 수업을 스스로 촬영하고 다시 돌려보고 소감문을 작성하는 자기 장학이 실시되었다. 또한 학기마다 동학년 교사들을 중심으로 이루어지는 동료장학과 교장, 교감이 참여하는 임상장학이 한 번씩 이루어졌다. 동료장학과 임상장학이 있는 날에는 수업협의회가 열렸는데 그때마다 적잖은 상처를 받았다. 15년 동안 매년 있었던 일이라 이런 자리가 무뎌질 법도 한데 자신의 수업에 대하여 동료 교사들이 무심코 내뱉는 말 한마디 한마디에 신경이 곤두 서는 건 여전했다. 더욱이 수업과 상관없는 이야기를 잔소리처럼 늘어놓는 관리자의 말은 듣기가 더 힘들었다.

"김 선생님, 제가 수업 시간에 교실을 돌아다녀보니 버티컬 블라인드 고리가 많이 빠져 있던데 아이들 시켜서 좀 끼워놓지 그랬어요? 수업도 수업이지만 이럴 때 한번쯤 교실의 상태를 점검하는 것도 좋은 것 아닌가?"

속에서 부글부글 화가 끓어올랐지만 대꾸하기 싫었다. 대답했다가는 오히려 시간만 길어질 뿐이기에 수업협의가 어서 끝나기만을 묵묵히 기다렸다.

_(교직 경력 15년, 여교사, 3학년 담임)

수업장학은 수업 개선을 위한 공식적인 권위를 가지고 이루어지는 자리이다. 교원능력개발평가 제도와 맞물리면서 겉으로는 모든 학교에서 모든 교사를 대상으로 수업장학이 충실하게 이루어지는 것처럼 보인다. 하지만 그 속내를 들여다보면 수업 개선의 궁극적인 목적에 크게 미치지 못할 뿐만 아니라 도리어 걸림돌이 되고 있는 실정임을 바로 알 수 있다.

넘나들며  배우기

1. 아이들을 잘 가르치기 위해 어떤 노력을 하고 있는가? 지금 하고 있는 것으로 충분한가? 아니면 더 많은 노력이 필요한가?
2. 오랜 시간 연수를 받아도 가르치는 것이 어렵다고 하는 이유는 무엇인가? 가르침에 자신감을 갖기 위해서는 어떻게 해야 한다고 생각하는가?
3. 체크리스트 방식으로 동료 교사를 평가하면서 어떤 생각이 드는가? 서로의 성장을 돕기 위해서 어떤 노력이 필요하다고 생각하는가?

# 수업장학의
허와 실

  말콤 글래드웰의 『아웃라이어』에서 소개하는 '1만 시간의 법칙'은 어느 한 분야에서 전문성을 인정받기 위해 쏟아부은 인고의 시간을 강조한다. 하루에 세 시간씩 10년 동안 한 분야에 정성을 쏟는다면 누구나 그 분야에서 전문가로 성장할 수 있다는 주장이다. 그렇다면 1만 시간의 법칙을 교직에 적용해본다면 어떠할까? 학년마다 조금씩 다르기는 하겠지만 수업 시간을 주당 20시간 정도로 잡았을 경우, 1년이면 1,000시간 정도로 대략 10년 정도면 1만 시간이 된다.

  만약 1만 시간의 법칙이 교직에도 통한다면 10년 동안 아이들을 가르치면 누구나 수업 전문가가 되는 셈이다. 하지만 교사들을 붙잡고 '당신은 수업 전문가입니까?'란 질문을 던진다면 어떨까? 그렇다고 자신 있게 말하는 경우가 얼마나 될까? 아마도 자신 있게 손을 들어 보이는 교사를 찾아보기 어려울 것이다. 그렇다면 가르치는 일은 1만 시간의 법칙이 적용될 수 없는 예외적인 분야인 것일까? 아니면 전문가가 되기 위한 수고와 노력이 부족한 탓일까? 10년을 넘어 그 두 배인 20년 정도의 경력이 쌓인다 할지라도 '당신은 수업 전문가입니까?'란 질문 앞에 교사들은 여전히 고개를 숙이고 있을 것이 분명해 보인다. 그동안 매 순간 수업을 잘하기 위하여 온힘을 다 쏟아왔지만 교사에게 수업 전문가란 말은 늘 낯설게만 느껴진다. 과연 어디에서부터 잘못된 것일까? 지금보다 더 많은 수고와 열정을 수업에 쏟아부으면 가능한 것일까?

몇 해 전에 EBS에서 방영한 〈선생님이 달라졌어요〉라는 프로그램이 세간에 화제가 되었다. 텔레비전에 등장하는 선생님들의 모습을 보면서, 행동 하나하나에 크게 공감하며 함께 웃고 때론 함께 울었다. 교사들은 화면 속에 그려진 교실로 들어갔다 나왔다 하기를 여러 번 반복하였다. 때론 화면 속에 등장하는 선생님의 마음을 느끼며 그가 되어보기도 하다가는 지루한 표정을 지으며 책상 앞에 앉아 있는 학생이 되어보기도 하였다. 그러다가도 얼른 정신을 차리고 화면 밖으로 나와서는 시청자가 되어 그 상황을 한심하게 쳐다보기도 하였다.

방송이 있는 다음날이면 연구실에 삼삼오오 모여앉아 어제 보았던 장면을 떠올리며 수업에 대한 자신의 생각을 자연스럽게 열어 보이기도 하였다. 이야기를 통하여 교실에서 벌어지는 문제가 무엇인지 그래서 해결의 실마리를 어디에서 찾아야 할지 해답을 찾을 때도 있었다. 그런데 어느 날은 방송과 크게 관련 없어 보이는 카메라맨이 이야기의 중심이 되었다. 어쩌면 그렇게 의미 있는 장면들을 잘도 잡아내는지, 의미 있는 순간을 놓치지 않고 포착하여 화면에 담아내는 카메라맨의 능력에 모두들 감탄을 금치 못했다. 무심코 지나치면 볼 수 없었을 아이들과 교사의 표정들을 화면에 잡아줌으로써 보는 이로 하여금 수업의 의미를 다시 생각할 수 있는 길을 열어주었다. 수업을 잘 알지 못하는 방송인들이 매일 수업하는 교사들보다 의미 있는 순간들을 더 잘 찾아서 보여주는 것이 마냥 신기하기만 했다.

어느 날, 방송국 라디오 프로그램에서 나의 수업을 보기 위해 리포터가 교실을 방문한 적이 있다. 취재를 나오기 전 인터뷰 내용을 미리 보내주고 답변을 준비하게 하는 것이 보통인데 웬일인지 취재 당일까지 아무런 메일도 받지 못했다. 취재 당일, 담당 리포터는 내게 준비한 수업을 중간중간 끊지 말고 자연스럽게 모두 보여 달라고 말하였다. 그 리포터는 전체 수업 장면을 보지도 않고 자신들이 원하는 방송 분량만을 담아가는 여느 방송국과는 달랐다. 수업이 진행되는 동안 리포터는 아이들의 작은 소리까지 담아내기 위해 녹음기를 들고서 교실 이곳저곳을 누비고 다녔다. 간혹 의미 있는 장면이다 싶으면 카메라를 꺼내들고서는 아이들의 모습을 찍거나 무언가를 수첩에 꼼꼼히 메모하기도 하였다.

수업을 마치고 난 후, 인터뷰가 진행되었고 수업 속 장면 하나하나를 다시금 꺼내면서 리포터의 질문이 이어졌다. "수업 속에 아이들의 삶을 담아내려는 노력이 보여요." "삶과 수업을 연계시키는 방법에 대하여 자세히 말씀해주시겠어요?" "다른 학교 아이들에서 볼 수 없는 모습이 선생님 반 아이들에게서 느껴집니다. 이것이 가능하게 된 원인은 무엇이라고 생각하시나요?" 이런 질문은 수업을 제대로 보지 않고서는 물을 수 없는 것들이었다. 지금껏 누군가에게 수업을 보여주고 단 한 번도 들어보지 못했던 질문들이었기에 고맙기까지 했다.

인터뷰를 마친 뒤, 담당 리포터에게 혹시 교육 분야와 관련된 공부를 했는지, 그리고 이 일을 얼마나 했는지 물었다. 대학에서는 교육 분야와는 크게 관련 없는 것을 전공하였고, 리포터 생활은 3년 정도 하였는데, 한 주에 2회 정도 수업을 취재하러 다닌다고 하였다. 간간히 교육 관련 서적을 읽는 게 전부라고 하였다. 대신 녹음한 것은 방송 당일까지 여러 번 반복하여 듣고, 방송에 나갈 장면을 따로 편집한다고 하였다. 이 말을 통해서 수업을 읽는 능력이 어떻게 길러졌는지 알 수 있었다.

수업을 이해하는 능력은 수업을 많이 한다고 해서 길러지는 것이 아니다. 수업을 많이 보아야 수업의 의미를 발견할 수 있고, 수업을 읽는 힘이 길러진다. 하지만 학교 현장의 현실은 어떠한가? 1년 동안 동료 교사의 수업을 볼 수 있는 기회는 그리 많지 않다. 학교 규모가 큰 편이면 사정이 조금 나을 수도 있겠지만 대개 동료 교사의 수업을 보는 경우는 손가락으로 꼽을 정도이다. 학급 수가 적은 학교는 사정이 더욱 좋지 않아 도저히 다른 반 수업을 볼 엄두조차 낼 수 없다. 자기 반의 수업을 제쳐두고 다른 반에 가서 수업을 편안히 볼 수도 없는 처지이기 때문이다.

교원 중에서 수업을 자유롭게 볼 수 있는 건 교감과 교장뿐이다. 교원능력개발평가제도가 정착되면서 관리자들은 교사의 수업을 반드시 보아야 하기 때문에 일반 교사들보다는 수업에 대한 이해력을 기를 수 있게 되었다. 그러면 무슨 소용이 있나, 관리자들은 수업을 하지 않는데! 관리자가 되어 수업에 대한 전문성을 기를 수 있는 기회는 더 많아졌지만 정작 수업을 하지 않는 상황이 되어버린 것이다. 그나마 관리자들이 수업에 관하여 할 수 있는 것은 자신의 경험을 교사들에게 말로 전달하는 것뿐이다. 이러한 과정이 교사의 수업 전문성을 길러내는 데 아무런 도움이 되지 않는다는 것은 이미 모두 다 알고 있는 사실이다.

찬찬히 생각해보면 머릿속에 떠오르는 수업 전문가들은 수업을 많이 하기보다는 수업을 많이 보아왔던 사람들이다. '수업 비평'의 이혁규 교수나 '아이의 눈으로 수업 보기'의 서근원 교수, 그리고 '배움의 공동체' 사토 마나부 교수 등은 수많은 시간을 수업 참관에 힘을 쏟아왔다. 지금도 교육 현장에 있는 교사들과 함께 수업 보기를 계속한다. 그들은 수업을 잘하기 위해서는 수업에 대하여 많이 알아야 하고, 수업에 대하여 알기 위해서는 수업을 많이 보아야 한다는 중요한 사실을 실천과 경험을 통하여 우리에게 말하고 있다.

1. 누군가 "당신은 수업 전문가입니까?"라고 묻는다면 어떻게 대답할 것인가?
   그렇게 대답한 이유는 무엇인가?

2. 최근 동료 교사의 수업을 보면서 어떤 생각을 하였는가? 수업 장면에 숨겨진
   의미를 발견하려면 어떤 노력이 필요한가?

3. 수업을 보기 위해서 어떤 노력을 하고 있는가? 만약 서로의 수업을 촬영하여
   함께 보는 기회를 만든다면 참여할 마음이 있는가?

수업장학에 대한 문제인식을 가진 교사들을 중심으로 몇 해 전부터 대안적 수업 보기 운동이 활발하게 전개되고 있다. 이혁규 교수의 '수업 비평'을 시작으로, 서근원 교수의 '아이의 눈으로 수업 보기', 사토 마나부 교수의 '배움의 공동체', 좋은교사운동의 '수업 성찰' 등이 그것이다. 이러한 대안적 수업 보기가 교육 현장에 소개되면서 기존의 수업 보기 과정의 문제점들을 인식하는 데 도움을 주고 있다. 더욱이 대안적 수업 보기 관련 서적이 출간되고 교원 연수 프로그램이 진행되면서, 관심 교사를 중심으로 교실 또는 학교 단위의 실천으로 이어지고 있다.

혁신학교를 중심으로 수업 사례가 소개되면서 '어떻게 가르치고 있기에 달라졌다고 말할 수 있는 것일까?'라는 호기심 어린 눈길을 보내기도 하지만, 혁신학교이기 때문에 가능한 일이라는 조소 섞인 말도 심심치 않게 들려온다. 이러한 반응을 보이는 것은 수업을 보아야 하는 이유에 대한 물음보다는 다른 것에 관심을 두기 때문이다. 어떻게 수업이 달라졌고 그것을 가능하게 만든 방법이 무엇인지가 궁금할 뿐이다. 방법을 알면 나도 수업을 잘할 수 있을 것 같다는 생각 때문이다. 설령 방법을 알게 된다고 하더라도 그런 일은 결코 일어나지 않는다.

방법은 목적을 담아내는 그릇과도 같다. 민주주의를 아는 것을 교육 목적으로 삼고 민주주의에 대한 강연을 강제로 듣게 했다고 해서 민주주의를 가르쳤다고 할 수는 없을 것이다. 방법이 교육 목적과 부합하는지를 먼저 살펴보아야 한다. 방법과 교육 목적을 분리해버리면 교사는 수동적이 되고 아이들은 조정의 대상이 되고 만다. 교사가 민주주의에 대해 가르쳐야 하는 목적에 공감하지 못한 채 주어진 방법만 수행하게 될 경우, 교사는 단순히 의무를 다해 가르칠 뿐이고 아이들은 그것을 따라야 하는 존재로 전락한다. 목적한 바대로 교사는 가르치고 아이들은 배웠다 하더라도 목적한 바와 다른 결과만을 가져올 뿐이다.

수업장학이 되었든 그에 반하는 대안적 수업 보기가 되었든 교사가 수업을 보는 목적과 수단이 일치해야 한다. 단순히 수업장학은 잘못된 것이고, 대안적 수업 보기는 잘된 것이라고 생각하는 것은 옳지 않다. 교사들이 수업장학에 좋지 않은 인상을 가지게 된 것은 수업장학의 과정에서 목적과 방법이 일치하지 않았거나, 수업장학의 목적과 교사가 보고 싶은 것에 차이가 있기 때문이다. 아무리 좋은 대안적 수업 보기일지라도 목적과 방법이 일치하지 않는다면 수업장학과 비슷한 경험을 낳게 될 것이다. 따라서 수업을 보기 위한 목적이 무엇인지를 분명하게 세우고 수업 보기 방법을 선택하는 것이 먼저이다.


수업장학은 진단과 처방의 과정을 통한 수업 개선을 목적으로 한다. 교수 활동을 관찰하며 객관적인 평가와 분석이 이루어진다. 보다 객관적인 평가를 내리기 위해서 체크리스트와 같이 수업을 수량화할 수 있는 도구들이 주로 활용된다. 평가적 차원에서 이루어지기 때문에 관찰자와 수업 교사 사이에 엄격한 상하 관계가 형성된다.

수업 컨설팅은 수업에서 겪고 있는 문제를 중심으로 수업 개선을 이루고자 한다. 컨설턴트는 수업 교사가 의뢰한 문제를 중심으로 관찰한 뒤에 진단하고 처방을 내린다. 전문가를 통하여 문제의 원인과 해결 방법에 대해서 체계적인 도움을 받을 수 있다. 컨설팅 차원에서 대화가 오가기 때문에 수업장학보다는 덜 엄격한 관계가 형성된다.

수업 멘토링은 상담을 통하여 수업 개선에 이르고자 한다. 숙련 교사를 통하여 교육 활동 전반에 걸쳐 도움을 받을 수 있다. 숙련 교사의 내면에 있는 역량들이 전수되기 위해서는 친밀한 관계를 맺는 것이 무엇보다 중요하다.

수업 비평은 수업 현상의 다양한 의미를 발견하는 것이 목적이다. 마치 미술관에서 예술작품을 감상하는 것이나 소믈리에가 와인을 감별하듯, 평가보다는 수업의 미묘한 차이를 발견하고 이해하는 과정에 주목한다.

배움의 공동체는 학습자의 배움과 그와 관련된 교사의 활동을 통하여 배움의 과정을 발견하기 위한 것이다. 아이들이 어디에서 배우고 멈추는지, 배움은 어떻게 일어나고 점프가 어디에서 일어나는지, 그리고 아이들의 협력적 배움이 일어나는 과정을 관찰한다.

아이 눈으로 수업 보기는 교육인류학을 기반으로 아이의 내면과 사고 과정을 주로 관찰한다. 여타 종류의 수업 보기가 수업자의 수업 개선이나 수업 이해를 목적으로 하는 것과 달리, 이는 수업을 보는 관찰자의 시선 변화를 목적으로 하는 것이 특징이다.

수업 성찰은 성찰적 질문을 통하여 수업에서 발생하는 문제를 해결하고자 한다. 내면적 대화를 나누는 중에 동료성이 길러지고 이를 기반으로 수업만이 아니라 학교 전반의 문제를 해결할 수 있는 힘을 기를 수 있다.

수업을 잘 들여다보기 위한 방법들은 저마다 다르지만, 결국은 '수업을 어떻게 볼 것인가?'라는 질문으로 모인다. 그 이후에 수업을 이해하기 위함이든 수업을 개선하기 위함이든 또 다른 무엇이든, 수업 보는 눈을 기르는 것이 중심이다. 하지만 문제는 더 명확하게 들여다보려고 할수록 시야는 좁아지고 전혀 엉뚱한 곳을 보게 될 수도 있다는 것이다. 왜냐하면 수업은 흐르고 사람은 변하기 때문이다. 만약, 지금까지의 수업 보기들이 저마다의 독특한 렌즈를 가지고 초점 맞추기에 공을 들여온 것이라면, 공 들인 것만큼 보고 싶은 것만 보아왔을 가능성이 매우 높다. 마치 사진 한 장을 손에 들고서 모든 이야기를 다 아는 것처럼 섣부르게 말을 하면서 진짜 이야기를 덮어버리는 결과만을 낳았을지도 모를 일이다.

**넘나들며 배우기**

1. '수업장학' '수업 컨설팅' '수업 멘토링' '수업 비평' '배움의 공동체' '아이 눈으로 수업 보기' '수업 성찰' 중 실천해본 것이 있는가? 이것을 통해 수업에 변화가 있었는가?
2. 수업을 보려고 하는 이유는 무엇인가? 수업을 보기 위해서 어떻게 해야 한다고 생각하는가?
3. 수업을 본다고 가르침과 배움, 그리고 아이를 이해할 수 있다고 생각하는가? 수업 보기에서 삶이 빠져 있다면 어떤 문제가 생길 것 같은가?

카메라가 온종일 내 모습을 찍는다고 상상해보자. 아침 시간, 알람시계 소리가 크게 울린다. 10여 초 동안 알람이 울리지만 나는 이불 속에서 꿈쩍도 하지 않는다. 1분 정도 시간이 지나고 다시 알람 소리가 크게 울린다. 그래도 움직이지 않는다. 한참 동안 알람이 울리고 나서야 몸을 움직인다. 헝클어진 머리, 반쯤 감겨 있는 눈, 하품을 크게 하며 힘들게 일어서는 나의 모습이 고스란히 카메라에 담긴다. 눈을 비비며 화장실로 가서는 양치질과 세면을 하고 나온다. 시계가 7시 30분을 가리키고 있는 것을 확인한다. 동작이 빨라지기 시작한다. 스팀다리미의 버튼을 누르고 옷장에서 옷을 꺼낸다. 다리미에 스팀이 나오기 전까지 얼굴과 손에 로션을 바른다. 다리미에서 스팀 나오는 소리를 듣고는 셔츠와 바지를 다리기 시작한다. 출근 복장을 갖추고서는 엘리베이터를 타고 지하주차장까지 내려간다. 사방에 카메라가 설치되어 있는데 그것도 부족해서 카메라가 나의 뒤를 따라다닌다. 누구를 만나서 어떤 말을 주고받는지, 어떤 것을 먹으며, 무슨 물건을 사고, 어디로 가는지 모든 것을 찍는다.

나의 하루 생활이 고스란히 담긴 영상을 한 교사에게 건네며, 영상에 나오는 인물이 좀 더 나은 삶을 살려면 어떤 수업을 받아야 할지 교육과정을 짜보라고 말한다. 교사는 며칠 동안 영상을 여러 차례 돌려본다. 내가 한 모든 말과 행동, 표정 하나까지 놓치지 않고 글로 전사해낸다. 수십 페이지의 자료를 다시 읽으며, 궁금한 것을 중심으로 질문지를 작성한다. 며칠 후, 교사는 인터뷰를 진행한다. "아침에 몇 시쯤에 일어나시죠?" "전날에는 몇 시에 잤나요?" "첫 번째 알람 소리를 들었나요?" "두 번째 알람도 한참 울리고 나서 일어났는데 그때 기분은 어떠했나요?" "일어나자마자 양치와 세수를 하였는데 특별한 이유가 있나요?" "언제부터 양치하고 세수를 하였나요?" "세수를 먼저 하고 양치를 하지 않는 이유가 무엇이죠?" "시계가 7시 30분을 가리키는 것을 보고 동작이 빨라진 이유는 무엇인가요?" "7시 30분이 주는 특별한 의미가 있나요?" 교사는 수만 가지 질문을 쏟아놓으며 나의 답변을 받아서 기록한다.

교육과정을 짜는 데 필요한 자료들이 모두 수집되었다. 영상 자료, 문서 자료, 인터뷰 자료, 참고자료 등 수집된 자료를 정리하는 일도 만만치 않다. 교사는 낮에는 아이들을 가르치고, 밤에는 잠을 줄여가며 자료를 정리한다. 자료 정리를 마친 후에야 비로소 본격적인 교육과정을 짜기 시작한다. 몇날 며칠 밤을 새우고 나서야 드디어 더 나은 삶을 위한 교육과정이 만들어졌다.

다음 날부터 교사가 만든 교육과정에 따라서 나는 수업을 받았다. 1교시는 도덕 시간이었다. 도덕 수업의 목표는 '성실한 생활의 의미와 중요성을 이해하고 실천하려는 적극적인 태도를 지닐 수 있다'였다. 성실한 생활을 통해 성공한 사람들의 이야기가 담긴 글을 여러 편 읽었고, 몇 가지 질문에 답하며 나의 생활을 돌아보았다. 2교시는 수학 시간이었다. 수학 수업의 목표는 '몇 시와 몇 시 30분을 읽고 시계 모형에 나타낼 수 있다'였다. 시계의 시침과 분침이 어디를 가리키는지를 자세히 보면서 시간을 읽었다. 교사는 나에게 더 나은 삶을 살려면 시계를 볼 수 있어야 한다는 이유에서 계획된 수업이라고 하였다. 활동의 재미를 더하기 위해 나만의 시계도 만들어보았다.

3교시는 실과 시간이었다. 실과 수업의 목표는 '기기의 종류, 특성, 기능을 이해하여, 생활 속에서 다양한 방법으로 활용한다'였다. 교사는 지금 가지고 있는 알람시계는 잠을 깨우는 기능을 제대로 하지 못하니 버리라고 말했다. 그리고 새로 나온 알람시계 하나를 나에게 주면서 사용법을 가르쳐주었다. 시계가 고장 났을 때 상태를 확인하는 방법과 건전지 교환 방법 등도 배웠다. 4교시는 체육 시간이다. 체육 수업의 목표는 '몸의 움직임을 생각하며 유연성을 기를 수 있다'였다. 몸을 풀어주는 데 도움이 되는 여러 동작에는 무엇이 있는지 교사의 시범 동작을 통해 배울 수 있었다. 매트 위에서 팔과 다리를 휘저으며 다양한 스트레칭 동작을 반복하면서 익혀나갔다. 모든 수업이 끝나고 난 후에 평가가 이루어졌다.

교사   성실한 생활의 의미와 중요성을 이해하고 실천하려는 적극적인 태도를
        지니게 되었나요?
나     예!
교사   몇 시와 몇 시 30분을 읽고, 시계 모형에 나타낼 수 있게 되었나요?
나     예!
교사   기기의 종류, 특성, 기능을 이해하여, 생활 속에서 다양한 방법으로 활용
        할 수 있게 되었나요?
나     예!
교사   몸의 움직임을 생각하며 유연성을 길렀나요?
나     예!
교사   네, 참 잘했습니다. 당신은 예전보다도 더 나은 삶을 살게 된 것이 분명해
        보입니다.

나    아니요! 그렇지 않아요. 그건 수업일 뿐이고요. 제 삶은 변한 게 없는걸요.

영화 〈트루먼쇼〉의 주인공 트루먼은, 평생을 거대한 방송 세트장 안에서 살아왔다. 그의 모든 일상은 낱낱이 텔레비전으로 방영된다. 이 사실을 모르는 사람은 오직 트루먼뿐이다. 자신이 살아온 일상이 진짜가 아니었음을 차차 깨달아가면서 트루먼은 그곳을 벗어나려고 한다. 우여곡절 끝에 바깥세상으로 나갈 수 있는 탈출구를 찾은 트루먼은 선택의 길에 서게 된다. 모든 것이 가짜임을 알면서도 그곳에 남아서 텔레비전 속 스타의 삶을 살 것인지, 아니면 두렵지만 진짜의 삶을 찾아 방송 세트장을 벗어날 것인지 말이다. 잠시 머뭇거리던 트루먼은 고개 숙여 모두에게 인사 한 뒤, 무대 밖으로 퇴장한다. 이 모든 것을 생방송으로 지켜보고 있던 시청자들은 일제히 환호성을 지른다.

"성공이야! 해냈어! 장하다, 트루먼!"

이제 우리는 아이들이 무대 밖으로 나갈 수 있게 길을 열어줄 때가 되었다. 언제까지 방송 세트장처럼 꾸며놓은 교실 안에서 나누어지는 이야기만을 가지고 배움과 가르침을 말할 것인가! 공연은 끝나고 모든 조명과 카메라가 꺼지고 관객들이 돌아간 시간, 무대 뒤에서 배우들이 나누는 이야기가 더 진솔한 법이다. 지금껏 수업 보기를 통해 수업 상황 속에서 연기하듯 움직이는 아이들의 모습을 보아왔다면, 이제는 수업 밖에서 움직이는 아이들의 모습을 볼 때이다. 무대 뒤에서 나누는 배우들의 이야기에 귀를 기울이는 감독처럼 말이다. 대본에 따라 연기를 펼치는 배우를 지켜보는 것도 즐거운 일이겠지만, 각본 없는 드라마가 눈앞에 펼쳐질 때 더 큰 감동을 느끼지 않겠는가!

수업이 끝났다고 아이의 삶마저 끝난 것은 아니다. 오히려 그때부터 진짜의 삶이 펼쳐진다. 우리는 그것을 볼 수 있어야 한다. 그리고 얼마 지나지 않아서, 우리는 환호성을 지르게 될 것이다.

"성공이야! 해냈어! 장하다, 아이들아!"

**넘나들며 배우기**

1. 여러 가지 수업 보기를 통해 무엇을 보아왔는가? 그것이 진짜 아이들의 모습이라고 생각하는가?
2. 수업 보기를 통해 아이의 모습을 보면, 아이를 변화시킬 방법도 찾게 될 것이라고 생각하는가?
3. 아이들의 삶을 보기 위해서는 어떤 노력이 필요하다고 생각하는가?

아이들의 삶을 들여다보자는 제안을 하니 여기저기서 교사들의 비명 소리가 들려오는 듯하다.

"네? 아이들 삶을 봐야 한다고요? 수업 시간도 힘들어 죽을 지경인데."
"그렇게까지 할 필요가 있나요? 꼭 그렇게 해야 잘 가르칠 수 있나요?"

물론 아니다. 내가 아는 대부분의 교사들은 지금도 탈진하여 쓰러질 정도로 가르치는 일에 최선을 다한다. 날마다 힘에 부칠 정도로 일하고 힘든 상황을 견뎌내고 있다. 그것이 부족하다고 해서 더 힘내라는 말도 아니고, 참고 견디면 더 큰 것을 얻을 것이라는 듣기에 좋은 소리를 하고 싶은 것도 아니다. 나의 말은 제대로 힘을 쓰자는 것이다.

제대로 힘을 쓰기 위해서는 제대로 볼 수 있어야 한다. 물론, 수업 시간에 아이들의 말과 행동을 그대로 필사하여 들여다보는 것만으로도 배움과 가르침을 이해하는 데 도움이 된다. 하지만 우리가 무언가를 주목하여 보았다면 나머지는 보지 못했다는 것을 잊어서는 안 된다. 다음은 5학년 담임 교사의 수업을 보고 난 후 세 명의 교사가 모여서 수업을 분석하는 장면이다.

교사 1　두 번째 수업 영상을 보면서 교사가 첫 번째 수업보다 더 많이 고민하며 수업을 했다는 게 느껴졌어요.

교사 2　지난번 첫 수업을 가지고 우리가 얘기를 나눌 때, 수업 교사가 아이들에게 자기 것을 알려주려고 하는 모습이 많이 보여서 **문제**라고 생각했었죠. 이번 수업은 아이들 위주로 수업을 해보자고 말하였는데, 어떠했는지 모르겠어요.

교사 1　수업계획서를 보면 아이들 위주로 하려고 했던 것으로 보이는데, 수업을 진행하는 과정에서 교사 위주로 가게 된 것 같아요. 활동 1과 활동 2에서 모두 아이들의 의견을 써서 붙이기는 했는데, 의사 결정 과정에서 조금의 **문제**가 있었던 것 같아요.

교사 2　수업에서 의사 결정이 중요하잖아요. 활동에 치중하다보니 아이들의 생각을 들어보는 과정이 없었던 것이죠.

교사 1　아이들 생각을 칠판에 붙였다면, 아이들이 서로 이야기를 나누는 것으로 연결시킬 수 있지 않았을까 하는 아쉬움이 남네요. 하지만 지난번 수업보다는 교사가 아이들과 함께하려는 자세를 보이기는 했어요.

교사 3　맞습니다. 저도 자료를 해석하는 단계에서 교사가 그것을 모두 감당하려고 했다는 게 **문제**였다고 생각합니다.


　　다음은 수업 교사와 수업을 참관한 세 명의 교사가 한자리에 모여서 수업에 대하여 이야기를 나누는 장면이다.

교사 1    자신이 수업한 영상을 다시 보니까 어떠셨나요?

수업 교사   사실, 저는 가끔 제 수업을 찍어두었다가 다시 봅니다. 추어 삼아 찍
          고 보는 것이긴 한데, 매번 수업에 소외되는 아이가 한 명 이상은 꼭
          있더라고요. 제게 **문제**가 있는 것인지 고민이 됩니다.

교사 2    동영상 볼 때 말고요, 수업 중에는 소외되는 아이가 안 보이시나요?

수업 교사   보입니다.

교사 3    그럴 때는 어떻게 하시나요?

수업 교사   말로 수업에 참여할 것을 얘기하지요. 말하면 좀 있다가 또 참여하지
          않고, 그래서 말하면 또 하고…… 그게 **문제**죠.

교사 1    이번 수업에도 그런 **문제**가 있었나요?

수업에서 교사들이 주로 보았던 것은 과연 무엇일까? 수업이란 틀 속에서 우리가 주목하여 볼 수밖에 없었던 것은 바로 문제 행동이다. 수업이 시작되면 아이들의 말과 행동에 교사의 눈이 쏠린다.

속삭인다. 우물거린다. 떠든다. 소리를 지른다. 엉뚱하게 대답한다. 만지작거린다. 그린다. 움직인다. 흔든다. 민다. 장난한다. 돌아다닌다. 의자를 끈다. 책상을 친다. 고개를 숙인다. 포기한다. 멍한 표정을 짓는다. 쳐다보지 않는다. 빤히 쳐다본다. 듣지 않는다. 읽지 못한다. 쓰지 않는다. 말하지 않는다. 풀지 못한다. 이해하지 못한다. 함께하지 않는다.

아이의 수많은 표정과 몸짓 등이 교사에게는 문제 행동으로 보인다. 특별히 문제가 있는 행동이 아님에도 수업의 방해 요소로 받아들인다. 수업을 참관할 때 아이의 말과 행동에 더욱 민감해지기 때문이기도 하지만, 수업을 이해하고 해석

하는 과정에서 빚어지는 실수이다. 이러한 참관자의 시선은 아이에만 머무르지 않고 수업 교사의 말과 행동에 집중한다.

목소리가 크다. 목소리가 작다. 말이 빠르다. 말이 느리다. 발음이 어눌하다. 발음이 끊어진다. 딱딱하다. 차갑다. 성급하다. 느리다. 지시한다. 지시가 불분명하다. 설명이 많다. 설명이 모호하다. 너무 많이 움직인다. 칠판을 벗어나지 않는다. 한곳만 쳐다본다. 시선을 어디에 둘지 모른다.

교사의 행동 하나하나에 의미를 두면서 수업에서 어떻게 작용하는지 주목하여 살핀다. 별 의미 없이 무심결에 한 행동이지만 어떤 것들은 수업에 방해 요소로 간주되기도 한다.

문제 행동으로 간주되는 것들은 세 가지 차원에서 정리해볼 수 있다. 첫째는 원래부터 아이나 교사가 가지고 있었던 문제로, 수업 시간뿐 아니라 평소에도 보이는 경우이다. 평소에도 때와 장소를 가리지 않고 소리를 지르고 다니는 아이이거나 평소에도 말을 더듬는 교사라면, 수업 안에서만 다루어야 할 문제는 아닌게 된다. 수업과 아울러 전반적인 생활을 살펴보고 해결 방법을 찾아야 함이 마땅하다.

두 번째는 같은 행동이라도 평소에는 별 문제 없이 보이다가도 수업 시간에는 문제인 것처럼 보이는 경우이다. 좁은 공간에서 집단생활이 이루어지는 경우에는 어떤 행동이 도드라지게 보일 수 있다. 문제 행동이 아님에도 수업이라는 특수한 상황 탓에 문제가 있는 것처럼 보이는 것이다. 예를 들어 평상시에 잠에서 깨어나 기지개를 펴고 하품을 하는 것은 자연스러운 일이다. 하지만 수업 시간에 기지개를 펴고 하품을 한다면 아이에 행동에 대하여 수많은 추측들이 난무하게 될 것이다. '수업이 재미가 없나? 어제 늦게 잔 모양이네. 이해가 잘 안 되나? 수업에 참여하지 않는 행동이군. 교사가 수업을 재미없게 해.' 생각이 이해라는 틀 속에 갇혀 꼬리에 꼬리를 물고 해석하려 들 것이다. 단순히 아이는 몸이 반응하여 하품을 한 것뿐인데 말이다!

세 번째는 문제 행동이 수업 때만 나타나는 경우이다. 수업이라는 특수한 상황이 문제 행동을 유발하는 원인으로 작용하는 것이다. 쉬는 시간에는 자연스럽게 자신의 이야기를 주고받던 아이가 수업 시간만 되면 입을 다물어버리는 경우를 흔하게 볼 수 있다. 별 문제 없이 생활하다가 평상시에는 볼 수 없던 행동이 수업 중에만 나타날 경우, 수업의 어떠한 것이 문제 행동을 가져왔는지 수업의 맥락에서 풀어내야 할 것이다. 하지만, 이것 역시 수업 시간 이외 모습을 살펴보지 않고서는 수업 때문인지 아닌지 명확하게 구분할 수 없다.

따라서 원래부터 문제 행동을 했든 수업이라는 특수 상황 때문에 그렇게 보이든 아니면 수업이 원인이 되어 문제 행동이 된 것이든, 수업만을 들여다보아서는 도무지 알 수 없는 것들이다. 수업만이 아니라, 삶을 보아야 하는 이유가 여기에 있다.


말은 시야가 매우 넓다. 머리 양쪽에 눈이 달려 있기 때문이다. 조그만 소리와 작은 움직임에도 빠르게 반응할 수 있는 이유도 눈이 달린 위치 때문이다. 하지만 경주마에게 넓은 시야는 방해가 될 뿐이다. 그래서 주변 상황을 보고 깜짝 놀라서 달아나는 습성 탓에 경주마에게는 눈가리개를 씌운다. 시야를 좁혀 오직 목표 지점만을 바라보며 달릴 수 있게 하기 위함이다. 경주를 펼치는 동안에 다른 말 때문에 산만해지거나 겁을 먹는 일을 막고 힘찬 레이스를 펼치기 위해 눈가리개는 필수품인 셈이다. 그러나 눈가리개는 경주 때만 쓸모가 있을 뿐 평소에는 필요하지 않다. 오히려 초원 위를 달리는 말에게 눈가리개를 씌우는 것은 적의 기습적인 공격을 감지해내는 데 방해가 될 뿐이다. 큰 눈을 이리저리 돌려가며 사방에서 언제 다가올지 모를 적들의 움직임을 살피기 위해서는 보다 넓은 시야를 확보해야 한다.

삶을 보기 위해서는 넓게 보아야 한다. 한 곳에 시선을 고정하고 그것만을 들여다보는 것이 아니라, 삶이 닿는 모든 곳에 시선을 두어야 한다. 한 곳을 향하여 질주하는 경주마의 모습을 보면서, 저 말은 쉬지 않고 앞으로도 계속 달려갈 것이라고 생각하는 사람은 아무도 없을 것이다. 아무리 환상적인 모습도 전체 중 한 장면일 뿐이다. 수업 속에서 일어나는 장면도 삶의 한 부분으로 의미가 있을 뿐, 그것이 모든 것을 말해주지는 않는다. 따라서 수업을 제대로 본다는 것도, 수업 그 너머를 볼 수 있어야만 가능한 일이다.

삶을 보려면 깊게 보아야 한다. 언뜻 생각하면 깊게 보려면 폭을 좁혀서 보아야 하지 않을까도 싶겠지만, 그것은 깊어지는 경험을 해보지 못했기 때문에 하는 이야기이다. 진정 무엇인가를 깊게 파기 위해서는 내가 가지고 있는 것, 내가 동원할 수 있는 모든 것을 쏟아부어야만 한다. 경주에서 이기기 위해 말에 눈가리개만 씌운다고 모든 준비가 끝난 것이 아니듯, 모든 것에 온 힘을 다해야 한다.

삶을 보려면 부딪쳐야 한다. 그래서 삶을 본다는 것은 이해가 아니라 만남이다. 만나고, 때로는 부딪히며, 사랑하는 것이다. 여느 수업 보기처럼 보고 보이는 관계로 끝나는 것이 아니라 서로를 바라보는 것이다. 그럴 때만이 삶이 보이고, 삶과 삶이 이어진다. '왜 가르치는 것이지?' '왜 이것을 배우는 것이지?' '왜 해야 하는 것이지?' '왜 그런 행동을 하는 걸까?' 계속 묻고 답하다보면 '누가 배우고 배우지 못하는 걸까?' '어떻게 해야 도움이 될까?' 등으로 이어지면서 교사와 아이가 서로 만나게 된다.

삶을 목적으로 하지 않는 수업 보기는 '무엇'과 '어떻게'에 관심을 둔다. '무엇을 배우고 가르치며, 어떻게 배우고 가르치는가?'를 물을 뿐이다. 그래서 배움과 가르침 앞에 교사와 아이는 늘 도구이고 수단이 될 수밖에 없게 된다. 수업의 모

든 장면을 글로 쓰고, 인터뷰도 하고, 관점을 바꾸어 생각하고, 내면까지 들여다
보려는 시도마저도 그 속에 삶이 빠져 있다면 도구일 수밖에 없다. 설령 수업에
서 보고 싶은 것을 보았다고 하더라도 그것의 바탕은 보지 못한 것이다.

**넘나들며   배우기**

1. 동료 교사의 수업에서는 어떤 문제 행동들이 보였는가? 그런 행동을 하는 이
   유는 무엇이라고 생각하는가?
2. 수업 너머를 보기 위해서는 어떻게 해야 하는가?
3. 수업을 제대로 보기 위해 삶을 보아야 한다는 말을 들으면 어떤 생각이 드는
   가? 삶을 보려면 어떻게 해야 하는가?

# 3장

# 삶이
# 넘나드는 배움

생각을
더하는
삶의 공간

 학교의 모습은 예나 지금이나 크게 달라진 게 없다. 다닥다닥 붙어 있는 교실
들과 길게 늘어선 복도, 복도와 복도 사이에 놓인 현관을 통해서 운동장으로 나
갈 수 있는 구조는 그대로이다. 복도에서 바라보는 교실은 모두 똑같아 보인다.
정면에는 칠판과 텔레비전이 있고, 그 옆으로 컴퓨터가 올려진 교사용 책상이 자
리를 차지하고 있다. 교실 뒤편에는 학생들의 작품을 걸어둘 수 있는 게시판과
청소도구함이 덩그러니 놓여 있다. 책상과 의자는 예전 그대로지만 누가 생활하
느냐에 따라 교실은 고유한 빛깔을 띤다. 교실에 배치된 가구나 물품이 모두 비
슷비슷해도 다른 반 교실에 들어서면 언제나 새로움이 느껴지는 건 살고 있는 사
람이 다르기 때문이다.
 어느 교실의 빛깔은 푸르고 싱그럽다. 햇살이 잘 드는 창가에는 붉고 노란 빛
의 화분들이 줄지어 있다. 잘 닦여진 잎사귀들은 햇빛에 반사되어 푸른빛으로 반
짝인다. 가까이 다가가 살펴보니 저마다 이름이 하나씩 붙어 있다. 적당한 양의
수분과 영양을 공급받으며 건강하게 자라는 꽃들을 보니 아이들의 정성 어린 보

살핌이 느껴진다. 게시판에는 아이들이 그린 그림들로 생동감이 넘쳐난다. 금방이라도 벽을 박차고 나올 것 같은 건강함이 그림 속에 고스란히 담겨 있다. 바닥은 반짝반짝 윤이 날 정도로 닦여 있고 모든 것이 흠잡을 곳 없이 말끔히 정리되어 있다. 이 교실에 가만히 앉아 있기만 해도 저절로 기분이 좋아진다.

또 다른 교실은 갖가지 물건들로 가득하다. 한쪽 벽에 놓인 서랍장에는 학습에 필요한 도구들이 준비되어 있다. 가위, 풀, 색종이는 물론이고 다양한 색상의 도화지가 크기 별로 칸칸이 놓여 있다. 여러 종류의 끈과 리본 그리고 어디에 필요한 것인지 용도를 알 수 없는 물건들로 가득하다. 문구점이 부럽지 않을 정도로 가짓수가 다양하고 양도 넉넉하다. 사용 규칙에 크게 어긋나지만 않는다면 누구나 자유롭게 꺼내 쓸 수도 있다. 교실 뒤편에는 아이들이 사용하도록 컴퓨터가 설치되어 있고 여러 권의 책도 놓여 있다. 도서관 수준까지는 아니더라도 책머리에 다양한 색깔의 스티커를 붙여 원하는 책을 쉽게 찾을 수 있게 해놓았다. 월별로 추천도서 목록과 새로 나온 책들을 전시하는 곳도 마련되어 있다. 웬만한 것들은 교실 안에서 해결할 수 있도록 모든 것이 갖추어져 있다. 원하기만 하면 무엇이든 아낌없이 지원할 준비가 되어 있다고 말을 걸어오는 듯한 공간이다.

물리적인 공간이 같다 하더라도 그 공간을 어떻게 채워갈지는 그 안에 사는 이들의 선택에 달려 있다. 화분 하나를 놓더라도 어떤 것을 어디에 놓을 것인지, 작품을 걸더라도 배경색은 어떤 걸로 할 것인지, 책상을 교실 한가운데에 놓을 것인지 아니면 한쪽 벽으로 붙일 것인지, 물건 하나하나가 모두 고심 끝에 놓인다. 교실이 저마다의 색깔을 갖게 되는 건 놓인 물건마다 생각을 담고 있기 때문이다. 능숙한 교사일수록 공간이 아이들에게 어떤 영향을 주는지 살피고 공간에 생명을 불어넣으려 애쓴다. 반대로 공간에 대해 깊게 생각하지 못한 교사일수록 주어진 공간에 그럭저럭 맞추어 산다. 생각이 공간을 만들어가는 것이 아니라 공간이 생각을 제한하게끔 내버려둔다.

많은 생각이 쌓여서 공간이 만들어지지만 공간에 담겨 있던 생각도 시간이 지나면 흐릿해지기 마련이다. 나중에는 공간에 따라 생각하고, 그 틀 속에서 행동하게 된다. 학교 공간에는 누가, 언제, 왜 그렇게 만들었는지도 모를 만큼 오래전부터 의식 없이 받아들이게 되는 것들이 너무나 많다. 배움의 공식처럼 이루어지는 40분 또는 50분 단위의 수업과 10분 동안에 이루어지는 휴식 시간이 그러하고, 매 시간 다른 교과목으로 짜여진 시간표나 도입-전개-정리로 이어지는 흐름, 책상 앞에 앉아서 이루어지는 배움, 아는 사람이 가르치고 모르는 사람이 배워야 하는 관계, 한 사람이 여러 사람을 가르치는 구조, 같은 나이끼리 묶어 놓은 집단, 1년 단위로 이루어지는 밀어내기 식의 진급 등이 그러하다. 이유를 알 수 없음에도 학교라는 공간 안에 갇혀버린 생각은 어떤 의문도 허락하지 않은 채 관습처럼 굳어버렸다.

생각이 공간 안에 갇히지 않기 위해서는 가르침에 대해 묻고 답함이 꾸준히 이루어져야 한다. '텔레비전과 컴퓨터를 자주 사용하는 것이 수업에 과연 도움이 되는 것일까?' '매 시간 학습 동기를 유발시키는 게 맞는 것일까?' '교과로 나누어 가르치는 것이 아이들에게는 어떤 의미가 있을까?' '칠판을 바라보고 앉게 해야 하는가?', '아니면 서로 마주보며 앉아야 하는가?' 이처럼 목적과 가치를 물을 때 생각은 공간을 넘어설 수 있게 된다. 그러할 때 학교와 교실은 삶의 공간에서 삶에 의한 공간으로 바뀐다.

나의 교실은 서른 명이 쓰기에는 턱없이 부족한 공간이다. 100년 전에 지은 학교 건물을 조금씩 고쳐 쓰고 있는 형편이라서 보통 교실 크기의 반 밖에 되지 않는다. 책상만으로도 가득 차버린 좁은 교실, 책상의 좁은 틈 사이로 아이들이 겨우 지나다닐 정도이다. 모둠으로 둘러앉고 싶어도 공간이 좁아서 엄두도 내지 못한다. 아이들은 책상 위에 놓인 물건을 떨어뜨리거나 가방에 걸려 넘어지지나 않을까 하는 마음에 게걸음으로 책상 사이를 지나다닌다. 그나마 몇 해 전에 생긴 조그만 사랑방이 아이들의 숨통을 틔운다. 교실 한쪽 벽을 허물고 열 사람 정도가 둘러앉을 수 있을 만큼의 공간이 한쪽에 생기면서 교실은 'ㅣ'자 모양에서 'ㄱ'자 모양으로 바뀌었다.

사랑방에는 앉아서 손만 뻗어도 책을 꺼낼 수 있는 책장과 겉옷을 걸어둘 수 있는 옷걸이와 작품 전시대가 한쪽 벽에 마련되어 있다. 여러 크기의 물건을 올려놓을 수 있게 천장까지 선반들이 설치되어 있어 수납 공간이 넓은 편이다. 바닥에 난방 시설이 깔려 있어 한겨울에 실내화를 신지 않아도 될 정도로 따뜻하다. 사랑방이 가지고 있는 가장 큰 묘미는 바깥과 바로 통하는 문이 있다는 점이다. 사랑방의 출입문을 통하여 복도를 지나지 않고서도 교실에서 운동장으로 곧장 나갈 수 있다. 언제든 밖으로 나갈 수 있는 공간에서 생활한다는 것은 아이들에게 큰 기쁨이 아닐 수 없다.

공간의 작은 변화가 불러온 파장은 결코 작지 않다. 교실 앞을 떡하니 차지하고 있던 대형 텔레비전을 칠판으로 가려서 꼭 필요한 경우가 아니면 텔레비전 자체를 보이지 않게 만들었다. 아이들이 전자기기에 노출되는 경험을 가능한 한 줄여보자는 의도가 반영된 것인데 이것이 가정으로까지 이어져 학교 구성원들이 함께하는 생활 규칙으로 확대되었다. 공간의 변화는 아이들뿐 아니라 교사의 가르침에도 영향을 미친다. 될 수 있으면 영상을 활용하는 수업보다는 아이들이 몸으로 직접 겪어내는 수업으로 이루어진다.

칠판 아래쪽에는 다양한 크기의 물건들을 넣을 수 있는 수납장과 수십 대의 노트북을 보관하며 충전할 수 있는 공간도 마련되어 있다. 학교에 공간이 부족하여 컴퓨터실을 따로 마련할 수 없는 사정 때문이기도 하지만 수업 중에 필요하면 언제든 노트북을 활용할 수 있다는 것이 오히려 장점으로 작용한다. 학교 내부의 벽은 대부분 나무 재질로 감싸여 있다. 딱딱하고 차가운 느낌을 주는 콘크리트 벽이 감춰져 자연스럽고 따뜻한 느낌을 준다. 테이프를 이용하여 여러 가지 부착

물을 붙이고 떼더라도 흠집이 잘 나지 않는다. 벽이 지저분해질 염려가 없으니 아이들은 자신의 생각을 적은 종이나 홍보지를 마음껏 벽에 붙이고 소통한다. 이 모든 것이 교사들의 노력으로 꾸며진 공간이다. 아이들의 삶에 더 적합한 공간이 어떠해야 할 것인지 여러 차례 논의를 거듭하며 만들어진 것들이다.

학습 효과를 극대화시키기 위해 방해되는 모든 요소를 제거하고 외부와의 단절을 최우선으로 여겼던 지금까지의 교실은, 생각을 모으고 담아내는 학습 공간으로서 그 역할을 충실히 하여왔고 앞으로도 그러할 것이다. 하지만 배움과 가르침이 삶으로 확장되기 위해서는 학습 공간에 대하여 질문을 던지고 작은 것이라도 적극적으로 바꾸어가려는 노력이 필요하다. 무심코 지나쳤던 것들에 물음을 던지고 공간의 의미를 찾다보면 삶의 변화는 자연스레 따라오기 마련이다.

**넘나들며 배우기**

1. 나의 교실은 어떤 공간인가?
2. 공간에 담고 싶은 생각은 무엇인가? 그것이 잘 되지 않는 이유는 무엇인가?
3. 가르침에 적합한 교실은 어떤 모습이라고 생각하는가? 지금 당장이라도 변화를 줄 수 있는 부분은 무엇인가?

# 삶과 배움이
# 넘나드는
# 교육

삶은 저절로 가꾸어지는 것이 아니다. 삶을 가꾸는 일은 공간을 만들어가는 일만큼이나 가르침과 배움에 대한 열의와 동의를 필요로 한다. 삶과 배움에 대한 의미를 적극적으로 묻는 과정이 반복될 때 비로소 '삶이 넘나드는 배움'이 가능해진다. 삶이 넘나드는 배움은 시간과 공간에 구애받지 않고 배움이 삶 속에서 자연스럽게 일어나도록 하는 과정을 말한다. 원래 배움이라는 것이 특별히 정해놓은 시간과 공간에서만 일어나는 것이 아닌 까닭에 언제 어디서든 배움이 일어날 수 있게끔 시간과 공간을 열어두어야 함이 마땅하다. 이러한 가르침과 배움의 과정 속에서 삶과 배움이 넘나들 수 있게 된다.

하지만 학교 교육은 가르침과 배움이 특정한 시간과 공간 안에서 이루어지는 것으로 간주한다. 수업 시간과 쉬는 시간, 교실 안과 밖, 교사가 가르친 것과 가르치지 않은 것, 교과서에 있는 것과 없는 것, 배운 것과 배우지 않은 것, 시험에 나오는 것과 나오지 않는 것 등을 기준으로 선을 긋는다. 심지어 가르침과 배움 사이에도 선을 그어 갈라놓으려 한다. 수업 시간에 이루어진 것만을 가리켜 배움이라고 말할 수 없음에도 수업 시간에 이루어진 그 무엇을 가리켜 '배움이다' 또는 '배움이 아니다'라고 말한다. 흐르는 시간과 열린 공간에서 배움을 찾아내기가 어려운 탓에 수업 시간 속으로 가르침과 배움을 가두어놓으려 한다.

학교라는 공간과 수업이라는 시간 안에 가르침과 배움을 가두면서 가르침과 배움의 의미는 점점 좁아졌다. 여러 가지 수업 보기의 시도들은 수업 시간 안에서 이루어진 가르침과 배움을 중심에 두고 의미화 작업에만 몰두하고 있다. 수업의 의미를 더욱 깊고 풍성하게 나누기 위한 시도임에는 틀림없지만 배움을 삶과 연결하려는 노력은 찾아보기 어렵다. 배움 자체에 대한 의미를 규명하는 것에는 도움이 될지 몰라도 배움의 의미를 발견하려는 궁극의 목적인, 배움이 삶으로 전이되거나 삶이 배움을 이끌어가는 직접적이고 구체적인 방법을 제시하지는 못한다. 오히려 현재의 배움을 더 나은 배움을 위한 전 단계로 보거나 더 나은 삶을 위한 준비 단계로 인식하면서 배움과 삶을 더욱 분리시키고 있다. 배움이 삶에서 떨어져 나올수록 배움은 빈약한 이해만을 가져올 뿐이다. 마치 가르침과 배움이 종소리에 침을 흘리는 개 또는 쳇바퀴를 도는 생쥐의 꼴이 되고 말았다. 따라서 수업 속에 이루어지는 배움 또한 삶의 한 조각으로 여기고 전체를 통찰하려는 노력을 기울여야 한다.

배움이 진정한 배움이 되기 위해서는 삶으로 연결되어야만 한다. 수업 안에서 경험한 배움이 삶에서 조화를 이루고 새롭게 도전해나갈 때 비로소 참다운 배움이라 말할 수 있을 것이다. 또한 삶의 한 부분이 수업 속으로 들어와 의미를 부여하고 가치를 가지며 창의가 생겨날 때 진정한 배움이라 말할 수 있을 것이다. 그래서 배움의 출발점은 교사의 가르침일 수도 있고 아이의 이야기일 수도 있다. 배움을 가져오는 것이 교사의 가르침만은 아니기 때문에 교사의 영향을 줄인 만큼 아이들의 배움이 더 크게 확장될 수 있다. 수업에서 시작하여 삶으로 이어지든 삶에서 시작하여 수업으로 들어왔든, 이 두 가지가 가능하도록 공간을 만드는 것이 바로 삶이 넘나드는 배움이다.

가르침과 배움을 학교라는 공간과 수업이라는 시간 안에 가두지 말고 삶과 배움의 넘나들기를 조금씩 실천하다보면 스스로 제한하였던 수업의 한계에서 벗어나 수업의 의미를 새롭게 발견하게 될 것이다. 수업 시간과 교실의 공간을 넘어서 삶이 넘나드는 배움을 경험하게 되는 순간, 달라진 수업의 모습을 보게 될 것이다.

넘나들며  배우기

1. 삶이 넘나드는 배움이 무슨 의미라고 생각하는가?
2. 삶을 가꾸어 가기 위해서 어떤 노력이 있어야 할 것인가?
3. 내 스스로 제한하였던 수업의 한계는 무엇인가? 그것을 넘어서기 위해 어떻게 해야 할 것인가?

## 삶과 배움의
## 다리를 놓다

삶이 넘나드는 배움은 수업에 대한 몇 가지 의문에서 시작되었다. '내가 잘 가르치고 있는 것일까?' '배움이 일어나기는 하는 것일까?' '과연 한두 시간의 수업으로 배움이 일어났다고 말할 수 있을까?' 이처럼 교사라면 누구나 가지게 되는 고민들에서 출발하였다.

수업에 대한 고민이 깊어질수록 교육과정을 재구성하여 가르쳐야 한다는 소리가 크게 들려오기 마련이다. 수업은 교과서를 가르치는 것이 아니라 교육과정을 가르치는 것이란 말이 설득력 있게 다가올수록 교육과정 재구성은 좋은 수업을 위해 반드시 거쳐야 하는 과정으로 느껴진다. 재구성을 이루어내기만 한다면 수업에 대한 고민들은 사라지고 좋은 교사로 당당히 서게 될 것이라는 꿈도 갖게 된다.

하지만 힘들고 험난한 길을 헤치고 교육과정 재구성을 이루어내었지만 막상 수업에 들어서면 이전과 크게 다르지 않은 상황을 맞이한다. 수업에 대한 막막한 감정은 예전 그대로이고 '도입-전개-정리-차시 예고'라는 흐름에서 크게 벗어나지도 못한다. 가르치는 모습 또한 이전과 크게 달라지지 않았다. 교실 한가운데 교사가 서 있고 아이들의 눈은 일제히 교사를 향한다. 교사의 손에는 교과서가 들려 있고 아이들도 교과서의 문제를 읽거나 풀기에 바쁘다. 모둠 활동이나 활동 시간이 조금 늘어난 것을 제외하고는 평가의 목적이나 방식까지 이전과 크게 달라진 게 없다. 성취 기준에 근거하여 교육과정이 재구성되었다고는 하지만 교과서와 평가 중심에서 벗어나지 못한 채 차시 단위의 수업과 평가가 이루어진다.

그나마 달라진 것은 성취 기준에 따라 평가가 이루어진다는 점인데, '차시 목표 도달'과 같은 맥락에서 평가를 인식하고 가르치는 것이 다반사이다. 성취 기준을 단계적으로 나누어놓은 것이 차시 목표인 까닭에 이 둘 사이가 전혀 다른 것이라 말할 수는 없겠지만, 교육과정을 재구성하는 차원에서 성취 기준을 근거로 삼으려면 차시 목표를 근거로 하는 이전의 교육과정과는 엄연한 차이가 있어야 마땅하다. 차시 목표에 대한 접근이 일회적인 경험들이 모여 단원 목표에 이르는 것이라면, 성취 기준을 통한 교육과정 재구성은 아이들로부터 보다 지속적이고 심도 깊은 경험을 이끌어내는 것을 목적으로 하기 때문이다.

삶이 넘나드는 배움도 교육과정 재구성의 과정을 필요로 한다. 그렇다고 기존 방식처럼 교과 내용에 무언가를 덧붙이고 때론 삭제하며, 순서를 바꾸고 다른 교과와 통합하여 가르치는 식의 재구성과는 다르다. '무엇'을 '어떻게' 잘 가르칠 것인가에 중점을 두는 교육과정 재구성이 아니라 '누구'를 '왜' 가르치려고 하는가에 중심을 두었기 때문이다. 요리에 비유하자면 최대한 솜씨를 발휘하여 누가 보아도 먹음직스럽고 맛있는 요리를 만들어내는 것이 아니라 먹을 사람의 입맛과 건강 상태를 가장 먼저 생각하는 것과 같다. 음식을 만드는 과정에서 이 둘의 차이는 크게 달라 보이지 않지만 결과는 전혀 다르다. 전자는 맛있게 만들어진 음식과 요리사의 솜씨에 감탄하고 주목하게 만들지만, 후자는 요리를 먹은 사람의 반응에 관심을 갖게 만든다는 점에서 확연히 다르다고 볼 수 있다.

따라서 삶이 넘나드는 배움에서 교육과정 재구성은 교육과정을 이리저리 쪼개 보기 좋고 먹기 좋게 만드는 것에 공을 들이는 것이 아니라 아이들의 삶에 집중 하는 것이다. 아이들의 삶을 들여다보고 무엇을 얼마만큼 끌고갈 것인지에 대한 물음이 재구성의 출발점이 된다. 한 해 동안 아이의 삶에서 꾸준히 실천해나가야 할 것과 단기간에 이루어나가야 할 것이 무엇인지를 구분한다. 이를 위해서 수업의 내용들은 무엇으로 채워야 하고 그에 걸맞게 형태가 어떻게 바뀌어야 하는지 그리고 어떤 지원들이 필요한지를 생각한다.

이러한 차원에서 교육과정 재구성의 기준이 되는 성취 기준 또한 한 번만 경험하면 배우게 될 것과 여러 번 반복하여 지속적으로 경험해야 비로소 그 의미를 깨닫게 되는 것으로 나뉜다. 삶이 넘나드는 배움에서 말하는 교육과정 재구성은 문서화된 텍스트가 아니다. 삶과 배움의 사이에 끊임없이 다리를 놓아가는 일이다.

넘나들며 배우기

1. 수업에 대하여 가지고 있는 고민은 무엇인가? 그것을 풀기 위해 어떤 노력을 하고 있는가?
2. 교육과정을 재구성하더라도 달라지지 않는 것은 무엇인가? 무엇이 문제라고 보는가?
3. 아이들의 삶에 필요한 것이 무엇이라고 생각하는가? 그것을 길러주기 위해 어떤 계획을 가지고 있는가?

## 시즌제 교육과정의 유연함

삶과 배움이 원활하게 연결되려면 교육과정을 계획하고 운영하는 기간을 어떻게 설정할 것인가가 중요하다. 지금과 같이 1년 단위로 교육과정을 계획하고 운영하는 방식으로는 삶과 동떨어진 배움으로 흐르기 십상이다. 삶이 넘나드는 배움에서는 1년 단위로 교육과정을 운영하는 형태에서 벗어나 1년을 여섯 번의 시즌으로 나누어 교육과정을 운영한다. 보통 대여섯 주 정도의 기간을 한 시즌으로 보내는데, 1년 단위로 운영하는 교육과정과 비교하면 장점이 더 크다.

교육과정을 시즌제로 운영할 경우, 계획 단계에서부터 간단하면서도 실제적인 운영이 가능해진다. 1년 단위의 교육과정은 기간이 긴 만큼 계획 단계에서부터 어려움을 겪게 된다. 당장 내일 어떤 일들이 어떻게 일어날지 가늠할 수 없는 상황에서 1년 동안의 교육 내용을 학기 초에 모두 다 세우고 이것을 그대로 지켜나가라는 식으로 교사에게 요구하는 것은 무모한 일이며 무의미한 일이다. 어차피 계획한 대로 하지도 못할 거라면 전년도 교육과정을 조금 고치는 정도에서 만족하는 것이 어쩌면 당연해 보인다. 그마저도 귀찮다 싶으면 남의 것을 그대로 가져다 쓴들 크게 문제가 될 것 같지도 않다.

하지만 교육과정을 시즌제로 운영하게 되면 시작부터 달라진다. 학기 초에는 교사의 교육철학을 바탕으로 1년 동안 운영해나갈 교육과정의 밑그림을 간단하게 스케치해두었다가 상황에 맞추어 시즌별로 자세히 그려나간다. 처음부터 치밀하게 계획을 세우는 것보다 오히려 느슨하게 짜두는 편이 수시로 변하는 교육 여건을 교육과정에 반영하기가 쉽다. 또한 지속적으로 성장하는 아이들의 요구를 받아들일 공간을 마련해둠으로써 배움의 넘나듦을 삶에 적용해나갈 수 있게 만든다.

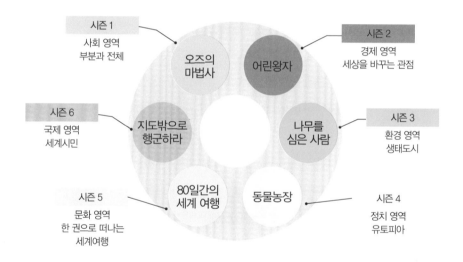

**넘나들며 배우기 시즌 운영**

시즌제로 교육과정을 운영하는 예를 6학년에 적용하여 설명해보면 다음과 같다. 교사는 한 해 동안 성장할 아이들의 모습을 생각한다. 아이들을 향한 기대와 교사의 교육철학을 근간으로 '책임 있는 세계시민'을 한해살이의 목표로 삼는다. 세계시민을 길러내는 것이 단시간에 이루어지는 것이 아니므로, 그를 위해 어떤 과정들이 필요한지 생각해보고 역량을 길러나가기 위한 과정을 중심으로 시즌을 나눈다.

첫 번째 시즌은 공동체 세우기를 목적으로 '부분과 전체'라는 주제로 정한다. 이 기간 동안 새로운 학년과 교실에 적응하는 것을 우선으로 하는 교육과정이 이루어진다. 두 번째 시즌은 경제 영역을 바탕으로 '세상을 바꾸는 관점'을 주제로 사물과 현상을 바라보는 시각과 관점에 대한 교육과정이 이루어진다. 세 번째 시즌은 '생태도시'를 주제로 환경 영역을 다루고, 네 번째 시즌은 '누구나 꿈꾸는 유토피아'를 주제로 정치 영역을 배운다. 다섯 번째 시즌은 '한 권으로 떠나는 세계 여행'이라는 주제로 문화 영역으로 교육과정이 이루어지고, 마지막 여섯 번째 시즌은 '세계시민'을 주제로 시즌을 구성한다. 책임 있는 세계시민으로 성장하기 위하여 공동체를 기반으로 다양하고 올바른 관점을 갖고, 사회 전반에서 일어나는 다양한 문제들을 다루어보는 것을 큰 흐름으로 잡은 것이다.

시즌별로 주제가 정해지면 주제를 엮어나갈 도서를 선정한다. 도서는 주 텍스트와 보조 텍스트로 나누는데 시즌 1에는 『오즈의 마법사』, 시즌 2에는 『어린왕자』, 시즌 3에는 『나무를 심은 사람』, 시즌 4에는 『동물농장』, 시즌 5에는 『80일간의 세계 여행』, 시즌 6에는 『지도 밖으로 행군하라』와 같이 시즌 내내 사용하는 도서를 주 텍스트라고 한다. 주 텍스트로 정해진 도서는 5~6주 동안 매일 반복하여 읽으면서 깊이 있게 해석된다. 주 텍스트와 아울러 보조 텍스트는 일주일마다 책 한 권을 새롭게 읽어가면서 주 텍스트에서 경험하지 못한 넓고 다양한 의미들을 배워나간다. 시즌 별로 대여섯 권의 보조 텍스트를 읽게 되므로, 한 해 동안 서른 권 이상의 책을 읽게 된다.

1. 지금과 같은 교육과정 편성과 운영의 문제점은 무엇이라고 생각하는가?

2. 시즌제로 운영하는 교육과정에 대하여 어떤 생각이 드는가? 만약 그렇게 운영하려고 할 때 예상되는 문제점은 무엇인가?

3. 한 해 동안 어떤 흐름으로 아이들을 가르치고 싶은가? 그러기 위해서 필요한 것은 무엇인가?

　　넘나들며 배우기 교육과정의 큰 흐름이 시
즌제 운영이라면, 시즌 안에서는 '이야
기-수업 활동-마을 활동-수업 읽기'
의 흐름으로 이루어진다. 시즌 초반
에는 책 이야기로부터 수업이 시작
되는 경우가 많지만 삶의 이야기가
무르익게 되면 수업 활동과 마을 활동
이 서로 넘나들면서 배움의 깊이가 더해
진다. 시간과 공간을 넘어 삶이 넘나드는 배움
이 일어나면서 이야기와 삶이 하나로 어우러지는데,
교사와 아이들은 수업 읽기를 통해 흐름을 살피고 배움을 향해 나아간다.

이야기

수업 읽기　　삶이
넘나드는
배움　　수업 활동

마을 활동

**삶이 넘나드는 배움**

◆　**이야기**

　　넘나들며 배우기 과정의 출발점은 이야기이다. 이야기를 중심으로 수업이 진행되므로 시즌 기간 동안 읽어나갈 한 권의 책을 주 텍스트로 정하고 아이들과 함께 읽어나간다. 시즌 초반에 모든 아이들이 책을 읽으면 좋긴 하겠지만 아이마다 읽기 능력에 차이가 있으므로 읽는 속도를 다 같이 맞출 필요는 없다. 5~6주라는 시간은 누구나 책 한 권 정도는 읽을 수 있는 충분한 시간인 까닭에 굳이 재촉하지 않아도 된다.

이야기를 기반으로 이루어지는 수업을 차츰 경험하게 되면서 아이들 스스로 이야기의 중요성을 깨닫게 된다. 따라서 아이들이 먼저 서둘러 책을 읽게 된다. 이야기를 기반으로 하는 수업에 익숙해지는 시점에 주 텍스트와 병행하여 읽을 또 다른 책들을 읽게 한다. 이러한 책들을 보조 텍스트라고 하는데, 일주일에 한 번은 한 권의 책을 활용하여 온작품 수업의 형태로 진행해보는 것도 주 텍스트와 함께 교실 안에 이야기를 풍성하게 만드는 방법이다.

### ◆ 수업 활동

아이들이 이야기를 읽어가는 동안, 교사는 이야기와 성취 기준을 연결지으며 배움을 향해 나아갈 수 있게 수업 활동을 전개한다. 음식도 어떤 그릇에 담느냐에 따라 그 맛이 다르게 느껴지듯이 성취 기준을 근간으로 재미난 이야기에 담아 먹기 좋게 만드는 과정이 바로 수업 활동이다. 수업 활동은 이야기에 나오는 한 장면을 다 함께 읽는 것으로 시작된다. 이야기를 읽고 난 후, 인상적인 부분에 대하여 생각이나 느낌을 서로 나눈다. 아이들이 나누는 이야기 속에서 배움의 방향을 찾거나 질문과 발문을 통하여 아이들의 생각을 끌어낸다. 이야기 나눔을 통해 배움의 방향이 결정되면 교사와 아이들은 협력하여 수업 활동을 전개한다. 활동 중에 어려움에 부딪히면 교과서 또는 관련 도서를 참고하거나 자신의 경험이나 친구의 이야기에서 도움을 받는다. 수업은 교실을 벗어나 학교 뒷산에서 이루어지기도 하고 학교 주변 마을에서 진행되기도 한다.

### ◆ 마을 활동

이야기를 기반으로 이루어지는 것이 수업 활동이라면, 이야기를 만들어가는 것은 마을 활동이다. 교실 안에 작은 마을을 만들고 살아보면서, 아이들은 배움이 어떻게 삶으로 전개되는지 눈으로 확인한다. 마을 활동은 교사의 관여를 최소화하면서 마을법률에 따라 아이들의 주도적인 참여를 이끌어낸다. 주로 쉬는 시간과 방과 후에 이루어지는데, 교실 안 마을 활동과 교실 밖 마을 활동으로 구분한다. 교실 안과 밖을 넘나들면서 가정이나 지역사회로 경험을 확장시키고 다양한 삶의 이야기를 담아내는 통로가 된다. 이야기와 수업 활동, 그리고 마을 활동이 연결되면서 아이들은 삶과 배움이 하나가 되는 값진 경험을 쌓아나간다.

### ◆ 수업 읽기

삶이 넘나드는 배움에서는 배움이 어디에서부터 시작하여 어디로 향하고 있는지, 혹여 배움이 무엇인가에 막혀 있지는 않은지 수시로 확인하고 배움이 삶으로 흐를 수 있게 다리를 놓거나 길을 터주어야 한다. 배움의 향방을 묻고 수시로 조정하는 과정이 바로 수업 읽기이다. 기존의 수업에서는 배움의 방향을 읽어내는 눈이 교사에게 필요하지 않았다. 수업안에 계획된 흐름대로 그대로 진행하고 시험 점수로 배움의 여부를 판단하면 되었기 때문이다. 하지만 배움이 삶으로, 삶이 배움으로 넘나들기 위해서는 시간과 장소에 상관없이 일어나는 배움을 민감하게 감지해내야 한다. 그러지 않고서는 또 다른 배움을 전개해나갈 수 없다. 수시로 수업을 읽을 수 있어야 한다. 따라서 교사만이 아니라 아이들, 그리고 수업을 참관하거나 수업에 참여하는 모든 이가 수업 읽기의 주체가 될 수 있다. 수업에 대하여 다양한 시각과 관점들이 모일 때 배움과 삶이 서로 넘나드는 과정을 제대로 볼 수 있기 때문이다.

1. 교육과정 운영에 흐름이 있는가? 그 흐름이 배움에 어떤 영향을 주고 있는가?

2. 수업에서 배움이 어디로 향하고 있는지 느껴본 적이 있는가? 그것을 어떻게 알 수 있었는가?

3. 배움이 시간과 공간을 넘나들기 위해서는 어떤 준비가 필요하다고 생각하는가?

# 이야기가
## 삶이 되어
### 흐르는 교실

 이야기는 삶과 배움 사이를 연결하는 다리이다. 삶과 배움이 연결되고 하나의 이야기로 흐를 때만이 삶에서 배움으로, 배움에서 삶으로의 넘나들기가 자유로워진다. 보통 배움과 삶을 이어주는 다리의 역할을 교과서가 해줄 것이라고 생각하지만 실상은 그러지 못하다. 교과서를 통하여 삶을 담아내고 배움을 일구어가기에는 과정이 너무도 복잡하다. 교과와 교과 사이를 가로막고 있는 높은 벽들도 문제지만, 교과 안에서도 분절되어 있는 지식들을 해체하고 다시 하나의 흐름으로 만드는 일도 쉽지 않다. 힘든 과정을 거쳐서 하나의 이야기로 만들었다고 하더라도 삶의 이야기로 흐르게 될 것인지 장담할 수 없는 노릇이다. 그래서 삶이 넘나드는 배움에서는 교과서를 수업의 중심에 두지 않는다. 교과서 대신에 시즌별로 정해놓은 책으로 이야기를 엮어나간다. 시즌별로 한 권의 주 텍스트와 너댓 권의 보조 텍스트를 읽어나가면서 수업이 이루어진다.
 교과서가 아닌 책을 중심으로 수업이 진행되다보니 아침 시간에는 책을 읽는 아이들의 모습이 교실 풍경의 한 장면으로 자리 잡게 된다. 시즌이 시작되는 아침에는 이제 막 첫 장을 넘기는 아이도 있고, 이미 절반 이상을 읽은 아이도 있다. 읽는 곳은 서로 달라도 모두가 같은 책을 펼쳐서 읽는다. 교사도 예외일 수 없다. 비록 오래전에 여러 번 읽은 책일지라도 그 시간만큼은 아이들과 함께 같은 책을 읽는다. 같은 책을 다 함께 펼쳐놓고 읽는 풍경은 색다른 느낌으로 다가온다. 시즌이 거듭될수록 책 읽기는 지켜야 할 규칙과 약속이기보다는 함께 쌓아가는 공동체의 문화로 자리잡아간다.

아침 독서는 책 읽기에 그치지 않고 책 나눔으로 이어진다. 아침에 읽었던 책을 중심으로 자신의 생각과 느낌들을 나누게 되는데, 교사부터 시작해서 아이들 모두가 한마디씩 돌아가며 말한다. 처음에는 자신의 생각을 표현하기가 익숙하지 않기에 주로 이야기를 요약하여 말하는 경우가 대부분이었다. 다소 지루하게 느껴지고 시간 낭비처럼 생각되기도 하지만, 시간이 흐를수록 줄거리를 말하는 수준에서 벗어나 자기 생각을 자연스럽게 표현하는 말들로 채워나간다.

책 나눔이 가져다주는 유익은 비단 말하기만은 아니다. 말하는 것만큼 듣는 능력도 길러진다. 특별한 일이 없는 한 모두가 한마디씩 돌아가며 말해야 하기 때문에 짧게는 20분이 걸리기도 하고 길게는 40분 정도의 시간이 소요된다. 자기 순서에 맞춰서 이야기를 나누어야 하고 나머지 시간은 친구의 이야기를 들어야 하므로 사실 대부분의 시간은 듣기로 채워진다. 상대방의 이야기에 집중하다보면 듣기 능력도 자연스레 길러지는 셈이다. 시즌 초반에는 한 사람씩 돌아가며 말하는 방법으로 운영하다가 아이들이 책을 거의 다 읽은 후에는 독서토론 형식으로 나눔의 방식을 바꾼다. 아이들과 의논하여 토론 주제를 미리 정해놓고서 하루에 한 개씩 주제를 바꾸어가며 토론을 진행하는데, 순서대로 돌아가며 말할 때와는 전혀 다르게 활발한 대화가 이루어진다. 토론의 재미가 더해질수록 아이들 중에는 책을 제대로 이해하기 위해 다시 읽는 경우도 있다. 단순히 독서 습관을 기르는 수준을 넘어 비판적인 자세로 책을 읽게 된다. 아침독서와 책 나눔을 통하여 국어 교과에서 요구하는 듣기, 말하기, 읽기, 쓰기의 역량을 1년 동안 꾸준히 길러 가게 된다.

넘나드는 배움이 일어나는 교실에서 나누는 이야기는 책 속의 이야기만이 아니다. 삶의 장면들이 모두 이야깃거리다. 이야기가 배움과 직접적인 관련을 맺고 있지 않다고 하더라도 상관없다. 오히려 배움과 바로 연결되는 이야기보다 의미를 묻고 답하는 과정을 여러 차례 거치고 나온 이야기일수록 배움이 깊어진다. 보고 듣고 경험한 모든 것들이 이야기가 되고, 그것이 배움으로 이어지면서 새로운 이야기로 번져간다.

그래서 삶 속에서 나누어지는 이야기를 그냥 흘러가도록 내버려두지 않는다. 어떻게든 담아두려 애쓴다. 공책에 이야기를 담아놓은 글쓰기는 여러 방법들 중 하나다. 아이가 쓴 글을 수업 시간에 끄집어내어 텍스트로 활용한다. 글 속에 담긴 아이의 생각과 느낌을 모든 아이들과 함께 나누면 자연스레 배움의 공간이 열린다. 삶의 이야기로 열려진 배움의 공간은 수업 활동과 마을 활동으로 채워진다. 수업 활동과 마을 활동으로 배움은 수업 시간과 쉬는 시간, 방과 후 시간까지 넘나든다. 이미 경험한 이야기를 기반으로 이루어지는 수업 활동과는 달리, 마을 활동은 생활 속에서 이야기를 새롭게 만들어간다. 경험한 이야기를 토대로 개념을 다지고 새로운 이야기로 개념을 확장해나가는 일이 반복된다.

수업 활동과 마을 활동이 어우러지는 교실에서는 다양한 흐름의 수업 전개가 가능하다. 도입-전개-정리의 고정된 틀에서 벗어나 수업을 책 이야기에서 출발하여 마을 활동으로 펼쳐갈 수 있다. 반대로 마을 활동에서 경험한 다양한 삶의 이야기를 시작점으로 현상을 이해하고 해석하는 방향으로 수업이 흐를 수도 있다. 시간과 장소에 따라서 배움을 구분하지 않고 수업 활동과 마을 활동을 중심으로 배움을 이어가니 삶과 배움이 분절되지 않으면서도 배움이 시간과 공간을 자유롭게 넘나들 수 있다.

삶의 이야기가 교실에 흐른다는 것은 서로의 이야기에 귀를 기울인다는 것이다. 따라서 필요에 따라 상대방의 이야기를 쉽게 평가해버리고, 이해득실을 따지는 배움을 거부한다. 어떤 상황에서도 이야기를 주고받으며 배움으로 끌어올 수 있다는 서로의 믿음이 견고해진다. 이 과정을 통해서 교사는 아이를, 아이는 교사를 바라볼 수 있게 되며 아이들이 서로 바라본다. 나의 이야기가 너의 이야기가 되고 우리 모두의 이야기가 되는 것이 삶과 배움이 넘나드는 교실의 풍경이다.

**넘나들며 배우기**

1. 아이들의 독서 습관에 대해 어떤 생각을 가지고 있는가? 책 읽는 습관은 어떻게 길러줄 수 있는가?
2. 글쓰기나 배움공책처럼 흘러가는 이야기를 담아놓는 공간이 있는가? 그것이 수업에 어떠한 영향을 끼치는가?
3. 수업에서 서로 존중하며 이야기를 나누는 관계를 만들어낼 수 있는 자신감이 있는가?

이야기에서 출발하는 수업은 그 흐름이 자연스럽다. 수업에서 다루어지는 내용이 무엇이 되었든 이야기는 어제와 오늘 배움의 양 끝을 연결하고 한 덩어리로 만든다. 반면에 40분 단위의 수업에 맞추어 제작한 교과서를 중심으로 이루어지는 수업은 매번 소재가 달라지므로 그 흐름이 끊어지기 마련이다. 지금처럼 수업 시간이 교과와 내용에 따라서 나뉘게 되면 분절된 형태의 수업에서 벗어나지 못할 뿐 아니라 매 시간 새로운 동력을 찾아야만 한다. 아이들의 관심을 끌어내기 위해 다양한 자료를 활용하여 동기를 유발시키려 하지만 배움을 지속적으로 끌고 가기에는 늘 버거움을 느낄 수밖에 없다.

하지만 이야기가 흐르는 수업은 어제와 오늘 그리고 내일의 배움이 자연스럽게 연결된다. 앞에서 나누었던 이야기가 뒷이야기를 끌어오는 동력으로 작용하면서 연결이 자연스럽다. 교사가 억지로 무언가를 만들어내지 않더라도 수업의 흐름을 이어갈 수 있다는 것이 넘나드는 배움이 가지는 가장 큰 장점이다.

넘나드는 배움의 또 다른 장점은 아이들 사이에 이해심이 깊어진다는 것이다.

같은 책을 읽고 함께 생각을 나누면서 나와 다른 생각을 가진 친구들의 이야기를 듣고 이해하며 다른 의견을 자연스럽게 받아들인다. 서로의 다름을 인정하는 경험이 쌓여갈수록 이야기 나눔이 더욱 깊어진다. 교실 속에서 나누어지는 이야기가 단순한 재미를 넘어서, 교실 안과 밖으로 이야기가 넘나들게 되고 이야기를 새롭게 만들어나간다. 눈으로 읽고 귀로 듣기만하는 이야기가 아니라 아이들 스스로 이야기를 몸으로 겪어내면서 수업 활동을 통해 나누어지고 배움으로 자연스럽게 연결된다. 또다시 배움은 마을 활동을 통해 공동체의 이야기로 확장되어 나간다. 그 과정에서 배움의 의미는 더욱더 깊어지고 또 다른 배움을 향해 나아갈 수 있는 힘을 얻게 된다. 넘나드는 배움을 통해 이야기는 개인은 물론이고, 공동체적인 배움을 쌓는다.

배움의 넘나듦이 가져다주는 유익은 비단 아이들에게만 국한되지 않는다. 아이들의 배움이 넘나들기 위해서는 교사의 배움도 자유롭게 흘러야 한다. 하지만 안타깝게도 학교 제도와 문화는 교사의 주도적인 참여와 배움을 인정하지 않는다. 갈수록 시스템화되어가는 학교 문화 속에서 교사의 아픔은 나날이 커져만 가고 있다. 이러한 아픔을 가리켜 파커 J. 파머(Parker J. Palmer)는 '분열의 삶'이라 하였고 서근원은 '교사의 소외'라고 하였다. 이들 모두 교사가 경험하고 있는 분열의 삶이나 소외의 문제를 해결하고자 제도적인 차원에서 접근하였지만 해결 과정 속에서 도리어 교사를 더욱 소외시키는 결과만 가져왔다고 지적하였다.

진정한 해법은 삶을 통해 이루어진다. 넘나드는 배움은 이러한 문제를 극복하고 가르치는 자로서의 자리매김을 명확하게 할 수 있도록 돕는다. 아이와 교사가 수업을 함께 들여다보고 그동안 보지 못했던 문제를 직면하면서 이해와 해석의 과정을 거쳐나간다. 공동체 안에서 교사는 수업에 대한 지속적인 지지를 받으며 가르침의 과정 속에서 필연적으로 겪게 되는 분열과 소외에 대한 두려움을 극복할 수 있게 된다.

넘나들며 배우기는 블록수업이 본래의 취지에 맞게 충실하게 운영될 수 있게 만든다. 기존의 40~50분 단위의 시간 운영 방식에서 벗어나 80~100분 단위의 블록수업의 형태를 갖추게 된 까닭은 아이들에게 배움의 기회를 더 많이 제공하고자 하는 목적이었다. 하지만 80~100분 단위의 블록수업을 적용하는 교실과 기존의 40~50분 단위의 교실 모습을 비교하여 보면 크게 다르지 않다. 시간만 두 배로 늘어났을 뿐 수업의 형태와 흐름은 이전과 크게 다르지 않다. 늘어난 시간만큼 활동 시간이 두 배로 주어졌을 뿐 수업의 질적 개선과 변화를 이끌어내지 못하고 있는 실정이다. 시간 변화에 맞추어 배움의 공간도 달라져야 하는데, 배움의 공간이 교실의 문턱을 넘어서지 못하고 있다. 블록수업으로 시간의 벽을 허물긴 하였지만 그것과 함께 공간의 벽을 허무는 것까지 이어지지 못하였다. 넘나들며 배우기는 교실 안과 밖을 동일한 삶의 공간으로 보기 때문에 교실과 학교의 담을 훌쩍 뛰어넘고 배움의 공간을 확장해나간다.

넘나들며 배우기

1. 매 시간 동기 유발이 필요한 이유는 무엇인가? 동기 유발이 제대로 되기 위해서는 어떻게 해야 하는가?
2. 배움이 개인을 넘어 공동체로 확장된 경험이 있는가?
3. '분열된 삶'과 '교사의 소외' 같은 경험이 있는가? 그것을 어떻게 극복하고 있는가?

# 4장

# 넘나드는 배움의
교육과정

## 교육과정,
## 길 위에서
## 길을 잃다

　교육과정에 대한 생각은 교직 경력에 따라 조금씩 다르다. 모든 것이 새롭고 낯설기만 한 초임 교사에게 교육과정은 그야말로 외계어의 집합체이다. 협의회 시간에 선배 교사들이 나누는 이야기조차 알아들을 수 없는 초임 교사들에게는 기본 시간표가 무엇이고 시수는 어떻게 맞추어야 하는지, 창의적 체험 활동은 어떤 내용을 얼마 동안 해야 하는지, 거기에 시도 교육청 정책이나 학교 역점 사업을 어떻게 교육과정에 반영시켜야 하는지, 평가는 어디에서부터 어디까지 어떤 방식으로 해야 하는 것인지 도무지 알 수 없는 것들로 가득하다. 초임 교사가 학교 생활에 적응하기 위해선 친절하면서도 자세한 안내와 지원이 절실히 필요함에도 이해도 안 되는 내용을 교육과정에 모두 담으라는 요구만 받고 있는 것이다. 이러한 어려움 속에서 초임 교사는 자신도 학교 생활에 적응하고 경력이 차츰 쌓이면 교육과정을 잘 짤 수 있게 될 것이라 기대한다.

　과연 교육 경력이 쌓이는 것만큼 교육과정을 다루는 능력도 저절로 길러지는 것일까? 학교 생활에 익숙해지면서 교육과정에 대한 경험과 이해가 깊어지고 교육의 지평 또한 확장될 것이라 기대해보지만 결과는 그렇지 못하다. 해마다 교육과정을 계획하고 운영하는 일이 반복되지만 늘 새롭고 낯설기만 하다. 국가 수준 교육과정의 잦은 개정과 그에 따라 달라지는 교과서, 매해 바뀌는 학년과 아이들과 같은 외부적 요인들에서 그 원인을 찾을 수도 있다. 하지만 교육과정에 대한 안목을 제대로 키우지 못한 교사의 책임을 피할 수 없다. 경력이 많지 않을 때에는 아직 학교 생활에 적응하지 못한 것으로 그 책임을 회피할 수도 있겠지만 경력이 쌓이면 쌓일수록 이러한 변명은 설득력을 잃고 만다. 업무나 행사 중심으로 학교가 돌아간다거나 교사 상호간에 교육철학의 공유가 부족하다는 등의 이유로 시수 맞추기 수준의 교육과정을 계획하고 운영하는 것을 어쩔 수 없는 일이라고 말하는 것은 우리 안에서만 통하는 변명일 뿐이다.

자유롭게 교육과정을 기획해보라 말하지만 교사를 믿고 맡기지 않는 상황에서, 교사들도 이런저런 이유를 들어가며 교육과정을 소홀히 다루었다. 이 틈을 비집고 교육과정편성프로그램이 들어오면서 교육과정은 귀찮은 것이며 빨리 해치워버려야 하는 일거리로 전락해버리고 말았다. 시수 계산은 물론이고, 교무업무시스템(NEIS)과도 연동되는 등 교육과정편성프로그램의 기능이 날로 향상될수록 교육과정을 문서로 인식하는 정도는 높아만 간다. 전출을 앞둔 교사에게 교육과정을 짜놓고 가라는 어처구니없는 요구가 당연한 것처럼 받아들여지는가 하면, 반대로 누군가가 짜놓고 간 교육과정을 그대로 받아서 교육과정을 운영하는 경우도 다반사다.

하지 않아도 될 일을 효율적으로 하는 것만큼 쓸모없는 일은 없다. 제아무리 일을 효율적으로 처리하였다고 하더라도 그것이 결과와 상관없는 일이라면 무슨 소용이 있겠는가! 효율성을 높일수록 의미는 반감될 것이 불 보듯 뻔하다.

교육과정편성프로그램이 수업 시수를 정확하게 계산해줄 뿐만 아니라, 교육과정 편성 계획을 지금보다 더 손쉽게 짤 수 있게 업그레이드된다고 하더라도 교육과정이 더 나아지는 것은 아니다. 교육과정편성프로그램은 교육과정을 문서로 만드는 데 유용할 뿐이다. 이 모든 사실을 잘 알고 있으면서도 누구도 나서서 바로잡으려 하지 않는다. 바로잡는 것보다 상황에 맞춰가는 편이 낫다는 생각 때문이다. 이러한 경험들이 계속되면서 교육과정을 기획하는 일은 해마다 한 권의 책을 만드는 것에 지나지 않은 것이 되어버리고 말았다.

넘나들며 배우기

1. 교육과정을 만들 때 어려운 점은 무엇인가?
2. 교육과정편성프로그램을 사용하는가? 사용하는 이유는 무엇인가?
3. 교육과정은 나에게 어떤 의미인가?

## 교육과정에 대한 실망과 오해를 넘어

　교육과정은 길과 같다. 그 길은 누구에게는 익숙한 길이지만 누군가에겐 낯설고 생소한 길이 되기도 한다. 교육이란 드넓은 지평에 교육과정으로 길을 내고, 그 길을 따라 뚜벅뚜벅 걸어가야 하는 것이 교사가 할 일이다. 따라서 교육과정은 길을 안내해주는 길잡이인 동시에 교육과 만나는 통로이다.

　하지만 어떠한 교육과정도 교육을 보장해주지는 못한다. 교육과정이 보장하는 건 '아무리 잘 짜인 교육과정도 교육을 보장하지 않는다'는 사실뿐이다. 지난해도 그러했고, 올해도 그러했으며, 내년도 그러할 텐데 왜 우리는 아직도 교육과정에 목을 매고 있는 것인가! 관습을 좇아 마냥 낡은 규칙을 따르다가는 길을 찾기는커녕 길을 나서게 된 동기마저 잃고 말 것이다.

　다행스러운 일은 교육과정에서 겪는 문제들을 극복하려는 크고 작은 시도들이 이루어지고 있다는 것이다. 아이들의 흥미를 고려한 주제들을 중심으로 교육과정을 구성한다거나 몇 주 동안 프로젝트를 기획하여 운영하는 교사들이 점점 늘고 있다. 미래 사회의 요구에 부합하는 역량을 길러야 한다는 명목에 따라 교육과정을 통합하여 운영하는 시도들이 행해지고 있다. 개인 차원에서 계획되고 실행하던 교육과정에 대한 논의들이 점차 집단적으로 이루어지면서 새로운 물결을 이루어 교육에 적지 않은 영향을 미치고 있다.

하지만 다양한 노력에도 교육과정은 예전 그대로다. 겉모습은 조금 바뀌었는지 몰라도 그 속은 이전과 별 다를 것이 없다. 바뀐 것이 있다면 블록 단위로 교과를 묶어서 운영한다거나 학교가 다 함께 참여하는 행사가 많아진 정도이다. 그마저도 안전상의 문제로 학교 바깥으로 나가는 일은 이전보다 더 많이 줄어들었다. 교육과정 기획에 더 많은 힘을 쏟으며 교육의 변화를 이끌어내려고 하였지만, 막상 학기가 시작되면 종전과 같은 모습으로 교육과정이 운영된다. 계획대로 교육과정이 운영되지만 정작 교육의 변화를 크게 느끼지 못한다. 학교 구성원마저 바뀌게 되면 그동안 의미 있던 교육 활동들도 의미 없는 행사쯤으로 받아들여지기 마련이다. 해를 거듭할수록 교육을 새롭게 만들어보려는 동력을 차츰 잃게 된다. 이러한 풍토 속에서 교육과정에 대한 의미를 바로 세워가는 것은 결코 쉬운 일이 아니다.

무슨 일이든 제대로 하려면 계획부터 치밀하게 짜야 한다. 교육도 마찬가지다. 하물며 사람을 길러내는 일인데 계획 단계부터 치밀하게 짜야 함이 마땅하다. 하지만 치밀해야 한다는 것이 고정된 틀을 만들거나 어떤 체계를 갖추어야 한다는 말은 아니다. 어떤 형태가 되었든 틀을 만들었다가는 그 안에 생각들이 갇혀버린 채 본질을 잃고 만다. 따라서 교육과정은 사람을 길러내는 고정된 틀이 되어서는 안 된다. 정해진 틀 속에 넣으려는 순간, 교육은 사라져버리고 삶은 더 이상 진정성을 잃고 만다.

그럼에도 학교들은 저마다 경쟁하듯 형식을 만들어내는 일에 온갖 정성을 쏟는 모양새다. 모든 교육적 가치를 틀 속에 담으려 하고 누가 보더라도 알아보기 쉽게 체계화시키려 애쓴다. 거기에 미사여구로 포장된 말들을 덧입힘으로써 화려함을 더한다. 그러한 교육과정을 읽다보면 어떤 아이도 기대한 것 이상으로 변화될 것 같은 착각에 빠지게 된다. 하지만 그런 일은 가능하지도 않고 일어나서도 안 된다.

교육은 어떠한 틀이나 체계로 말할 수 있는 게 아니다. 만약 일정한 틀 속에 그것을 담으려 한다면 새로운 교육을 포기하는 것과 같다. 앎과 배움은 변하고 새롭기 때문이다. 앎과 배움은 흐르는 강물과도 같아서 내 눈 앞에 늘 똑같은 물이 흐르고 있는 것처럼 보이지만 그 물은 어제와 똑같은 물이 아니다. 어제의 물은 이미 저 멀리 흘러갔으며, 지금 보고 있는 물도 잠시 후면 흘러가버릴 것이다. 조금만 있으면 눈앞에 흐르던 물도 지나가버릴 것이고, 위의 물이 흘러 와서 그 자리를 채울 것이다.

아무리 크고 좋은 그릇이라도 강물을 모두 담아낼 수 없듯이, 교육과정이라는 그릇 안에 바다와 같이 넓고 깊은 교육을 담아낸다는 것은 처음부터 불가능한 일이다. 아무리 크고 좋은 그릇이라도 강물을 모두 담아낼 수 없듯이, 교육과정이라는 그릇 안에 바다와 같이 넓고 깊은 교육을 담아낸다는 것은 처음부터 불가능한 일이다. 따라서 교육과정에 무언가를 왕창 담으려 하는 것은 아무것도 담지 못할 가능성이 매우 높다. 매 순간 변화하고 새로워지는 교육을 제대로 담을 수 없는 결과를 얻게 될 뿐이다. 가득 채우려 하기보다는 안에 있는 것들을 잘 정돈해야 하고, 필요하다면 있던 것을 들어내어 공간을 만드는 것이 교육과정이어야 한다.

교육을 실천하는 과정 속에서 제대로 길을 걷고 있다고 확신할 때가 있는가 하면, 길을 잃어버려 한 치 앞도 볼 수 없을 때도 있다. 이럴 때는 왔던 길을 되짚어 방향을 새롭게 잡아나가야 하는데, 이것을 가능하게 만드는 것이 바로 교육과정이다. 따라서 나가야 할 방향과 그 여정에 대한 수많은 질문들이 교육과정에 담겨져 있어야 한다. 또한 해를 거듭하며 질문이 해답으로 바뀌어가는 과정까지도 고스란히 담아내는 것이 교육과정이다.

하지만 학교마다 만들어지는 교육과정 어디에도 물음과 고민을 거듭하며 내린 해답의 흔적들을 찾아볼 수 없다. 오히려 흔적들을 말끔히 지워버린 채 남들에게 보여주는 것에 더 많은 신경을 쏟는다. 매년 발간되는 교육과정을 펼쳐놓고 무엇이 어떻게 바뀌었는지 살펴보는 것만으로도 교육과정이 가지고 있는 문제를 금방 알게 될 것이다. 일목요연하게 정리해놓은 교육과정이 보기에는 좋을지 몰라도 그것이 어떤 고민에서 출발하여 어느 정도의 가치를 담고 있는지 알 수 없다. 제아무리 이해하기 편하도록 기술하였다고 하더라도, 눈에 보이는 것 이상으로 깊이 아는 것은 불가능하기 때문이다.

교육과정이 어렵게 느껴지는 또 다른 이유는, 교육과정이 무엇이고 그것을 어떻게 활용할 것인지에 대한 생각이 저마다 다르기 때문이다. 시대마다 다양한 교육과정이 등장하게 된 것도 교육을 바라보는 눈이 달랐기 때문이라고 할 수 있다. 교과중심 교육과정은 절대적 진리를 강조하는 항존주의를 반영하는 것으로, 교과를 지식의 저장소로 여겼다. 따라서 교과를 잘 배우는 것을 무엇보다 중요하게 여긴다. 진보주의에 영향을 받은 경험중심 교육과정은 학습자의 필요에 기반을 둔 것으로 학습 경험을 제공하는 것을 중요하게 다루었다. 또한 학문중심 교육과정은 본질주의에서 비롯된 것으로 교사가 가르치고 학생은 배워야 하는 내용으로 교육과정을 규정하였다. 이와 같이 교육의 본질을 바라보는 관점이 시대마다 사람마다 다르고, 그것도 상황에 따라 수시로 변하여왔기 때문에 교육과정을 이해한다는 것 자체가 쉽지 않은 일이다.

또한, 무엇을 중심으로 다루어야 할 것인가에 따라서 교육과정에 대한 이해가 달라지는 탓에 어디에 중점을 두고 교육과정을 바라보아야 할 것인지 분간하기가 어렵다. 일반적으로 교육과정은 수업 전에 이루어지는 계획으로서 실제 수업에 들고 들어갈 텍스트의 나열로 여겨져 왔다. 수업 중에 사용되는 텍스트의 대부분은 교과서였기에 학사 일정에 따라 교과서에 제시된 내용들을 순서대로 구성하는 것이 교육과정이었다. 교육과정을 '커리큘럼(curriculum)' 또는 '경주로'로 인식하면서 교육과정을 교수 요목과 같은 것으로 본다. 가르쳐야 할 목록을 만들고 시간표를 만들어 그대로 실행하는 것이 교육과정인 것이다. 하지만 교육과정을 '말이 달린다'란 뜻의 '쿠레레(currere)'에서 기원한 것으로 보면 개개인의 의미 형성 과정이 교육과정이 된다. 교수 요목과 같은 교육과정과는 달리 경험의 역사를 강조한다는 점에서 계획 단계뿐 아니라 수행되는 과정과 학생의 실제 경험, 그리고 눈에 보이지 않는 것까지 담아내는 것이 교육과정의 역할로 확장된다.

교육과정이 어렵게 느껴지는 근본적인 이유는 교사가 계획을 치밀하게 세우지 못했다거나 들어가야 할 내용이 빠져 있기 때문이 아니다. 이미 경험한 사실을 토대로 아직 일어나지 않은 일들을 전망하며 실제 경험을 쌓아 나가야 하는 것이기 때문이다. 따라서 교사가 초인이 아닌 이상, 어려움을 느끼는 것은 당연하다. 교육과정이 학교 안과 밖의 공간을 넘어 과거-현재-미래를 연결하는 시공간의 통로가 되기 위해서는 교사의 수고와 노력은 어쩌면 당연한 것이라고 말할 수 있다.

넘나들며 배우기

1. 교육과정을 제대로 만들지 못하는 이유는 무엇인가?

2. 내가 만들고 싶은 교육과정은 무엇인가? 하지만 그렇게 하지 못하는 이유는 무엇인가?

3. 교육과정을 만드는 일뿐 아니라 그것을 운영하는 데 더 많은 수고가 뒤따른다는 것에 대하여 어떻게 생각하는가? 계획과 실천에서 교육과정은 어떤 의미를 갖는가?

# 교육과정을 이야기의 공간으로

같은 바가지 모양이더라도 물을 길어 올리는 두레박과 물레방아의 물레는 그 쓰임새가 다르다. 우물에 고인 물을 길어 올리는 두레박은 될 수 있으면 흘리지 않고 물을 담는 것이 목적이다. 하지만 물레방아의 물레는 물이 계속 흐를 수 있게 하는 것이 목적인 까닭에 물을 담을 뿐만 아니라 잘 쏟아낼 수 있어야 한다. 만약 두레박처럼 물레가 물을 담기만 하고 쏟아내지 않는다면, 물레방아는 금방이라도 멈춰 서게 될 것이다. 물을 잘 담고 또한 잘 흘려보낼 수 있을 때, 물레방아는 힘차게 돌 수 있게 된다.

교육과정도 마찬가지다. 교육과정을 두레박처럼 생각할 경우 그 안을 가득 채

**삶이 넘나드는 배움**

우려고만 할 것이다. 마치 두레박 안에 물이 가득 고인 것을 확인하고 나서야 우물 밖으로 두레박을 끌어올리려는 것과 같다. 무언가로 잔뜩 채워야 교육이 제대로 이루어질 것 같은 착각에 빠지는 이유도 교육과정을 두레박처럼 생각하기 때문이다. 하지만 무언가로 가득 채워졌다는 말은 다른 것이 들어올 틈이 없다는 말이기도 하다. 매년 교육과정을 새롭게 만들기 위해 애는 쓰지만 지난해와 크게 달라지지 않는 이유도, 이미 많은 것들로 채워진 상태에서 새로운 것이 들어갈 틈을 찾지 못하기 때문에 벌어지는 현상이다.

무슨 일이든 새로운 것을 시작하고 싶다면 그만큼의 공간이 필요한 법이다. 그래서 잘 담아내려면 먼저 비워내야 한다. 교육과정 또한 안에 있던 것을 비우고 덜어내지 않고서는 새로워질 수 없다. 교육과정이 새로워지지 않는다면 교육의 변화를 기대할 수 없다. 그러므로 무언가를 담고 쏟아내는 일을 반복하기 위해서는 교육과정을 우물을 길어 올리는 두레박이 아닌, 물을 담고 다시 흘려보내는 물레방아로 보아야 한다. 물을 담고 비우기를 반복하면서 물레방아가 돌아가듯, 교육과정 또한 담고 흘려보내는 일을 반복하면서 배움의 동력을 얻게 된다.

배움의 동력을 지속적으로 얻기 위해서 과연 교육과정은 어떤 공간이 되어야 할 것인가? 교육과정은 이야기의 공간이어야 한다. 사람이 살아가는 것 자체가 이야기인 까닭에 배움이 일어나는 곳이면 언제 어디에서든 이야기가 있기 마련이다. 그래서 교육과정에는 수많은 이야기가 담겨야 한다. 하지만 대부분의 수업이 누군가가 정해놓은 이야기들로만 채워진다는 점이 문제다. 교과서와 같이 수업 중에 나누어지는 이야기가 따로 있는 것처럼 받아들여지게 되면서, 우리 주변에서 일어나는 진짜 이야기는 교육과정 안에 들어오지 못하는 결과로 이어졌다. 교육과정이 이야기를 담고 흘러보내야 하는 기능을 잃게 되면서 배움의 동력 또한 잃고 만 것이다.

교육과정이 살아 있는 이야기들로 채워지려면 수업이 날마다 새로운 이야기를 담고 흘려보낼 수 있는 공간이 되어야 한다. 주말에 있었던 이야기를 나누는 것으로 일주일을 시작한다거나, 읽고 있는 책을 소개한다거나, 숲 산책 때 보고 느끼고 생각했던 것을 나누는 것, 재미난 이야기를 만들어 친구들에게 들려주는 것, 자신이 겪고 있는 어려움에 대하여 이야기를 나누는 것, 모두가 같은 이야기를 읽지만 서로 다른 생각을 나누는 것, 생활 중에 함께 생각을 모으고 결정해야 하는 것 등이 모두 이야기가 되어 교육과정 안으로 흐를 수 있어야 한다.

수업 활동 속으로 이야기가 흐르면서 이야기와 수업 활동이 연결되고 교과와 교과, 단원과 단원, 차시와 차시로 나누어져 있는 것들이 하나의 이야기로 단단히 묶인다. 단순히 이어붙이는 것이 아니라 수업의 방향과 흐름을 만들어내는 것이어야 한다. 예를 들면, 『나무를 심은 사람』의 이야기가 수업 활동 속으로 들어와 과학과의 '생물은 환경에 어떻게 적응하면서 살아갈까요?'라는 물음으로 흐르고, 사회과의 '환경 문제 해결을 위한 노력'으로 이어졌다가, 국어과의 '해결의 방법이 드러나게 글쓰기'와 미술과의 '관찰과 발견'으로 표현된다. 이야기를 나누는 가운데 수업의 방향과 내용이 만들어지면서 배워야 할 것이 무엇인지가 더욱 명확해진다. 설령 처음부터 목표와 방향이 잘못 잡혔다고 하더라도, 교사와 아이들 사이에 물음과 답함이 활발하게 일어나면서 방향을 제대로 잡아나간다.

하지만 이야기가 수업 속에서만 흘러서는 안 된다. 만약 수업에서만 이야기가 흐른다면, 교육과정에 따라 수업이 이루어지기는 하지만 배움이 잘 일어나지 않는 지금의 상황과 크게 다를 바 없다. 아무리 잘 짜인 교육과정일지라도 배움이 수업 시간에 한정되어 있다면 삶의 전반에 미치는 영향은 미미할 수밖에 없기 때문이다. 따라서 배움의 동력을 얻기 위해서는 이야기가 수업 활동에서만 이루어져서는 안 된다. 수업 시간을 넘어 쉬는 시간이나 방과 후의 시간까지 이야기가 흘러야 배움의 동력을 키울 수 있다.

수업 속에서 흐르던 이야기는 마을 활동을 통해 확장된다. 마을 활동은 수업 중에 알게 된 것이 정말 그러한지 실천하고 경험해보는 공간이다. 시즌별로 각기 다른 주제로 진행되는 마을 활동은 교사의 관여를 최대한 줄이고, 마을법률에 따라 아이들의 주도적인 참여를 이끌어낸다. 교실을 넘어 가정이나 지역사회로 경험이 확장되면서 다양한 삶의 이야기를 담아내게 된다. 이야기와 수업 활동, 그리고 마을 활동이 연결되면서 본격적인 배움과 실천이 일어난다.

이야기가 수업 활동과 마을 활동으로 흐르면 배움과 실천의 동력이 만들어진다. 하지만 힘을 얻는 것만큼 중요한 것이 바로 움직이는 방향이다. 배움이 어디에서부터 시작하여 어디로 향하고 있는지, 혹여 배움이 무엇인가에 막혀 멈추어 있지는 않은지 수시로 확인하는 것이 중요하다. 얼마나 많이 배웠느냐가 중심이 될 때에는 배움의 방향을 아는 것이 중요하지 않았다. 하지만 배움의 공간을 만들어내는 교육과정에서는 방향을 민감하게 감지해내지 않고서는 또 다른 배움을 전개해나갈 수 없게 된다. 따라서 교육과정은 배움의 방향을 묻고 수시로 조정할 수 있어야 한다. 가르쳐야 할 목록을 만들고 시간표대로 실행하는 것을 교육과정으로 보는 커리큘럼(curriculum)의 한계를 넘어서, 쿠레레(currere)로의 교육과정으로 나아갈 수 있어야 한다. 이야기가 어디에서부터 흘러서 어디로 향하여 흐르는지 살펴보는 것이 바로 수업 읽기이다.

교육과정은 스스로 돌지 못한다. 교육과정을 잘 짜면 수업이 저절로 바뀌고 교육이 변화될 것이라고 흔히들 생각하지만 그런 일은 일어나지 않는다. 교육과정만으로는 어떠한 움직임도 일어날 수 없다. 그동안 수많은 교육과정을 만들었고, 앞으로도 계속해서 만들어야 하겠지만 그것으로 수업이 바뀌는 것은 아니다. 삶이 넘나드는 배움에서조차도 '이야기-수업 활동-마을 활동-수업 읽기'가 교육과정을 구성하고는 있지만 그것 자체가 배움의 동력이 되는 것은 아니다. 물레방아가 도는 데 물이 필요하듯이 교육과정이 돌아가기 위해서는 삶이라는 물이 반드시 흘러야 한다. 삶의 이야기가 수업 활동과 마을 활동을 통해 풍성해지고 수업 읽기로 배움의 방향을 잡아나갈 때 배움의 동력을 제대로 만들어낼 수 있는 것이다. 교육과정을 제대로 재구성하였다고 하더라도 삶과 떨어진 교육과정은 금세 멈춰 서게 될 것이다.

물레방아가 돌아가는 속도는 물의 흐름에 따라 달라지는 법이다. 물이 빠르게 돌아가면 물레방아도 빠르게 돌고, 물이 느리게 흐르다 멈추면 물레방아도 느리게 돌다 멈춘다. 교육과정과 삶의 관계도 마찬가지다. 삶이 교육과정을 움직이는 동력이 되어줄 때, 교육과정은 삶의 속도에 맞추어 돌게 된다. 교육과정이 삶을 담아내야 하는 이유가 바로 여기에 있다. 하지만 지금까지 교육과정은 어떠하였는가? 삶의 속도에 배움을 맞추려 하기보다는 오히려 배움에 삶의 속도를 맞추려 하였다. 물의 흐름에 따라서 물레방아가 돌아야 하는데, 물레방아의 힘으로 물을 흐르게 하려고 한 것이다. 진공 상태에서 배우는 것처럼 삶과 무관한 배움을 강조하게 되면서, 배움은 활기를 잃어버리고 삶의 깊이는 얕아졌다. 살기 위해서 배우는 것이 당연함에도 마치 배우기 위해 사는 것처럼 배움으로 삶을 움직이려고 한 것이다. '이야기-수업 활동-마을 활동-수업 읽기'로 이루어진 넘나드는 교육과정은 삶을 담아내는 그릇일 뿐이다. 삶을 잘 담고 흘려보낼 수 있어야 삶이 넘나드는 배움이 가능해진다.

**넘나들며 배우기**

1. 우리 학교 교육과정에서 담아야 할 것은 무엇이라고 생각하는가?
2. 우리 학교 교육과정에서 덜어내야 할 것은 무엇이라고 생각하는가?
3. 삶의 이야기가 교육과정으로 흘러 들어와야 한다는 것에 대하여 어떻게 생각하는가? 그것이 가능하기 위해서는 어떻게 해야 하는가?

# 삶의 터전을 만들다

배움이 삶을 넘나들지 못하는 것은 배움 자체에 문제가 있다기보다는 성장을 이끌어내는 바탕이 마련되어 있지 않기 때문이다. 배움을 이끌어낼 바탕을 어디에서부터 마련할 것인지 학교 교육은 알지 못한다. 오히려 관리와 통제를 내세우면서 삶의 물길을 막아버림으로써 성장할 수 있는 기회조차 빼앗아가고 있는 실정이다. 매년 비슷하게 짜이는 학사 일정과 1년 단위로 편성되는 교육과정, 담임교사와 업무 담당 배정, 학년 단위 또는 교과 단위의 운영, 업무 위주의 교무회의 등은 학교 교육에서 큰 비중을 차지하고 있지만, 정작 배움을 움직일 만한 동력은 못 되고 있다. 삶에 배움의 동력이 있음에도 여전히 학교 교육이 삶과는 한참 동떨어져 있기 때문이다.

그렇다면 삶이 넘나드는 배움을 만들기 위해서는 어떻게 해야 하는 것일까? 삶의 터전이 마련될 때, 삶이 넘나드는 배움은 자연스럽게 일어난다. 하지만 삶의 터전은 한두 번의 경험으로 만들어지는 것이 아니다. 한두 해 하다가 그만두는 행사 정도로는 바탕이 마련되기가 어렵다. 삶의 터전을 마련하기 위해서는 오랜 시간 반복하면서 익숙해지고 다져져야 한다.

반복된다는 것은 예측 가능하다는 것이다. 지난번에 내가 무엇을 하였고, 지금은 무엇을 하고 있으며, 다음에는 어떤 것을 하게 될 것인지, 아이들이 스스로 가늠할 수 있게 만드는 것이 반복이다. 반복은 지나간 것을 반성하게 하고, 지금 하고 있는 것에 최선을 다하며, 새롭게 경험할 것에 대한 기대감을 가지게 함으로써 배움의 동력을 불러일으킨다.

익숙해진다는 것은 몸에 배일 정도로 경험한다는 것이다. 그래서 삶의 터전은 '약속된 체험'이라고 말할 수 있다. 체험은 머리로 이해되는 것만이 아닌 몸으로 직접 겪는 것을 말한다. 눈으로 보고 손으로 만지면서 별다른 설명 없이도 공감하는 것이 바로 체험인데, 이러한 체험이 약속되어 있을 때, 삶의 터전이 마련된다.

약속된 체험이 가능한 곳에서 배움은 개인을 넘어서 공동체로 향하기 마련이다. 무엇인가 배운 아이는 그것을 경험하지 못한 아이들에게 전하고 싶어 한다. 자신의 경험을 자기 안에 가두어 놓기보다는 그것을 흘려보내고 싶어 하기 때문이다. 그래서 배움은 나눔과 연결되면서 공동의 배움으로 확대된다. 이러한 공동의 배움을 통해 배움은 계속 다져진다. 간혹 같은 것이 반복되면 지겨워질 것이라 생각하지만 꼭 그런 것만은 아니다. 반복되고 익숙해질수록 또 다른 즐거움을 느끼기 마련이고, 그러한 즐거움을 더 이상 느끼지 못할 때 비로소 새로운 것을 추구하게 된다. 마치 아이들이 한 가지 놀이를 가지고 이리저리 방법을 달리해가며 노는 것과 마찬가지이다. 어른들이 보기에는 금세 싫증을 낼 것 같아도 신기하게도 아이들은 변화를 주어가며 잘도 논다.

이렇게 반복되고, 익숙해지고, 다져지기 위해서는 학년 단위로 운영되기보다는 무학년제 단위로 운영되는 편이 삶의 터전을 가꾸기에 유리하다. 교과 수업에서는 무학년제 운영이 현실적으로 어려울 수도 있겠지만 창의적 체험 활동에서는 적용 가능하다.

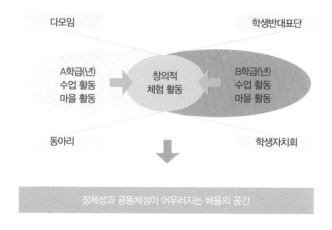

**넘나들며 배우기 삶의 터전**

자율 활동, 동아리 활동, 봉사 활동, 진로 활동은 그 특성상 여러 학년이 섞여서 운영되는 편이 더 효과적이다. 학교 구성원들만 뜻을 합한다면 교과 수업보다 오랫동안 쌓아갈 수 있다는 장점도 있다. 예를 들면 자치 활동을 학급이나 학년 차원에서 진행하기보다는 전체 학년의 자치 능력을 길러준다는 차원에서 접근해보는 것이다. 무학년제 운영이 가능할 뿐 아니라, 다 함께 모이는 것이 효과적인 경우가 더 많다. 또한 교사가 주도하여 동아리를 개설하고 운영하기보다는 아이들 스스로 운영하는 편이 훨씬 낫다. 고학년을 중심으로 자율적으로 동아리를 개설하고 운영할 수 있는 여건을 조성해주는 것만으로 삶의 터전이 마련된다.

삶의 터전을 마련하는 것은 그렇게 복잡하거나 어려운 일이 아니다. 둘 사이가 너무 멀리 떨어져 있다거나 장애물로 막혀 있다면 다리를 놓거나 치우면 된다. 교사는 늘 가르치는 것이 삶과 어떤 관련이 있는지 짚어나가야 한다. 또한 누가 언제부터 그렇게 했는지도 모르는 것들이 교육과정 안에 잔뜩 들어 있다면 과감히 걷어내야 한다. 이 모든 것이 삶의 터전을 마련하고 가꾸는 일이다.

1. 우리 학교 교육과정이 삶의 터전이 되어주지 못하는 까닭은 무엇인가? 삶의 터전이 되기 위해서는 교육과정이 어떠해야 한다고 생각하는가?

2. 우리 학교 교육과정에 경험이 지속적으로 쌓이는 무언가가 있는가? 아이들은 그것에 대하여 어떤 의미를 가지고 있다고 보는가?

3. 교육과정의 변화를 가로막는 요인은 무엇인가?

# 삶의 물결이 흐르다

교육과정은 삶의 터전이며 동시에 흐름이다. 배움이 흐를 수 있게 길을 만드는 것이 교육과정이다. 하지만 일반적인 교육과정은 그 흐름을 삶에서 찾으려 하기보다 교과 내용에서 찾으려 한다. 교과서에 담긴 내용을 순서대로 밟아나가는 것을 교육과정이라고 생각하는 교사는, '교과서로' 가르치기보다 '교과서를' 가르치면서 배움에서 삶을 배재시킨다. 그나마 삶과 연관지으려 하더라도 배움에 삶을 맞추려다보니 그 흐름이 자연스럽지 않게 되고 만다. 이러한 차원에서 이루어지는 교육과정 재구성은 배움이 조금 더 자연스럽게 흐르도록 하는 것일 뿐, 삶까지 이르지는 못한다. 교과서에 나온 순서대로 가르치든, 아니면 교육과정을 재구성하여 가르치든 모두가 삶보다는 배움에 비중을 둔다.

이와는 달리, 삶이 넘나드는 교육과정은 삶의 흐름을 따른다. 따라서 교과 내용은 부차적인 문제이고, 배움보다는 삶의 흐름을 어떻게 만들 것인지가 먼저이다. 배움이란 물과 같아서 몇 방울에 지나지 않을 만큼 적은 양으로는 흐름이 생겨날 수 없다. 몇 방울의 물은 그저 땅에 스며들 뿐 흔적도 없이 사라진다. 척박한

## 서울ㄷ 초등학교

| 주 | 기간 | 수업일수 | 수업시간 | 국어 (듣,말,읽,쓰) | | 사회 | | 도덕 | | 수학 | |
|---|---|---|---|---|---|---|---|---|---|---|---|
| 1 | 8.28-8.29 | 2 | 10 | 1. 문학과 삶(2) | 2 | 1. 우리나라의 민주 정치(1) | 1 | | | 1. 분수와 소수의 혼합 계산(1) | 1 |
| 2 | 9.1-9.5 | 5 | 29 | 1. 문학과 삶(5) | 5 | 1. 우리나라의 민주 정치(2) | 2 | 6. 용기, 내 안의 위대한 힘(1) | 1 | 1. 분수와 소수의 혼합 계산(4) | 4 |
| 3 | 9.8-9.12 | 2 | 12 | 1. 문학과 삶(2) | 2 | 1. 우리나라의 민주 정치(1) | 1 | 6. 용기, 내 안의 위대한 힘(1) | 1 | 1. 분수와 소수의 혼합 계산(1) 2. 원기둥과 원뿔(1) | 2 |
| 4 | 9.15-9.19 | 5 | 29 | 1. 문학과 삶(3) 우리말 꾸러미(1) 1단원 마무리(1) | 5 | 1. 우리나라의 민주 정치(2) | 2 | 6. 용기, 내 안의 위대한 힘(1) | 1 | 2. 원기둥과 원뿔(4) | 4 |
| 5 | 9.22-9.26 | 5 | 30 | ◆수학여행(2) 2. 정보의 해석(2) | 4 | ◆수학여행(6) 1. 우리나라의 민주 정치(2) | 8 | 7. 다양한 문화 행복한 세상(1) | 1 | 2. 원기둥과 원뿔(2) | 2 |
| 6 | 9.29-10.3 | 4 | 23 | 2. 정보의 해석(5) | 5 | 1. 우리나라의 민주 정치(2) | 2 | 7. 다양한 문화 행복한 세상(1) | 1 | 3. 직육면체의 겉넓이와 부피(3) | 3 |
| 7 | 10.6-10.10 | 4 | 23 | 2. 정보의 해석(4) | 4 | 1. 우리나라의 민주 정치(3) | 3 | | | 3. 직육면체의 겉넓이와 부피(3) | 3 |
| 8 | 10.13-10.17 | 5 | 29 | 2. 정보의 해석(1) 우리말 꾸러미(1) 2단원 마무리(1) 3. 문제와 해결(2) | 5 | 1. 우리나라의 민주 정치(2) | 2 | 7. 다양한 문화 행복한 세상(1) | 1 | 3. 직육면체의 겉넓이와 부피(3) 4. 원기둥의 겉넓이와 부피(1) | 3 / 1 |
| 9 | 10.20-10.24 | 5 | 29 | 3. 문제와 해결(3) | 3 | 1. 우리나라의 민주 정치(2) 1단원 마무리(1) | 2 | 8. 공정한 생활(1) | 1 | 4. 원기둥의 겉넓이와 부피(2) | 2 |
| 10 | 10.27-10.31 | 5 | 29 | 3. 문제와 해결(5) | 3 | 2. 세계 여러 지역의 자연과 문화(2) | 2 | 8. 공정한 생활(1) | 1 | 4. 원기둥의 겉넓이와 부피(3) 5. 경우의 수와 확률(1) | 4 |

## 창원ㅅ 초등학교

| 주 | 기간 | 수업일수 | 수업시간 | 국어 (듣,말,읽,쓰) | | 사회 | | 도덕 | | 수학 | |
|---|---|---|---|---|---|---|---|---|---|---|---|
| 1 | 8.26-8.29 | 4 | 21 | 1. 문학과 삶(3) | 3 / 3 | 1. 우리나라의 민주 정치(2) | 2 / 2 | 6. 용기, 내 안의 위대한 힘(1) | 1 / 1 | 1. 분수와 소수의 혼합 계산(6) | 6 / 6 |
| 2 | 9.1-9.5 | 5 | 29 | 1. 문학과 삶(6) | 6 / 9 | 1. 우리나라의 민주 정치(2) | 2 / 4 | 6. 용기, 내 안의 위대한 힘(1) | 1 / 2 | 2. 원기둥과 원뿔(4) | 4 / 10 |
| 3 | 9.8-9.12 | 2 | 12 | 1. 문학과 삶(2) | 2 / 11 | 1. 우리나라의 민주 정치(1) | 1 / 5 | | | 2. 원기둥과 원뿔(1) | 1 / 11 |
| 4 | 9.15-9.19 | 5 | 29 | 1. 문학과 삶(1) 2. 정보의 해석(4) | 5 / 16 | 1. 우리나라의 민주 정치(3) | 3 / 8 | 6. 용기, 내 안의 위대한 힘(1) | 1 / 3 | 2. 원기둥과 원뿔(1) 3. 직육면체의 겉넓이와 부피(1) | 3 / 14 |
| 5 | 9.22-9.26 | 5 | 29 | 2. 정보의 해석(6) | 6 / 22 | 1. 우리나라의 민주 정치(3) | 3 / 11 | 7. 다양한 문화 행복한 세상(1) | 1 / 4 | 3. 직육면체의 겉넓이와 부피(3) | 3 / 17 |
| 6 | 9.29-10.3 | 4 | 23 | 2. 정보의 해석(2) 3. 문제와 해결(1) | 3 / 25 | 1. 우리나라의 민주 정치(2) | 2 / 13 | | | 3. 직육면체의 겉넓이와 부피(2) | 2 / 19 |
| 7 | 10.6-10.10 | 4 | 23 | 3. 문제와 해결(4) | 4 / 29 | 1. 우리나라의 민주 정치(2) | 2 / 15 | 7. 다양한 문화 행복한 세상(1) | 1 / 5 | 3. 직육면체의 겉넓이와 부피(2) | 2 / 21 |
| 8 | 10.13-10.17 | 5 | 29 | 3. 문제와 해결(6) | 6 / 35 | 1. 우리나라의 민주 정치(1) 2. 세계 여러 지역의 자연과 문화(2) | 3 / 18 | 7. 다양한 문화 행복한 세상(1) | 1 / 6 | 3. 직육면체의 겉넓이와 부피(1) 4. 원기둥의 겉넓이와 부피(2) | 3 / 24 |
| 9 | 10.20-10.24 | 5 | 29 | 3. 문제와 해결(1) 4. 마음의 울림(5) | 6 / 41 | 2. 세계 여러 지역의 자연과 문화(2) | 2 / 21 | 8. 공정한 생활(1) | 1 / 7 | 4. 원기둥의 겉넓이와 부피(3) | 3 / 27 |
| 10 | 10.27-10.31 | 5 | 29 | 4. 마음의 울림(3) ◆중간평가(1) 4. 마음의 울림(1) | 5 / 46 | 2. 세계 여러 지역의 자연과 문화(2) ◆중간평가(1) | 3 / 24 | 8. 공정한 생활(1) | 1 / 8 | 4. 원기둥의 겉넓이와 부피(1) 5. 경우의 수와 확률(1) ◆중간평가(1) | 3 / 30 |

출처 : 학교알리미서비스

땅에서는 더더욱 물이 흘러가기를 기대할 순 없다. 따라서 가는 물줄기가 땅에 스며들어 사라지지 않도록 물줄기들을 서로 모아야 한다. 땅이 깊게 파이고 물골이 생겨야 물이 흐를 수 있다. 그래서 처음에는 물골을 만들어주는 손길이 필요하겠지만, 물줄기가 굵어지고 물이 세차게 흐를수록 물골을 터주는 일이 더 이상 필요가 없게 된다. 물줄기가 커지면서 더 깊고 넓은 물골을 스스로 만들며 흘러가기 때문이다. 삶이 넘나드는 배움 또한 그 교육과정의 핵심은 한 아이의 물줄기와 또 다른 아이의 물줄기를 어떻게 연결해갈 것인지이다. 각각의 물줄기가 모여 하나의 큰 흐름이 되고 세찬 물결이 될 때까지 자세히 지켜보아야 한다.

흐름이 생겨났다면 다음으로 생각할 것은 공간이다. 배움의 물결이 어느 곳으로 흘러가게 할 것인지 결정해야 한다. 지금까지의 교육과정은 물결을 교실 안에서만 흐르도록 하였기에 만들어지는 모습까지도 비슷하였다. 앞쪽의 자료와 같이 서울의 ㄷ초등학교와 창원의 ㅅ초등학교의 교육과정 진도표를 비교해보면, 두 학교가 거의 같은 시기에 같은 내용을 배운다는 것을 알 수 있다. 두 학교의 규모나 지역적 특성, 아이들이 처한 상황이 다름에도 거의 같은 시기에 비슷한 내용을 배운다는 것이다. 이것이 가능한 이유는 무엇인가? 두 학교 모두 교육과정이 아니라 교과서를 중심으로 교육이 운영되고 있기 때문이다. 교과서를 중심으로 가르치기 때문에 배움이 교실 안에서만 맴돌게 되고, 배움이 교실 밖으로 나가야 하는 이유를 찾지 못하게 된다. 두 지역의 환경적 차이가 있음에도 전혀 문제가 되지 않는 이유이다.

공간을 넘어 배움의 물결이 밖으로 흘러나갈 때 배움의 지형도가 새롭게 만들어진다. 넘나들며 배우기에서는 배움이 교과 시간을 넘어서, 쉬는 시간과 방과 후 시간으로까지 흐른다. 교실이란 공간을 넘어 교실 밖으로 배움이 흐르게 되는데, 수업 활동과 마을 활동으로 새로운 배움의 지형도가 만들어진다. 수업 활동에서 배운 것을 마을 활동을 통해 실천해보고, 마을 활동 속에서 생겨난 삶의 이야기가 수업 활동을 통해 다시 교실 안으로 들어오는 일이 선순환하면서 배움의 지형을 넓혀 나간다.

이러한 흐름은 공간뿐 아니라 시간까지도 바꾸어 놓는다. 블록 단위 운영이나 시즌제 운영이 대표적인 예다. 40분 단위의 수업보다는 블록수업이 조금 더 여유 있게 이야기를 나눌 수 있고, 블록수업으로 만들어진 긴 휴식 시간에 아이들은 놀이문화를 형성할 수 있다. 5~6주 단위로 이루어지는 시즌제 운영도 학기 단위로 교육과정을 운영할 때보다 삶의 흐름에 더 적합하다. 교육과정에 삶을 반영하기가 더 수월하다.

그동안 교실 안과 수업 시간에만 이루어지던 배움은 시간이 지나갈수록 가늘어지고 흐름마저 끊기면서 금세 사라져버렸다. 하지만 삶이 만들어내는 흐름은 시간이 흐르면 흐를수록 물줄기가 굵어지고 세차게 흘러 교실을 넘어선다. 삶의 물결이 막힘없이 잘 흘러갈 수 있도록 물길을 터주는 것이 교육과정이다.

**넘나들며 배우기**

1. 삶과 배움 중에서 어느 쪽에 비중을 두는가? 그 이유는 무엇인가?
2. 우리 학교 교육과정은 삶을 어떻게 다루고 있는가?
3. 우리 학교 교육과정의 배움의 지형은 어디까지인가? 교실 안을 벗어나지 못하는 이유는 무엇 때문인가?

# 삶이
# 배움을
# 움직이다

삶이 배움으로 흐르고, 배움이 다시 삶으로 흘러갈 수 있는 물길은 어떻게 만들어지는 것일까? 교과서에 의존했던 모습을 버리고, 아이들과 교사가 서로만을 의지한 채 수업을 만들어갈 수 있을까? 과연 삶이 넘나드는 배움은 가능할까?

수많은 질문을 품은 채, 교사는 아이들을 믿어보기로 한다. 아침 시간 아이들이 책상에 올려놓은 글쓰기 공책을 펼쳐든다. 어제 일들을 스케치하듯 써내려간 글들을 바삐 읽으면서, 오늘은 어떻게 배움을 열어갈 것인지 고민하기 시작한다. 배움을 열기에 가장 적합한 글을 선택하여 학습지를 만들고 수업을 시작한다.

"맞아요. 다연이 말처럼 6학년이 되어서 부담이 많아졌어요."
"최고 학년이란 말이 부담스럽게 느껴져요."
"모범을 보여야 하는 게 뭔지 모르겠어요. 누가 좀 알려주면 좋겠어요."

다연이의 글은 아이들의 생각과 삶의 문을 활짝 열어주었다. 다연이의 고민이

# 삶이 넘나드는 배움

하늘마을 (　　)번　이름 (　　　　　)

**• 다음 글을 읽어 봅시다.**

하늘마을로 생활한 첫날

3월 2일 정다연

지금도 나는 실감이 나지 않는다. 어떻게 내가 벌써 6학년이 되었지?

지금 내가 나 자신에게 꼭 묻고 싶은 말이다. 솔직하게 말하자면 이제 곧 정들었던 초등학교 시절을 떠나보내기가 두렵기도 하다. 오늘 신입생 환영회를 축하해주면서도 참 많은 것을 느끼게 되었다.

처음 만난 담임선생님은 꽤 좋은 분이신 것 같다. 쌤은 오늘 우리를 만나기까지 우리의 생활을 많이 지켜보았다고 하셨다. 그리고 13년간 6학년을 맡으셨다고 하셨다. 누구보다 우리 6학년들에게 잘 적응되신 선생님 같아서 나는 좋았다. 이제 우리만 적응하면 될 테니까.

오늘은 좀 할 일이 많았다. 개학식을 하는데 자꾸 우리들을 최고 학년이라 부르는 것이 어색했고 다른 후배들보다도 모범적인 모습을 보여야 하는 것보다 더 의지하고 싶은 선배들의 뒷자리가 허전했다. 잠깐 배운 역사소설은 이해가 부족했고 생각이 많이 필요한 어려운 단원이었다.

마지막으로, 신입생 환영회를 해주었다. 아직 어린 1학년들에게 꼭 해주고 싶은 말들이 생겼다. 지금 생각해보면 5년이란 세월이 정말로 물 흐르듯 빨리 지나간 것 같다. 하고 싶고, 해보고 싶었던 것이 엄청 많은데 과연 1년 동안 다할 수 있을지 모르겠다. 진짜로 이번 한 해는 하고 싶은 것, 해보고 싶었던 것 모두 해보면서 남한산의 생활을 마무리하고 싶다.

**• 위 글을 읽고 가장 기억에 남는 문장에 밑줄을 그어보세요. 그 이유는 무엇인가요?**

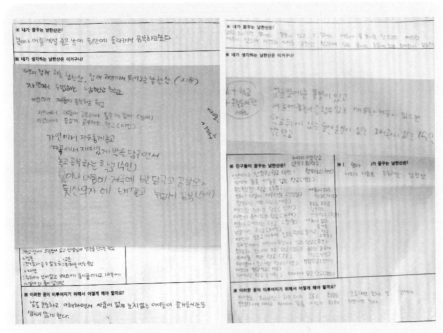

**넘나들며 배우기**

나머지 아이들의 삶과 연결되면서 배움으로 잇는 다리가 된 것이다.

글을 읽고 느낀 점을 모두 들어보자는 교사의 말에 아이들은 차례차례 자신의 속내를 쏟아내기 시작했다. 최고 학년으로 살아가야 한다는 부담감이 아이들 사이에 공감으로 작용하였다. 다 함께 공감할 수 있는 이야기를 찾은 것만으로도 삶과 배움을 이어줄 다리가 생긴 것이다. 한번 생겨난 이야기의 다리는 또 다른 이야기의 다리가 되어주면서 교실은 이야기로 가득 차게 된다.

교사는 아이들의 이야기를 들으며 말보다는 그 마음을 보아야 한다. 나누는 이야기와는 별도로 아이들 사이에 잘못 놓인 다리가 있는지 유심히 살펴야 한다.

이야기를 나누는 아이들의 모습 속에서 관계가 잘 드러나기 때문이다. 관계가 잘 형성되었을 때는 서로의 이야기를 귀담아 들으려 하지만 그렇지 않을 때는 정반대의 모습을 보이는 것이 아이들이다.

특히 많은 아이들로부터 핀잔을 듣거나 무시를 당하는 경우에는 문제를 신속하게 바로잡아주어야 한다. 정말 그 아이에게 문제가 있다기보다는 여러 가지 오해들이 쌓이면서 생겨나는 경우가 더 많기 때문이다. 아이의 서툰 표현에서 시작된다거나 기억조차 하지 못하는 소소한 일이 계기가 되어 딱딱하게 굳어져버린 경우가 대부분이다.

아이들로부터 부정적인 반응을 지속적으로 받을 경우, 스스로의 힘으로는 그 안에서 빠져나오기가 쉽지 않다. 그래서 교사의 도움이 절대적으로 필요하다. 학기 초에 아이들을 대상으로 성격유형검사나 다중지능검사 등을 하는 이유도 아이들끼리 다양한 시선으로 상대를 바라볼 수 있도록 하기 위함이다. 그러면 아이들 간의 이해의 폭을 넓힘으로써 오해를 풀어주는 계기를 마련할 수 있다. 하지만 그것이 지속되려면 이야기가 필요하다. 이야기는 아이들 스스로 관계를 정리할 수 있게 만들어주면서도 자신들의 행동을 돌아볼 수 있게 만든다.


다연이의 글로 시작된 이야기는 모두의 이야기로 번져나갔다. 1블록 시간은 아이들 사이에서 일어나는 갈등을 주제로 이야기가 흘렀다. 2블록은 1블록 시간에 나누었던 이야기를 바탕으로 '내가 꿈꾸는 학교'가 주제로 정해졌다. 아이들은 주제에 대하여 혼자서 깊게 생각해보기도 하고, 친구들과 함께 이야기를 나누기도 하였다. 자신들만의 생각에서 벗어나보고자 부모님과 다른 학년 선생님, 교장, 교감선생님 등의 여러 이야기를 들어보기로 결정하였다. 방과후에 인터뷰할 대상을 정한 뒤 못 다 나눈 이야기는 내일 더 이어가기로 하고 수업을 마쳤다.

무언가를 배우고 가르치려면 배워야 하는 내용을 수업의 중심에 두는 것도 필요하다. 하지만 배움이 삶으로 연결되지 못할 때 머릿속으로만 아는 수준에 멈추게 될 가능성이 높다. 수업에서 무엇을 하고 어떤 활동을 했는지에 만족해선 안 된다. 수업을 통해 누구와 만나 어떤 이야기를 나누었으며 그것이 서로의 삶에 어떤 영향을 끼쳤는지 묻고 답을 찾으려 애써야 한다. 그러는 사이에 배움은 덤으로 얻게 된다.

**넘나들며 배우기**

1. 배움은 있지만 삶이 되지 못한 경우가 있는가? 아이들에게서 그러한 모습을 보았을 때 어떤 생각이 드는가?
2. 수업의 시작을 어떻게 여는가? 배움이 자연스럽게 일어나도록 하기 위해서는 수업의 흐름이 어때해야 한다고 생각하는가?
3. 삶과 배움은 어떤 관계가 있다고 생각하는가? 삶에서 배움이 일어나도록 하기 위해서 무엇이 마련되어야 하는가?

오늘 수업은 어제 있었던 신입생 환영회를 경험하고 나서 쓴 글을 나누는 것으로 시작된다. 신입생들을 환영하는 시간이지만 그다지 새롭지 않은 행사로 받아들이고 있음이 아이들 글에 가득하다. 6년 동안 비슷한 장면을 계속 보아왔기 때문에 환영회에 별 기대와 감흥을 느끼지 못하는 건 당연한 반응일 수도 있다. 무슨 일이든 처음에는 의미 있고 새로웠던 것들도 시간이 흐를수록 지겹고 시시하게 느껴지는 법이기 때문이다. 이러한 생각을 나누기 위해, 한 아이가 쓴 글을 학습지에 옮겨 담았다.

글을 읽으면서 모두가 어제의 경험을 떠올린다. 글에서 느껴지는 솔직함이 모두의 공감을 불러일으키기에 충분하였다. 환영회 때 보여준 우진이의 당찬 모습에 대한 이야기가 이어진다. 우진이의 작은 행동 하나가 자신에게 어떤 변화를 가져오게 만들었는지에 대한 이야기와 환영회에 대해 별 기대감을 갖지 못했지만 생각이 달라지는 계기가 되었다는 이야기가 대부분이다.

# 삶이 넘나드는 배움

하늘마을 (　　)번　이름 (　　　　　)

• 다음 글을 읽어 봅시다.

## 멋진 우진이

3월 4일 김태헌

"후……."

오늘 2교시에는 1학년들을 환영하는 행사를 가졌다. 매해 이맘때면 하게 되는 신입생 환영식을 6년 동안 보아와서 그런지 별 기대가 느껴지지 않았다. 매년 비슷한 내용으로 짜여진 축하 공연들만 채워지기 때문에 지루함을 느낄 수밖에 없다. 나는 기대감 없이 어기적거리며 환영회 장소인 체험학습관으로 갔다.

"환영식을 시작하겠습니다."

1학년 환영식의 사회자는 제호와 수현이가 맡았다.

모두가 조용해지자 공연에 앞서, 우진이의 남한산 소개가 이어졌다.

"응? 이게 뭐지?"

매년 환영식은 공연만 하고 끝났는데 지금 뭔가 새로운 걸 하고 있는 것 같아서 내 눈길을 끌었다. 우진이가 무대 위로 나오더니, "안녕하세요. 1학년 여러분!"이라고 외치고서는 멋진 율동과 함께 우리 학교를 재미나게 설명해주었다.

"푸하하~" 너무 웃겼다.

아니 웃기다기보다는 매우 대단하다는 생각이 들었다. 170명이나 되는 아이들이 자신을 쳐다보고 있는 가운데 무대에 당당히 서서는 큰 목소리로 학교를 설명하고, 율동으로 표현한다는 것이 엄청 대단해 보였다.

우진이가 준비한 학교 설명이 끝나자 학년별로 준비한 공연이 이어졌다. 1학년들은 선배들로부터 편지, 노래, 종이접기 선물 등을 받았다. 우진이 덕분에 기대하지도 않았던 신입생 환영회를 재미있게 볼 수 있었다. 우진이 정말 멋지다. 나도 우진이처럼 무대에서 두려움에 떨지 않고 씩씩하게 설 수 있었으면 좋겠다.

• 위 글을 읽고 가장 기억에 남는 문장에 밑줄을 그어보세요. 그 이유는 무엇인가요?

교사  우진이가 신입생 환영회를 새롭게 한 것처럼, 너희들이 새롭게 바꾸고
      싶은 것은 무엇이 있을까?

아이 1  학생자치부를 좀 바꿨으면 해요. 작년에는 제대로 된 행사가 없었거든요.

아이 2  방송부가 가요만 틀지 말고 토크쇼를 해본다든지, 좀 다양하게 해보면
        좋을 것 같아요.

아이 3  남한산한마당이요. 1학년 때는 즐거웠었는데, 매년 똑같은 것을 하니까
        좀 지겨웠어요.

아이 4  단오 행사도 좀 바꾸었으면 해요.

아이 5  모든 행사를 저희가 준비하면 좋을 것 같아요.


'새롭게 바꾸고 싶은 것이 무엇이니?'라는 교사의 질문에 아이들의 입에서 봇
물 터지듯 새롭게 바꾸고 싶은 것들이 쏟아져 나온다.


교사  너희들이 신입생 환영회 때 우진이의 모습에서 보고 느낀 것처럼 모두가
      별로 기대하지 않은 일일지라도 새롭게 만들어보려는 도전이 중요한 게
      아닐까? 무엇을 어떻게 보느냐에 따라 행동도 달라지는 법이니까. 우리,
      새로운 남한산을 상상해보자!


교사는 아이들의 이야기를 칠판에 적으면서 '상상하라 남한산'이란 주제로
연결한다. 학교를 새롭게 바꾸어보자는 말에, 아이들이 새로운 학교를 꿈꾸기 시
작한다. 다모임을 시작으로 수학여행, 숲속학교, 자치부서와 자치의날, 동아리 활
동, 돌봄짝, 남한산한마당, 단옷날, 점심시간 방송, 계절학교, 자람나무 발표회, 알
뜰바자회, 운동장의 물빠짐, 책마루에 놓을 의자까지 바꾸고 싶다는 갖가지 의견
들이 쏟아져 나온다. 다양한 요구들이 칠판 한가득 채워지면서 이 모든 것들을

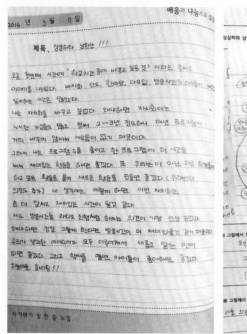

글쓰기 공책

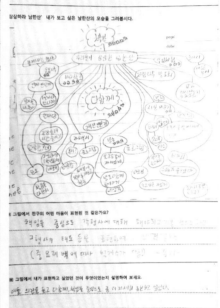

넘나들며 배우기

'다 함께' 누리고 싶다는 마음으로 바뀌어간다. 처음에는 누군가가 나서서 해주기를 바라는 것처럼 말하다가, 함께 짊어져나갈 책임으로 받아들이면서 이야기는 더욱 깊어진다. '내가 과연 할 수 있을까?'란 물음이 '우리가 함께하면 가능하지 않을까?'란 물음으로 바뀌면서 희망의 이야기가 시작된다.

배움이 깊어지기 위해서는 삶 속에서 묻고 답함이 지속되어야 한다. 그럴 때만이 꿈이 현실로 바뀌는 경험을 쌓을 수 있다. 그러한 경험이 이야기가 되어 배움을 더욱 풍성하게 만든다.

넘나들며 배우기

1. 아이들이 참여하는 수업이 되기 위해서는 교육과정이 어떠해야 한다고 보는가?

2. 교육과정에 넣어 아이들과 함께하고 싶은 것은 무엇인가?

3. 교육과정을 아이들과 상의하고 자유롭게 편성하여 운영하고 싶지만 그렇게 하지 못하는 이유는 무엇이라고 생각하는가?

# 또 다른
## 삶과 배움의
### 기회를 열다

　　오늘은 올해 우리 학교를 이끌어나갈 자치부서를 정하였다. 재미부, 한방쇼
부, 도서부, 생활부, 환경지킴이부, 창의체육부가 자치부서로 정해졌다. 나는 원
래 도서부를 하려고 하였지만 지원자가 없어서 사라질 뻔한 생활부를 다연이와
함께 맡기로 하였다. 우리는 생활부가 하는 일을 돌봄짝과 돌봄가족으로 확대하
였다. 그동안 생활부서가 하던 일이 너무 적었기 때문이기도 하고 돌봄짝과 하
는 행사를 좀 더 재미나게 만들기 위해서이다. 오늘 다연이와 내가 한 일은 생활
부가 할 일을 정하는 것뿐이었다. 부서를 새롭게 만들려고 하니 너무 힘이 들었
다. 거기에 행사까지 진행해야 하니 앞길이 깜깜하다.

　　정말 잘 해낼 수 있을까? 작년에는 자치부서가 하는 일이 없다고 선배들에게
불만을 가졌었는데 막상 내가 해보려고 하니 선배들의 마음을 이해할 수 있게
되었다. 새삼스레 선배들에게 미안한 마음이 생겨난다. (3월 10일 세라 글쓰기
공책)

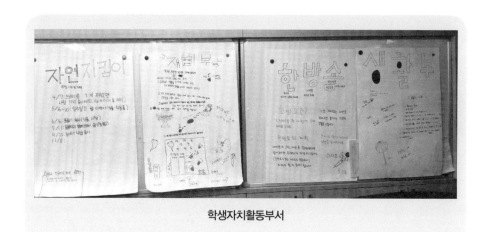

학생자치활동부서

　'상상하라 남한산'이란 이야기가 자치부서 조직으로 흐르면서, 여섯 개의 자
치부를 만드는 데 이틀을 보냈다. 언뜻 보면 작년과 크게 달라진 게 없는 듯하지
만 부서 이름을 정할 때도 동생들이 이해할 수 있는 쉬운 낱말을 사용하려고 아
이들은 고심하였다.

　아이들은 학교 연간 일정표를 펼쳐놓고서는 부서별로 운영 계획을 세워나간
다. 학교 일정은 아이들에게 삶의 터전과 같다. 매년 같은 시기에 비슷한 흐름으
로 진행되는 일정들은 수년간 반복되고, 익숙해지고, 다져졌다. 그래서 학교 일
정을 누구보다 잘 알고 있는 사람은 바로 아이들이다. 학교가 어떻게 흘러가는지
너무나 잘 알고 있기에 언제 무엇을 어떻게 준비해야 할지 계획을 세우는 일쯤은
그리 어려운 것이 아니다. 반복되고 익숙하고 다져질수록, 그래서 그것이 다소 지
겹게 느껴지더라도 그 속에서 새로운 것을 꿈꾸게 되고 가꾸어나갈 힘도 생겨나
는 법이다. 삶의 터전 속에서 이루어지는 배움이 또 다른 배움을 불러일으킨다.

　부서별로 사업을 공유하면서 아이들은 함께 협력할 방법들을 찾아나간다. 돌
봄짝 행사를 생활부와 창의체육부에서 협력하여 진행한다거나, 창의체육부나 재

미부에서 행사를 열면, 한방쇼부에서 생중계를 해준다거나, 아이디어를 공유하고 서로 도움을 주고받으며 자치부서별로 일정을 기획해나간다. 매년 선후배 사이에 일대일 결연을 맺어 돌봄짝 활동을 해오던 것을, 올해는 전 학년을 가족 단위로 묶는 돌봄 가족 활동을 기획하는 부서도 생겨난다. 별 특별한 도움 없이도 이야기를 충분히 나눌 수 있는 시간과 공간을 열어주는 것만으로도, 아이들은 삶을 발판 삼아 새로운 경험을 향해 끊임없이 도전한다.

따라서 수많은 목표를 달성하기 위한 전략들과 배워야 하는 내용들로 교육과정을 가득 채워서는 안 된다. 오히려 있던 것을 덜어내고 허물어뜨려서 무엇인가를 새롭게 열어갈 수 있는 공간을 만들어야 한다. 그럴 때만이 또 다른 삶을 경험할 수 있는 기회를 교육과정에 담을 수 있다.

넘나들며 배우기

1. 우리 학교 학생자치회에는 어떤 부서들이 있는가? 아이들이 어떤 활동들을 펼쳐가는가?
2. 학생자치회가 작년과 달리 새롭게 시도하는 것이 있는가? 만약 그렇지 못하다면 그 이유는 무엇인가?
3. 우리 학교 교육과정은 주로 무엇으로 가득 채워져 있는가? 그것이 삶을 경험할 수 있게 만들고 있는가?

# 삶의
## 과정으로서의
### 교육

모든 가르침과 배움을 책에 담아놓았다고 하더라도 그것으로 교육과정이 완성되었다고 말할 수는 없다. 가르침과 배움은 종이 위에 글로 남겨지는 것이 아니라, 사람과 사람 사이의 말과 행동에 담기기 때문이다. 그래서 교육과정은 사람이 사람답게 살아가는 삶의 과정이다. 지금의 교육과정이 문서 꾸러미가 되어 교실 한쪽 구석에 꽂히고 화석화되어버린 까닭도 교육과정에서 삶이 빠져버렸기 때문이다. 제아무리 거창하고 대단한 것일지라도 삶과 관계를 맺지 못하면 아무런 힘도 발휘할 수 없게 된다. 지금처럼 교육 목표를 이루기 위한 전략과 배움의 내용을 안내하는 수준에 머물러 있어서는 종이 교육에서 벗어날 수 없다.

교육과정은 경험한 것을 허물고 다시 짓는 과정을 되풀이하면서 삶을 쌓아가는 것이어야 한다. 처음부터 끝까지 일관성을 가지고 반듯하고 세련되게 기술하기보다는 조각난 천들을 덧대어 조각보를 만들 듯, 경험이 교육과정에 흔적으로 남아야 한다. 누군가는 질문을 던지고 또 누군가는 답하며, 어느 해는 이렇게도 해보고 다음 해는 저렇게도 해보면서 의미를 찾고 해석하고 재해석하는 과정을 반복할 때만이 비로소 경험은 삶이 된다. 지금과 같이 한번 정해진 것은 묻지도 따지지도 않고 실행하는 방식으로는 경험은 삶이 되지 못하고 만다. 경험이 또 다른 경험을 통해 해체되고 다시 짓는 과정을 반복해나갈 때 삶이 된다.

삶을 쌓는 일은 혼자 할 수 있거나 어느 특정한 집단만 해야 하는 것일 수 없다. 교사도 아이도 누구든 함께할수록 삶은 더욱 풍성해지기 마련이다. 이러한 삶 속에서 '가르치는 자'와 '가르침을 받는 자'가 따로 있을 수 없다. 교사도 가르치면서 배울 수 있고, 아이도 배우면서 가르칠 수 있어야 한다. 이러한 삶의 교차로 모두가 배울 수 있는 장이 되고, 서로가 더 잘 배울 수 있는 관계로 이끈다.

넘나드는 배움의 교육과정은 교사와 아이 모두를 배움의 주체로 세워나간다. 흔히 주체가 어떤 객체에게 무언가를 알려주는 것을 가리켜 배움이라고 말하지만 사실 그렇지 않다. 주체와 객체로 나뉜 상태에서, 주체에게 객체는 조작의 대상으로만 여겨질 뿐이다. 객관주의나 주관주의처럼 대상을 객체로 인식하는 틀 속에서 주체의 변화는 있을 수 없다. 진정한 배움은 오직 만남에서 이루어진다. 만남은 주체와 객체가 아닌 주체와 주체가 마주할 때 가능하다. 교사든 아이든 주체가 되지 않고서는 배움에 이를 수 없고, '가르치는 자'와 '가르침을 받는 자'를 구분하는 틀에서 벗어날 수 없다.

주체와 주체의 만남은 배움을 향한 강한 동지의식을 갖게 한다. 형식의 굴레 속에서 서로를 갈라놓았던 벽을 단숨에 허물어버린다. 자신을 낮추고 상대를 이해하며 배려하는 과정을 통하여 동지애를 느끼게 된다. 아이가 잘 배우고 성장할 수 있게 돕는 것이 교사의 소망이 되고, 교사를 도우며 배움을 누리는 것이 아이의 기쁨이 된다. 삶을 가꾸고 일구어간다는 것은 교사에게는 아이를 이해하고 받아들이는 품을 넓히는 것이며, 아이는 그 속에서 배우고 성장하는 것이 된다. 그럴 때 모두가 주체적인 삶을 살 수 있게 된다.

하지만 삶을 가꾸고 일구어가는 교육과정이 교사와 아이 둘 사이에서만 다루어져서는 안 된다. 둘 사이의 강한 동지애가 자칫 교실주의를 부추길 수 있기 때문이다. 교실이라는 작은 원 안에서 이루어지는 것만을 가리켜 배움이라고 생각할수록, 교실과 교실 사이에는 두꺼운 벽이 생겨나고 아이와 교사는 삶에서 멀어지게 된다. 모두가 함께 하는 삶의 공간을 만들려는 노력들이 개인적 차원을 넘어 공동체적 차원으로 나아가려 할 때 비로소 삶과 배움의 간극이 좁혀지고 교실주의에서 벗어날 수 있게 된다.

따라서 넘나드는 배움의 교육과정이 교실주의에 빠지지 않으려면 교실은 협업의 공간이 되어야 한다. 굳게 닫힌 교실 문을 여는 것을 시작으로, 교사와 교사 사이에 주체적인 만남이 이루어지고 서로를 존중하는 곳이 되어야 한다. 주체들의 고유한 빛깔을 잃게 하는 동질화보다는 다양한 빛깔을 인정하고 조화를 이루려 할 때, 학교는 개인주의에서 벗어나 공동체성을 회복하게 된다. 교육과정에서 교사의 협력이 필요한 까닭이 비단 공동체성을 회복하는 일 때문만은 아니다. 만약, 교육과정이 정해진 길로만 따라가는 것이라면 또 다른 도움을 필요로 하지 않겠지만, 넘나드는 배움의 교육과정에서는 경험을 허물고 다시 짓는 과정을 되풀이하기 때문에 그것을 해석하고 재해석해줄 수 있는 주체를 필요로 한다. 함께

삶을 가꾸고 일구어갈 협력 교사의 도움이 절실하다.

같은 학교 동료 교사와 협력 교사의 관계를 맺는 것이 가장 좋다. 한 공간 안에서 함께 삶을 가꾸고 일구어갈 수 있다는 것이 최대 장점이다. 언제든 서로의 교실에 들어와 수업에 대하여 이야기를 나누고 삶의 길을 함께 걸어갈 수 있기 때문이다. 협력 교사는 교육과정이라는 긴 여정을 함께 걷는 길동무로서 든든한 후원자가 되어준다. 하지만 가까운 곳에서 협력 교사를 찾기란 말처럼 쉬운 일이 아니다. 수업에 대하여 한두 번 정도는 짧게 의견을 나눌 수 있을지 몰라도 오랜 기간 동안 이야기를 꾸준히 쌓아가기란 쉽지 않다. 설령 마음 맞는 동료 교사를 찾았다고 하더라도 어디에서부터 어떻게 시작할 것인지도 망설이다 포기하는 경우가 많다.

하지만 협력 교사를 찾는 일을 결코 포기해서는 안 된다. 만약 같은 학교에서 찾을 수 없다면, 학교 밖에서라도 찾아야 한다. 같은 학교에 근무하지 않는다고 하더라도 수업을 영상에 담아 서로 교류하는 등 방법은 얼마든지 있다. 인터넷만 연결되어 있다면, 거리에 상관없이 협력 교사의 역할을 충분히 주고받을 수 있다. 또한 온라인 모임과 오프라인 모임을 번갈아가며 운영하다보면 생각만큼 어려운 일이 아니라고 느끼게 된다. 오히려 학교를 넘어서 더 많은 교사들과 교류할 수 있는 기회를 얻을 수도 있다. 교육과정이 수업 교사와 아이, 그리고 협력 교사를 통하여 삶을 가꾸고 일구어나가는 것으로 흐르게 될 때, 교실주의는 무너지고 공동체가 회복되는 결과를 얻는다.

넘나들며 배우기

1. 우리 학교 교육과정에서는 경험의 흔적을 찾아볼 수 있는가? 작년에 만든 학교 교육과정과 달라진 점은 무엇인가? 바뀌었다면 어떤 이유에서 달라진 것인가?

2. 우리 학교 교육과정을 살펴보고 어떤 질문을 던지고 싶은가? 그 질문을 하게 된 이유는 무엇인가?

3. 주위에 협력 교사의 관계를 맺을 만한 동료 교사가 있는가? 어떻게 하면 서로에게 힘이 되어줄 수 있을 것이라고 생각하는가?

우리나라 교육과정은 국가수준 교육과정을 근거로 지역수준 교육과정이 만들어지고, 학교 교육과정, 학년 교육과정을 거친 뒤에 학급 교육과정이 만들어진다.

국가수준 → (교과서) → 지역수준 → 학교 교육과정 → 학년 교육과정 → 학급 교육과정

| 단계 | 명칭 | 국가수준 교육과정 | 교과서 | 지역수준 교육과정 | 학교 교육과정 | 학년 교육과정 | 학급 교육과정 |
|---|---|---|---|---|---|---|---|
| | 주체 | 국가 | 국가 | 시·도 교육청 | 교장, 교감 부장교사 | 학년 부장교사 | 담임교사 |

일반적인 교육과정의 흐름과 의미

위의 흐름에서도 알 수 있듯이 우리나라는 기관과 조직을 따라서 교육과정이

만들어진다. 기관이나 조직을 통해 만들어지는 교육과정이 일을 추진하는 데 더 효율적일 수는 있어도 교육적이라고 말하기는 어렵다. 오히려 이러한 절차 속에서 교사의 참여는 제한되고 교육적 효과 역시 떨어질 수밖에 없다. 위에서 아래로 하달되는 방식의 교육과정 안에서는 교사의 권한은 줄고 책임만 많아지기 마련이다. 교육과정이 점차 업무로 느껴질수록 교사는 무기력해지고 교육과정에 무관심해진다. 주어진 순서에 따라 교육과정을 운영하는 것만이 교사의 몫으로 여겨지기 때문이다. 더구나 교과서를 국가수준 교육과정으로 여기고 절대시하는 분위기 속에서 교사는 지식의 전달자에서 벗어나기가 쉽지 않다. 제아무리 교육과정을 재구성하여 가르치라고 말한들 이러한 흐름 속에서는 교사에게 부담감만 안길 뿐이다.

따라서 '국가수준 교육과정-(교과서)-지역수준 교육과정-학교 교육과정-학년 교육과정-학급 교육과정'의 흐름으로는 삶을 가꾸고 일구어가는 교육과정을 실현할 수 없다. 수업을 통해 매 순간 아이들의 반응을 살피고 그에 맞게 교육과정을 수시로 바꿔나가야 하는데, 기관과 조직의 흐름을 따라야 하는 교육과정으로는 불가능하다.

**국가 및 지역 수준 → 협력적 교육과정 → 반성적 교육과정**

| 단계 | 명칭 | 국가수준 교육과정 | 지역수준 교육과정 | 학교 교육과정 | 학년-학급 교육과정 | 학생 교육과정 |
|---|---|---|---|---|---|---|
| | 의미 | 교육부 고시 | 교육청 고시 | 협력적 교육과정 | 반성적 교육과정 | |
| 주체 | | 국가 | 시·도 교육청 | 학교 구성원 | 학년-학급 구성원 | 학생 |
| 형태 | | 표면적 | | 표면적 - 잠재적 | | |

삶이 넘나드는 배움의 교육과정 흐름과 의미

기관이나 조직을 허무는 일이야 당장 실천하기에 힘든 일이겠지만, 교육과정의 새로운 흐름을 만들고 의미를 새롭게 하는 시도는 실현 가능하다. 넘나드는 배움에서 말하는 교육과정의 흐름은 '국가 및 지역수준 교육과정-협력적 교육과정-반성적 교육과정'이다. 일반적인 교육과정이 업무 조직을 통해 교육과정을 만든다면, 넘나드는 배움의 교육과정은 협력과 반성의 과정을 통해 교육과정을 만든다. 조직적이고 체계적인 교육과정을 추구하기보다는 서로의 생각을 나누고 마음을 담아내는 것에 더 큰 의미를 둔다.

먼저, 국가 및 지역수준 교육과정을 기반으로 하는 협력적 교육과정은 학교 구성원이 모두 참여하여 만드는 교육과정을 말한다. 지금까지의 학교 교육과정이 학교장의 경영관을 중심으로 교감과 몇몇 부장교사의 손에서 만들어졌다면, 협력적 교육과정은 학교 교육에 참여하는 모든 사람들이 다 함께 만든다. 교사, 학생, 학부모가 참여하여 만드는 협력적 교육과정에는 공동체의 신념을 담는 것이 무엇보다 중요하다. 공동체의 신념은 학교 철학이 되어 학교 교육의 길잡이가 되어준다. 학교 교육에 대하여 '누가' '무엇을' '어떻게' '왜'라는 물음에 답하기를 계속하면서 가치 기준이 만들어진다. 가치 기준은 교육과정에 무엇을 넣고 무엇을 뺄 것인지에 대한 준거의 역할을 한다.

또한, 반성적 교육과정은 학년이나 학급 구성원이 참여하는 교육과정이다. 지금까지의 학년과 학급 교육과정은 교수 요목과 같이 가르쳐야 할 목록을 미리 만들고 시간표대로 실행하는 것이었다. 하지만 반성적 교육과정은 삶의 교육을 실천한다. 경험이 쌓여 삶이 되기 위해서 실천 속에서 그 의미를 해석하고 다시 재해석하는 과정을 반복한다. 특히, 실천 과정을 돌아보는 일은 교사뿐 아니라 아이까지를 포함한다. 그래서 일반적인 교육과정에서는 담을 수 없던 아이들의 경험을 교육과정에 담을 수 있게 된다. 교사 수준에서는 수업 나눔이나 토론회, 수업일기나 교사 글쓰기 등이, 아이 수준에서는 학습지나 배움공책 또는 글쓰기 결과물을 모아놓은 포트폴리오 등이 교육과정 안으로 들어오게 된다.

교육과정이 삶을 가꾸고 일구어나가기 위해서는 협력적이고 반성적이어야 한다. 교육과정이 교실 한쪽에서 화석화되어버린 이유는 지금껏 개인이나 교실 차원에서 교육과정을 다루어왔기 때문이다. 하지만 협력적 교육과정과 반성적 교육과정은 학교 구성원들의 협력을 바탕으로 짓고 해체하는 과정을 반복하며 삶의 공간을 만들어나간다. 아이와 교사는 삶을 채우면서 교육 실천가로 성장한다.

**넘나들며 배우기**

1. 우리 학교 교육과정은 어떤 순서로 만들어지고 있는가? 이러한 방식으로 만들어지는 교육과정에는 어떤 문제점이 있다고 보는가?
2. 교육과정을 제대로 만들기 위해서는 어떤 방식으로 만들어져야 한다고 생각하는가?
3. 교육과정에 무엇을 넣고 무엇을 덜어내야 하는지에 대한 기준을 가지고 있는가? 혹시 있다면 그 기준은 무엇인가?

홋카이도 지역에서 활동하는 교육자들이 학교를 방문한 적이 있다. 이들의 학교 방문은 5년 동안 계속 이어져왔다. 어떤 때는 수업을 보고 가기도 하고, 다모임을 참관하거나 학부모들과 이야기를 나누기도 하였으며, 어느 해에는 우리 학교에서 일본으로 건너가 학생 참여형 학교를 살펴보기도 하였다.

올해는 교실 붕괴가 이야기의 주제가 되었다. 두 나라가 겪고 있는 비슷한 고민이 이야기의 단단한 연결고리가 되어 학생 중심의 학교 운영에 대한 서로의 궁금증을 묻고 답했다. 여러 이야기가 오가는 가운데 두 가지 질문이 생겨났다. 첫째, 학생이 중심이 되는 학교가 되기 위해서는 무엇이 가장 중요한가? 둘째, 학생이 중심이 되는 학교가 가능하기 위해서는 어떤 노력들이 필요한가?

아이들이 중심이 되어야 한다는 것에는 모두가 같은 생각이었다. 아이들이 중심이 되는 학교를 만들기 위해서 두 학교 모두 학생자치회를 중심으로 운영되고 있기에 학생자치회는 자연스레 이야기의 중심 소재가 되었다. 학생자치회에 대해서는 두 학교 사이에 수년간 이야기를 나누어왔다. 두 학교가 겪고 있는 상황이 비슷하였기에, 앞으로 학생자치회가 어떠한 방향으로 가야 할 것인지에 대한 고민도 함께 나눌 수 있었다.

학생 참여형 학교가 겪고 있는 문제는 학생자치회가 정해진 시간 안에서만 이루어지고 있다는 점이었다. 고작 몇 시간 주어지는 자치회 시간만으로는 학생의 자치적인 힘을 충분히 기를 수 없다는 지적이었다. 어떻게 되었든 자치의 힘이 길러지려면 교과 시간 중에도 자치를 담아낼 수 있어야 한다는 것이었다. 다시 말해서 수업 시간에도 자치의 힘을 기를 수 있게 수업이 바뀌어야 한다는 의미였다. 하지만 수업이 변화하기 위해서는 넘어서야 할 장애물이 많아 보였다. 교사가 아이들에게 수업을 열어줄 마음의 준비와 역량을 갖추고 있는지, 그리고 학교는 그에 대한 어떠한 그림을 그리고 있는지 한눈에 드러나지 않는 듯 보였다. 삶이 교과 활동으로 연결되어야 한다는 것은 당연한 말이었지만 그것을 어떤 방식으로 이어나갈 것인지는 아무도 알지 못했다.

아이들이 중심이 되는 학교가 되기 위해서는 어떤 노력들이 필요한지로 이야기가 이어졌다. 서로의 경험을 나누는 과정에서 우리 학교에서 일어난 일을 말해주었다.

얼마 전, 학교 앞에 24시간 편의점이 생기면서 아이들이 인스턴트 식품을 사 먹는 일이 빈번하게 일어났다. 수년 전부터 인스턴트 식품을 먹지 않는 것을 학교 생활규칙으로 엄격하게 규제하고 있던 터라, 그동안 아이들은 대놓고 과자와 음료수를 사먹지 못했다. 24시간 편의점이 생기기 전에도 간간히 구멍가게를 들락거리긴 하였지만, 그런 경우는 극히 드물었고 눈에 잘 띄지도 않았다. 하지만 새로 생긴 편의점에는 삼각김밥부터 시작하여 아이들이 좋아할 만한 것들로 가득 있었다. 아이들은 세련된 매장과 눈이 휘둥그레질 정도로 화려하게 진열된 상품들의 유혹을 쉽게 뿌리칠 수 없었다. 더욱이 버스정류장 근처에 자리 잡은 편의점은 어디서든 환히 보이는 곳에 위치하고 있어서 구매 유혹은 실로 강력했다. 문을 연 지 얼마 되지 않아 아이들 사이에 소문이 나면서 급기야 고학년들을 중심으로 물건을 구매하는 경우가 잦아졌다.

다모임 시간, 5학년들은 무엇인가 벼른 듯이 6학년의 편의점 이용에 문제를 제기하였고 공개 사과를 요청하였다. 5학년들의 갑작스런 요구에 당황한 나머지 6학년들은 그간 지켜왔던 학교 규칙을 무너뜨리는 발언들을 쏟아놓았다. '배고픈데 어떻게 하느냐' '내 돈 내고 내가 사먹는데 무슨 잘못이냐' '6학년 되면 알게 될 거다' 등 변명을 늘어놓았다. 이야기는 말다툼으로 이어지고 다모임 시간은 어수선해졌다.

6학년들에게 상처로 남게 될 가능성에 대해서도 이야기가 나누어졌다. 이를 지켜본 저학년들의 반응에 대해서도 교사들은 정리해야 할 것들이 많았다. 6학년들의 잘잘못을 떠나서 5학년이 문제를 제기한 의도와 숨은 이야기가 무엇인지가 궁금했다. 5학년 아이들의 문제 제기의 바탕에는 학교 규칙을 지켜야 한다는 동기부여가 강하게 자리 잡고 있었다. 학교 규칙을 다잡아야 한다는 깊은 반성을 5학년을 넘어 학교 전체가 했으면 하는 마음이 컸다. 자기들만 이 규칙을 지켜가는 것이 부당하다는 생각이 들면서, 6학년들의 행동이 못마땅하게 여겨진 것이다. 5학년과 6학년 사이에 미묘하게 흐르는 감정 대립이 말싸움으로 번지면서 6학년들의 답변은 5학년들에게 터무니없는 변명 쯤으로 받아들여졌다. 학교 규칙에 대한 의미를 되새기기보다는 선후배 간의 감정 싸움이 되어버린 것이다.

이러한 과정을 처음부터 끝까지 지켜보고 있던 저학년들은 학교 규칙을 잘 지켜야겠다는 마음보다는, 걸려서 창피당하지 말아야겠다는 생각이 더 크게 작용하는 듯 보였다. 학교에서 벌어진 아주 작은 사건에 불과하지만 아이들에게는 어떤 문제보다도 크게 다가오는 듯 보였다. 삶과 맞닿아 있는 문제이기에 교과서에 담긴 이야기보다 더 깊은 생각들을 나눌 수 있을 것이라 여겨졌다. 그래서 각 반으로 돌아가서 이 문제를 함께 풀어보기로 하였다. 며칠 후, 6학년들의 공개 사과문이 게시되었고 다모임 시간에 반 대표가 후배들 앞에서 잘못을 사과하면서 사건이 일단락되었다.

만약 이 문제를 자치 시간에만 풀어내려 하였다면 어떠했을까? 시간표는 교과 시간과 교과 이외의 시간으로 나뉘어 있지만, 아이의 삶을 교과 시간이나 교과 이외의 시간으로 구분할 수는 없다. 자치의 힘은 자치 활동 시간만이 아니라 교과 활동 시간에도 꾸준히 길러나가야 함이 옳다. 삶의 전반에서 기르고 풀어나가려면 수업이 삶을 담아낼 수 있어야 한다.

그럼, 수업에 삶을 담아내려면 어떻게 해야 할까? 먼저는 교육과정이 느슨해야 한다. 시수 하나하나에 벌벌 떠는 교육과정으로는 삶을 담아낼 수 없다. 배움에 억지로 끼워맞추려 하기보다는 삶을 가꾸고 일구어가는 교육과정을 운영해야 한다. 시즌제와 같이 짧은 기간을 단위로 교육과정을 운영하는 편이 삶을 담아내기에 훨씬 용이하다. 지금처럼 1년 단위의 순서를 밟아나가도록 하는 교육과정으로는 수시로 변하는 삶을 담아내기는 불가능하다. 또한, 아이들의 삶을 수업으로 쉽게 끌어올 수 있는 유연한 흐름도 필요하다. '도입-전개-정리'처럼 딱딱한 흐름으로는 삶을 담아낼 수 없다. 마치 공장에서 상품을 찍어내는 것과 같은 흐름보다는 삶에서 배움이 시작되고 새로운 삶의 이야기를 만들어가는 흐름이어야 한다. 따라서 교육과정은 느슨해야 하고 수업은 유연해야 한다.

느슨함과 유연함 속에서 수업의 방향을 잃지 않기 위한 교사의 흔들림은 당연한 것이다. 이럴 경우 교사의 흔들림을 숨기려 하기보다는 도리어 교사가 흔들리고 있음을 내보이고, 그 흔들림을 아이들과 함께 잡아가는 편이 더 자연스럽다. 흔들림이 문제일 수 있으나 동시에 흔들림에 해답도 있기 마련이다. 교사의 흔들림은 아이들 앞에서 결코 보이지 말아야 하는 것이나 무능함이 아니다. 나의 삶으로만 가득 차 있던 공간을 비워내고 누군가를 초대하여, 삶의 변화를 만들어낼 수 있는 공간을 만들기 위해서는 흔들림은 꼭 필요한 과정일지 모른다. 마치 우리 학교에서 있었던 경우처럼. 인스턴트 식품으로 불거진 이야기는 아이도 교사도 함께 흔들리고 있음을 드러내는 일이었다. 흔들림을 통해 공동체의 정체성을 다시금 찾아갈 수 있었던 것이다. 이와 같이 교육과정이 스스로의 힘을 기르는 길을 만들 때, 흔들림도 담아낼 수 있게 된다.

**넘나들며 배우기**

1. 우리 학교 아이들 사이에는 어떤 문제가 있는가? 그것을 풀어낼 수 있는 공간이 마련되어 있는가?

2. 우리 학교 교육과정은 느슨하고 유연한가? 아니면 이미 정해진 내용들로 빼곡하게 채워져 있는가? 그것을 볼 때 어떤 기분이 드는가?

3. 아이들 앞에서 교사가 흔들려본 적이 있는가? 그럴 때 아이들의 반응은 어떠하였는가?

# 5장

넘나들며 배우기 시즌 1

# 가치 마을 활동

『오즈의 마법사』, 함께 만드는 공동체

학년이 시작되는 3월은 아이들 사이에 관계 맺기가 무엇보다 중요한 시기이다. 첫 단추를 잘 꿰어야 함을 잘 아는 교사일수록 첫 시간, 첫 만남을 충실하게 준비하여 아이들을 맞이한다. 관계 맺기가 이루어지기 전까지 교과 수업은 뒤로 미루어둔 채, 학급 세우기에 온 정성을 쏟는다. 관계를 맺고 공동체를 세우는 과정이 배움에서 얼마만큼 크게 영향을 미치는지를 잘 알고 있기 때문이다. 어느 교실이든 공동체를 세우는 것은 최우선의 과제이다.

삶과 배움이 넘나드는 교실에서는 '함께 만드는 공동체'를 시즌 1의 주제로 삼고 '이야기-수업 활동-마을 활동-수업 읽기'의 흐름으로 이야기를 펼쳐나간다.

아이들과 만나는 첫 시간, 삶이 넘나드는 배움에 대해 이야기를 나눈다. 아이들에게 무엇인가를 설명하는 일은 매번 쉽지 않다. 더구나 아직 경험하지 않은 것을 이야기로 풀어내야 하는 건 더더욱 어렵다. 말에 의존해서 이야기해야 하는 교사나 그것을 귀로만 듣고 이해해야 하는 아이들 모두 쉬운 일이 아니다.

"선생님, 책 빌려왔어요. 이 책 맞죠?"

점심식사를 마친 아이들이 부리나케 도서실로 달려가더니 『오즈의 마법사』를 빌려다가 교사에게 보란 듯이 내밀며 웃는다. 한 시즌 동안 정해진 책들을 읽어야 하는데 미리 읽으면 수업이 재미있어질 것이란 교사의 말에 아이들이 책을 빌려왔다. 이야기에 대한 호기심 때문인지, 학기 초에 열심히 하고자 하는 마음이 커져서 그런 것인지는 알 수 없지만 적극적으로 반응해주는 아이들 덕에 교사의 목소리에 힘이 실린다.

배우고자 하는 마음이 클수록 과제를 완수할 가능성은 커진다. 보상이나 상벌 제도 등에 대한 비판의 목소리가 만만치 않음에도 여전히 교실에 남아 있는 것은 배움에서 동기화가 그만큼 중요하다는 반증이다. 상황과 여건에 따라 보상을 적용하는 방법은 다양하겠지만 궁극적으로 바라는 건, 모든 아이들이 배움에서 자기 주도성을 갖게 하는 것이다. 자율성을 바탕으로 배움이 흘러가는 것이야말로 교사가 진정 바라는 모습이다. 하지만 배움에서 동기화가 제대로 이루어지지 않았거나 동기화 과정 없이 과제를 제시하는 경우가 종종 발생한다. 학습할 동기가 되어 있지 않은 상태에서 배움의 길을 걷는 것은, 교사나 아이나 배움에서 더욱 멀어지게 만들 뿐이다.

배움은 머리가 아닌 마음에서 시작된다. 배울 것인지 아닌지, 얼마큼의 힘을 쏟을 것인지를 결정할 때는 마음이 먼저인 것이다. 배워야 하는 내용이 복잡하여 고도의 지식이 있어야 한다 할지라도, 배움의 문을 여는 열쇠는 머리가 아니라 정서나 신념이다. 일단, 배우고 싶은 마음이 생겨야 어떻게 문제를 풀어나갈 것인지 계획을 세우게 되고, 창의적이고 논리적인 방법으로 과제를 풀어나가게 되는 것이다.

그래서 이야기는 아이들의 마음을 여는 자연스러운 도구가 된다. 비단 책 이야기가 아니더라도 아이들은 이야기를 좋아한다. 아이들은 끊임없이 이야기를 나눈다. 교문을 들어설 때부터 뭐가 그리도 재미있는지 서로를 바라보며 재잘거리기 시작한다. 그러다가 무슨 일 때문이지 한 명이 달아나면 나머지 한 명이 쫓아가서는 실랑이가 일어나지만 그 와중에도 이야기는 멈추지 않는다. 가쁜 숨을 몰아쉬며 교실 안으로 들어오면서도 이야기는 이어진다.

누구네 집에 가서 놀았던 이야기, 어제 저녁식사 때 먹었던 음식 이야기, 숙제하다가 도저히 풀리지 않던 수학 문제 이야기, 학교 오던 길에 보았던 개미들의 싸움 이야기, 가방 속에 몰래 가져온 만화책 이야기, 누가 누구를 놀렸다는 걸 들었다는 이야기, 그게 또 아니라고 네가 잘못 들은 거라는 이야기. 별로 재미있을 것 같지도 않은 것들을 신나서 이야기하면, 다른 쪽은 맞장구를 쳐준다. 자기의 생각과 감정을 스스럼없이 드러내고 이야기를 주고받는 모습이 참으로 아이답다. 그래서 삶이 넘나드는 배움은 이야기로 시작해서 이야기로 끝난다.

# 이야기를 모으는 어울림 이야기

　교사는 예닐곱 장 정도로 보이는 인쇄물을 아이들에게 나누어준다. 겉표지에는『오즈의 마법사』이야기에 등장하는 인물들이 그려져 있다. 첫 장을 펼치니 어울림 이야기를 설명하는 글과 그림이 한눈에 들어온다. 한 해 동안 꾸준히 배워나갈 것이 무엇인지에 대한 글도 있고, 그것을 배워나갈 기간도 적혀 있다. 대충 훑어보아도 어느 때에 어떤 내용으로 활동이 이루어지게 될지 짐작할 수 있다. 한 장을 넘기니 어울림 이야기의 제목을 이해하기 쉽게 풀어놓은 글이 보인다. 글의 의미를 살펴보면서 첫 시즌에 대한 기대감을 가진다. 아래쪽에는 표가 그려져 있다. 시즌의 흐름이 어떻게 이루어지는지 주 단위로 활동 내용이 간략하게 쓰여 있다. 아이들은 호기심 어린 눈빛으로 활동들을 찬찬히 살펴본다.

　어울림 이야기는 삶이 넘나드는 배움을 담아내는 역할을 한다. 시즌마다 어울림 이야기가 만들어지는데 독서 동기화 검사나 독서통장, 줄넘기 급수표, 주간 생활계획과 같이 1년 동안 꾸준히 실천할 것들은 시즌이 시작되는 첫날에 나누어준다. 나머지 것들은 어울림 이야기를 펼쳐가는 과정 속에서 아이들과 함께 채

봄이 되고 여름이 되면 학교 뒷산은 금방 푸른 숲이 될 거예요. 멀리서 보면 푸른 숲으로만 보이지만 한 발짝 다가서면 그 속에는 자그마한 꽃과 풀, 다양한 모양의 나뭇잎으로 가득한 걸 알게 되지요. 꽃과 풀, 나뭇잎이라는 부분이 모여 숲이라는 전체를 이루고 있는 것이랍니다.

우리 생활 속에서 부분과 전체를 찾아볼 수 있어요. 1학년부터 6학년까지가 전체라면 우리 반은 부분이 되겠지요. 또 우리 반이 전체라면 여러분 한 사람, 한 사람은 부분이 될 거예요. 3월 1일부터 4월 25일(7주간)까지 생활 속에서 부분과 전체를 찾으며 진정한 나를 찾아가는 여행을 함께 떠나봅시다.

워나간다. 시즌에 특별하게 실천할 것들과 수업 활동에 필요한 학습지는 필요할 때마다 만들어 사용하고 활동이 끝나는 대로 차곡차곡 모아나간다. 학습 활동 결과지는 주말에는 어울림 이야기에 담아 집으로 보내는데, 학부모는 자녀의 학습 내용과 과정을 살펴보고 배움의 과정에 참여하게 된다. 시즌마다 모은 어울림 이야기는 포트폴리오 평가 자료로 활용되며 한 해 동안 아이의 성장을 담아내는 자람나무에 담아 전시회를 연다.

## 시즌 1 어울림 이야기와 전체 흐름도

| 구분 | | 3월 | | | | 4월 | | | |
|---|---|---|---|---|---|---|---|---|---|
| | | 1주 | 2주 | 3주 | 4주 | 5주 | 6주 | 7주 | 8주 |
| | | 설렘 | 울림 | 열림 | 열림 | 열림 | 어울림 | 어울림 | 숨고르기 |
| 공감 | 체력 | 등하교 안전 | | | | 줄넘기 인증 | 줄넘기 인증 | 줄넘기 인증 | |
| | 심력 | 문장완성 성격유형 | 두뇌유형 | 자아탐색 | 꿈꾸기 | 꿈키우기 | 꿈키우기 | | |
| | 매력 | | 하늘마을 규칙정하기 | 바른언어 캠페인 | 바른언어 캠페인 | | | | |
| 배움 | 지력 | | | | | | | | 더하기 학습 |
| | 자력 | 공책필기법 배움공책 독서유형 | 학습유형 | | | | | 독서왕 | |
| | 협력 | | 학급세우기 | | | | | | |
| 소통 | 아이 | 입학식참여 다모임 1 | 어린이 임원선거 | 다모임 2 | 다모임 3 | 다모임 4 | 동아리 1 | 다모임 5 | 동아리 2 |
| | 학부모 | 어울림소식 가정환경조사 | | 학부모 총회 | 상담주간 | 학부모 공개수업 | 반모임 | 어울림 소식 | |
| | 수업 교사 | 관찰 | 분석 | | 상담 | | | 자람나무 | |
| | 협력 교사 | | 수업 읽기 | 수업 읽기 | | | 수업 읽기 | 수업 읽기 | |
| 마을 활동 어울림 캠프 | | | 가치경험 마을 활동 | 가치공유 마을 활동 | 가치탐색 마을 활동 | | | 어울림 캠프 | |
| 단계 | | 시즌 1 부분과 전체 | | | | | | | |

# 아이들과
# 마주서기

삶이 넘나드는 교실이 되기 위해서는 삶에 대한 폭넓은 시각과 배움을 어떻게 연결해갈 것인지에 대한 준비가 필요하다. 삶과 배움이 연결되고 확장되어가는 과정에서 아이들과의 교감은 필수다.

어울림 이야기에 작성한 아이들의 성격유형결과지를 살펴보는 것으로 교사는 아이들과 마주선다. 우선은 내향성과 외향성을 가진 아이들의 수가 균형을 이루고 있음이 눈에 들어온다. 얼핏 보면 외향적인 아이들이 반의 분위기를 주도해가고 내향적인 아이들은 거기에 동조하는 것으로 보이지만, 성향 차이로 인한 아이들 간의 갈등 상황이 빈번하게 일어나기 마련이다. 따라서 내향적인 성격을 가진 아이가 자신의 생각을 마음껏 표현할 수 있는 기회를 제공하는 것이 필요하다. 표현의 기회가 많아질수록 외향적인 아이들이 주도하는 분위기에서 벗어나 모든 아이들이 서로의 말에 귀를 기울일 수 있게 된다. 내향적인 성격의 아이들은 외향적인 성격을 가진 아이들보다 자신의 행동을 반성하고 성찰하는 능력이 뛰어나기 때문에, 표현할 수 있는 기회만 주어지면 상대방을 설득할 수 있는 힘이 저절로 길러진다.

반 아이들의 직관적 성향과 감각적 성향을 비교해보니, 직관적 성향을 가진 아이들이 감각적 성향을 가진 아이들보다 조금 더 많다. 직관적 성향을 가진 아이는 대체적으로 창의적이고 새로운 접근을 중시하는 경향을 보인다. 직관적 성향을 가진 아이들은 상상력과 영감을 중시하기 때문에 자칫 세부 사항을 간과하는 경우가 발생하기도 한다. 교사가 지나치게 자세한 설명을 늘어놓을 경우에는 배움에 대한 열정과 집중력이 금세 떨어진다. 따라서 정해진 답을 구하는 식의 수업보다는 질문이 허용되고 다양한 의견들을 주고받을 수 있도록 수업을 구상해야 한다.

사고형과 감정형 중에서는 사고형이 주류를 이루는 것으로 나타났다. 사고형은 공평한 것을 매우 중요하게 생각하기 때문에 논쟁하기를 좋아하며 공명정대한 경향을 강하게 드러낸다. 따라서 논리적으로 설득해가는 과정을 경험하게 하는 것이 중요하다. 하지만 대부분의 아이들은 공정함의 기준을 자신에게 두기 때문에, 자신의 이익과 관련지어 그릇된 주장을 펼쳐가는 일이 빈번하게 일어난다. 이런 일이 계속될수록 조금의 손해도 보지 않으려는 것이 반 전체 분위기로 자리 잡을 수 있으니 유의해야 한다.

판단형과 인식형 중에서는 인식형이 다수인 것으로 나타났다 인식형은 새롭게 시작하는 것을 즐기지만 순간의 필요에 따라 행동하는 탓에 무언가를 끝까지 마무리하는 태도가 부족하다. 문제가 발생하기 전에 예방하기보다는 문제가 발생하면 그때그때 해결하고 넘어가버린다. 따라서 계획을 세워서 시작하고 과정을 살펴보고 끝까지 마무리하는 경험들을 쌓아나갈 수 있게 해야 한다.

전체적으로 아이들의 성향을 살펴본다면, 관계와 협력, 희생과 봉사의 유형을 선호하는 아이는 거의 찾아볼 수 없다. 개개인의 능력은 뛰어날지 몰라도 서로 협력하는 마음이 부족하다는 것이다. 이와 같이 아이의 특성을 살펴보는 과정을

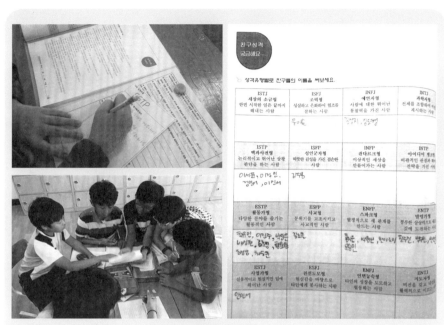

성격유형검사

통하여 아이들을 이해하고 아이들과 함께 수업을 어떻게 만들어갈 것인지 가늠해보는 과정은 교사에게 큰 도움이 된다. 아이들이 공동체로 인식해가는 과정이 녹록치 않고 그 끝을 확신할 수 없다고 할지라도 넘나드는 배움을 만들고자 한다면 피하지 않고 아이들과 함께 마주서야 할 것이다.

교사는 아이들에게 학습지 한 장씩을 나누어준다. 학습지를 받아든 아이들은 시험지 앞과 뒤를 슬쩍 훑어본다. 학습지 앞쪽에는 『오즈의 마법사』이야기의 한 장면이 담겨 있고 뒷장에는 여러 가지 질문과 빈칸들이 있는데 노란색과 빨간색의 포스트잇도 한 장씩 붙어 있다.

"『오즈의 마법사』두 번째 시간입니다. 도로시가 허수아비를 처음으로 만나는 장면이네요. 읽으면서 경청, 배려, 감사, 책임, 지혜 등의 가치가 느껴지는 부분에 밑줄을 그어보세요."

교사의 말에 아이들의 시선이 책상 가장자리에 붙어 있는 가치카드로 향한다. 가치카드에는 경청, 배려, 감사, 책임, 지혜라는 글자가 크게 쓰여 있다. 카드를 자세히 들여다보니 가치별로 그 뜻이 무엇이고, 그것을 어떻게 말하고 실천하는 것인지에 대하여 쓰여 있다. 마을 활동을 시작할 때 책상 위에 붙인 카드이다. 아이

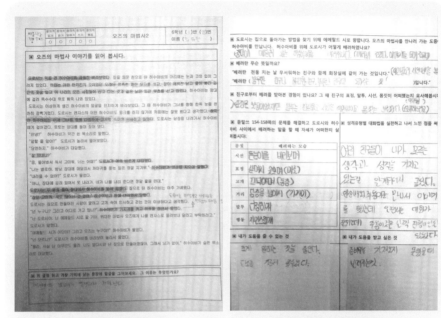

넘나들며 배우기(앞면)　　　　　　　넘나들며 배우기(뒷면)

들은 가치카드와 학습지에 담긴 이야기를 번갈아가며 살피고서는 경청이 무슨 의미이고, 어떤 것이 배려인지 생각하며 글 속에서 가치를 찾아 밑줄을 그어나간다. 교사는 아이들이 표시한 부분을 살피면서 가치를 어떻게 인식하고 있는지 확인한다.

　　　"오늘은 가치들 중에서 배려에 대하여 이야기를 나누어볼까 해요. 이야기 속에서 배려하는 모습이 드러나 있는 부분은 어디인가요?"

아이들이 높은 장대에 매달려 있는 허수아비를 내려준 도로시의 행동에 주목

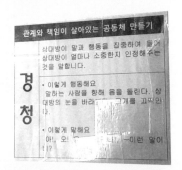
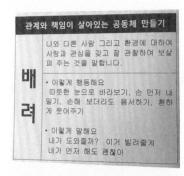
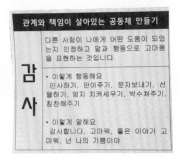
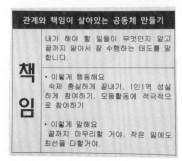

**가치 마을 활동카드**

하여 말한다. 배려에 대한 이해가 눈에 띄는 표면적인 행동에 국한되어 있음을 확인한 교사는, 배려란 눈에 보이지 않을 만큼 작은 몸짓이나 시선, 표정, 말투에서도 느낄 수 있다는 것을 배움의 목표로 정한다.

"친구로부터 배려를 받아본 적이 있나요? 그때 당시 친구의 표정, 말투, 시선과 몸짓이 어떠했는지 자세히 묘사하여 보세요."

자신이 배려 받은 경험들을 떠올리며 장면을 자세히 묘사한다. 표정이나 말투와 몸짓 등을 묘사하는 과정에서 친구가 자신을 배려하기 위해 취했던 행동 하나 하나를 이해하기 시작한다.

> "그럼, 다시 도로시와 허수아비 사이에 어떤 배려가 있었는지 자세히 살펴보 았으면 좋겠어요. 우선 교과서의 문제로 연습해보고 나서 배려하는 모습을 살펴 보겠습니다."

아이들은 교과서에서 제시한 이야기를 읽은 후에 시선, 표정, 고개, 거리, 말투, 행동 등으로 구분하여 표를 채워나간다. 교과서 문제를 해결한 아이들은 『오즈의 마법사』이야기를 다시 읽으며 배려의 모습을 찾는다. '듣는 이를 바라보며' '살며시 웃으며' '끄덕이며' '담장을 넘어서' '다정하게' '자연스럽게' 등을 배려의 모습이라고 쓴다. 도로시가 허수아비를 장대에서 내려준 행동 하나만에 주목했던 아이들은 도로시가 장대에 매달려 있는 허수아비를 진지하게 바라본 순간부터 허수아비의 말에 고개를 끄떡이며 담장을 넘어 다정한 말투와 자연스러운 몸짓으로 장대에 매달려 있는 허수아비를 구해주는 장면까지 밑줄을 그으면서 이야기 속에 숨겨진 배려의 모습을 찾아낸다. 글 속에 나타나지 않은 부분까지도 상상력을 동원하여 배려의 모습을 섬세하게 그려낸다.

이야기 속에서 배려하는 모습이 무엇인지 구별하고 난 후, 어제 마을 활동에서 활용했던 성격유형검사지를 다시 꺼내게 한다. 이야기를 넘어 삶에서도 아이들이 배려 있는 대화를 주고받았으면 하는 바람 때문이다.

> "어제는 자신의 성격 유형에 대하여 살펴보았으니, 오늘은 친구의 성격 유형 에 따라 대화를 어떻게 나누어야 하는지 이야기를 나누어보도록 하겠어요."

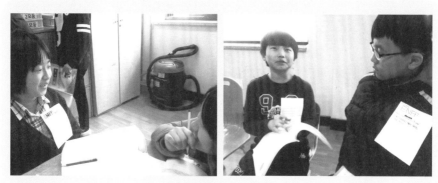

성격유형에 맞게 대화하기

　　아이들은 자신의 성격 유형을 이름표처럼 가슴에 붙이고서는 상대방의 성격
유형에 맞게『오즈의 마법사』를 읽고 느낀 점에 대한 이야기를 나눈다. 외향적인
아이는 내향적인 아이가 말을 시작하기까지 묵묵히 기다려주는가 하면 자신의
말을 상대방이 이해할 수 있도록 조근조근 말하는 아이들도 있다. 활동을 마치고
아이들의 소감을 모두 듣는다.

　　"저는 내향형인데 외향형을 만났어요. 친구가 먼저 말하겠다고 배려해주니
좋았어요. 그리고 나와 같은 내향형을 만나니 왠지 안심이 되고 편하게 말을 할
수 있어서 좋았어요."

　　"친구들 중에는 내가 잘 이해할 수 없는 성격을 가지고 있는 아이가 있다는
걸 알게 되었어요. 특히 민수와는 유치원 때부터 함께 지내왔는데 제가 무언가
를 물어보면 대답을 빨리 안 해주어서 좀 속상하고 이해가 가지 않았거든요. 이
제야 민수가 왜 그러했는지 알게 되었어요. 민수에게는 대답할 시간을 주어야
한다는 걸 알게 되었어요."

교사는 마을 활동 안내판을 가리키며 '도움을 주고 싶은 것'과 '도움을 받고 싶은 것'을 포스트잇에 작성하여 붙이게 한다.

"요즘 가치 마을 활동 중인데 친구들끼리 지혜를 나누고 서로 배려하며 감사하는 일들이 더 많아졌으면 좋겠어요. 내가 도움을 주고 싶은 것과 도움을 받고 싶은 것을 붙여놓고 서로 채워주었으면 좋겠어요."

아이들은 학습지 뒷면에 붙어 있는 포스트잇에 도움을 주고 싶은 것과 도움을 받고 싶은 것들을 적고 마을 활동 안내판에 붙인다.

도움을 주고 싶은 것

옷 코디하는 방법(10대, 20대, 30대까지 가능), 다이어트는 이렇게, 건강관리법, 즐겁게 운동하는 법, 색연필과 사인펜을 빌려줄 수 있어요. 단소 배워볼래? 공부해볼까? 우리 집에 피아노 있다. 수학 1, 2단원만 알려줄 수 있다.

도움을 받고 싶은 것

친구 사귀는 법, 친구를 많이 갖고 싶다. 그림 도와주세요. 리코더 좀 가르쳐 주면 좋겠다. 공 멀리 차는 방법, 수학 공부, 공책 필기 잘하는 법, 자신감 좀 기르고 싶어요.

『오즈의 마법사』에서 시작된 이야기가 삶의 이야기가 되어 배움으로 흐른다. 이야기가 삶이 되고 배움이 되어가려면 다리 놓는 일이 무엇보다 중요하다. 이야기와 삶, 삶과 배움, 그리고 배움과 이야기 사이에 수많은 널판들이 놓일 때만 삶과 배움이 넘나들 수 있기 때문이다. 교사는 삶과 배움이 서로 연결되어 흐를 수 있게 아이들과 함께 수업 활동과 마을 활동을 통해 공간을 만들어간다.

# 배움이
## 삶이
### 되어가는
#### 블록수업

아이들의 성격에 따라서 반 분위기는 확연히 달라지기 마련이다. 외향적이고 직관적인 성격을 가진 아이들이 많을 경우에는 1년 내내 교실이 들썩거린다. 오랜 시간 앉아 있기 힘들어하는 성향의 아이들에게 가만히 앉아서 듣는 수업은 지루하게만 느껴지기 마련이다. 이러한 성향을 가진 아이가 아니더라도 아이들은 누구나 수업이 좀 더 활동적이고 참여적인 형태이길 바란다. 교사 또한 아이들이 활동적이고 적극적인 모습으로 수업에 참여하기를 바란다. 하지만 40분 단위로 운영되는 수업에서는 아이나 교사 모두 시간의 부족함을 느끼게 된다.

40분 단위의 수업이 도입과 정리 단계에서 10분씩 시간을 사용하다보면 전개 단계에서 사용할 수 있는 시간은 고작 20여 분 남짓이다. 20분 정도의 시간도 활동 내용과 방법을 안내하고 아이들의 질문에 답하다 보면 어느새 10여 분의 시간이 훌쩍 지나가버린다. 아이들이 생각하고, 만들고, 그리고, 쓰고, 이야기하거나 직접 움직이며 배우는 시간은 고작 10여 분도 채 되지 않는다. 40분 단위의 수업에서 이루어지는 체험이나 활동은 아이들에게 늘 아쉬움만 남게 되고 시간에 쫓겨 활동을 마무리하려는 교사들은 아이들을 채근하다 수업을 마치게 된다.

삶이 넘나드는 배움은 80분 단위의 블록수업으로 이루어진다. 오전에 두 블록, 오후에 한 블록이 진행되는데 80분과 80분 사이에는 30분의 쉬는 시간이 주어진다. 80분 동안 이루어지는 수업에 아이들이 익숙하지 않아서 처음에는 어려움을 겪기도 하지만, 적응하는 데 생각보다 오랜 시간이 걸리지 않았다. 30분의 쉬는 시간을 경험하면서 아이들이 40분 단위의 수업보다 80분 단위의 수업이 좋다는 걸 금세 알게 되기 때문이다.

블록수업은 시작부터 여유롭다. 40분 단위의 수업처럼 학습 동기를 유발시키기 위한 억지스럽고 자극적인 자료들을 사용하지 않아도 되기 때문이다. 또한 시간에 쫓겨 일방적으로 학습 목표를 교사가 제시하지 않아도 된다. 글을 함께 읽고 느낀 점을 이야기해보거나, 마을 활동에서 경험했던 이야기를 나누다보면 저절로 목표가 생겨난다. 굳이 학습 목표를 칠판에 쓰고 다 함께 소리 내어 읽지 않더라도 나아가야 할 배움의 방향이 어디인지 아이들과 교사가 자연스럽게 공감하게 된다.

블록수업은 시행착오의 과정을 이해하고 수용한다. 한 치의 망설임도 없이 줄곧 목표를 향해 질주하기보다는 주위를 돌아보고 천천히 걸어가도록 만든다. 실수와 실패를 두려워하기보다 또 다른 길을 찾아 도전하고, 설령 배우는 가운데 길을 잃더라도 그 경험조차도 가치 있게 여긴다. 그만큼 다양한 경험들을 공유하고 다시 도전할 수 있는 시간이 충분히 주어지기 때문에 가능한 일이다. 그동안 실수하지 않아야 하고 실패하지 말아야 한다는 생각에 사로잡혀 있던 40분 단위의 수업에서는 결코 경험할 수 없었던 또 다른 배움이 블록수업에서는 가능하다.

블록수업은 배움이 삶의 한 부분으로 자리 잡을 수 있게 만든다. 블록 단위의 수업에 적응하다보면 블록과 블록이 연결되는 수업도 가능해진다. 특히, 마을 활동이 이루어지는 시기에는 쉬는 시간에 주로 활동이 이루어지면서 블록과 상관없이 수업이 계속 이루어진다. 더욱이 시즌을 마무리 짓는 어울림캠프에서는 오전 시간 내내 수업이 이루어진다. 이러한 경험들이 쌓여갈수록 블록과 블록이 서로 연결되고 하루와 하루가 연결되면서 배움은 삶이 되어간다.

# 이야기로 숨 쉬는 숲 산책

"선생님, 이 길은 사람이 다니는 길이 아닌데요."

"제가 지름길을 알고 있어요. 이쪽 길로 가보면 어떨까요?"

"여긴 짐승들이 다니는 길 같아요. 사람이 다닐 수 없이 가팔라요."

"와! 마을이 한눈에 보이네. 밭도 있고 논도 보이네."

"지난번에는 아빠랑 저쪽 길로 해서 올라온 적 있어요."

매주 수요일은 숲 산책이 있는 날이다. 학교 뒤편으로 난 오솔길을 따라 올라가다보면 마을 전체를 내려다볼 수 있는 곳이 나온다. 10여 분 남짓 걸어야 다다를 수 있는 곳을 향하여 교사가 앞장을 서면 아이들이 그 뒤를 따른다. 언덕길을 오르며 가쁜 숨을 몰아쉬면서도 아이들의 입에서는 이야기가 끊이지 않는다.

숲 산책을 마치고 교실로 돌아온 아이들은 글쓰기 공책을 펼친다. 글쓰기 주제는 '나의 첫 번째 숲 산책'이다. 산책길에서 보고 듣고 느끼고 나눈 것들이 고스란히 글 속에 담긴다. 어떤 아이는 시의 형식을 빌려 자신의 마음을 표현하기도

아침 숲 산책

하고, 겪은 것을 중심으로 설명하듯 쓰는 아이도 있다. 또 다른 아이는 이전에 경험한 것을 글 속에 덧붙이기도 하고 지금 간절히 바라는 것을 슬쩍 글 속에 넣어 놓기도 한다.

글쓰기를 마치면 모든 아이들이 돌아가면서 이야기를 나눈다. 자신의 생각을 조리 있게 표현할 수 있거나 말하기를 좋아하는 아이들을 위주로 하기보다는 시간이 걸리더라도 모든 아이들이 자신의 생각과 느낌을 말할 수 있게 한다. 글을 잘 쓰든 못 쓰든 서로의 다름을 느끼고 이해하는 것이 이야기의 중심이 된다. 같은 경험을 하였더라도 교실로 가져온 것들은 저마다 다르기에, 모두가 말하고 그것을 모두가 듣는 것은 당연한 과정이다. 더욱이 서로의 다름을 인식하고 인정하는 것부터가 공동체를 세워가는 길의 시작점이 되기 때문이다.

새소리

이재희

삐루~ 삐루~

찌~루루~

삑! 삑!

우~우~

새가 운다.

기분이 좋아진다.

1교시 동안 계속 여기 있고 싶다.


나도 왕관 앵무새를 키운다.

왕관 앵무새는

휙!! 휙!

하고 운다.

(3월10일 재희 배움공책)


숲 산책 때 경험한 이야기를 나누는 과정에서 교사는 산과 숲에 대한 모습을 칠판에 한가득 적어둔다.


"애들아, 도로시가 도착한 먼치킨의 나라는 어떤 곳이었을까? 너희들이 한번 상상하여 그림으로 나타내주겠니?"

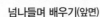

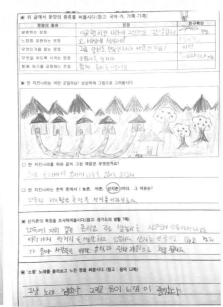

**넘나들며 배우기(앞면)**

**넘나들며 배우기(뒷면)**

교사의 말에 아이들은 그림을 그려나간다. 어느새 숲 산책 이야기에서 『오즈의 마법사』 이야기로 아이들이 들어온다. 푸른 산과 들, 꽃과 나무들이 그려진 산마을의 풍경이 학습지에 고스란히 담긴다.

산지촌의 특징을 교과서에서 찾아 정리하기보다는 오늘 아침에 직접 보고 듣고 느꼈던 장면들과 『오즈의 마법사』 이야기의 장면을 상상하면서 산지촌의 특징을 찾아나간다. 아침 숲 산책에서 시작한 수업이 글쓰기로 이어지고 산과 숲에 대한 자신의 생각을 함께 나누면서 산지촌의 특징을 몸과 마음으로 자연스럽게 이해할 수 있게 된다. "산지촌은 공기도 맑고 경치가 좋아 사람들을 위한 휴식과 관광자원으로 활용된다." "산속에 있는 산지촌은 주로 밭농사를 지으면서 산에서 나오는 여러 가지 먹을거리를 생산한다." 산지촌의 특징을 아이들 사이에 오가는 이야기를 토대로 스스로 정리한다. 아침 숲 산책이 몸으로 겪는 배움이라면 그 배움을 말과 글로 나누면서 산지촌의 아름다움을 마음에 담는다.

# 배려와
# 감사의 말

"심장이 없다는 것은 어떠한 감정도 느끼지 못하는 것인데 양철나무꾼이 고맙다는 말을 하는 것이 신기해요. 도로시와 허수아비의 배려에 감사함을 표현한 것으로 보아서는 양철나무꾼이 심장은 가지고 있지 않지만 친절한 마음은 처음부터 가지고 있었던 것 같아요."

일주일도 지나지 않아서 절반 이상의 아이들이 『오즈의 마법사』를 모두 읽었다. 이야기를 모두 알고 있는 아이들이 늘어날수록 수업에서 나누는 이야기는 더욱 풍성해진다. 등장인물들이 바랐던 소원들이 이미 처음부터 그들이 가지고 있던 것이란 점을 이야기하다가 녹이 슬어 몸 전체가 굳어버린 양철나무꾼을 구해주는 장면을 읽으면서 수업이 시작된다. 지난 시간에 배웠던 배려하는 모습을 이야기 속에서 다시 찾아본다. 몸을 움직일 수 없는 안타까운 상황에 놓인 양철나무꾼을 보면서 도로시와 허수아비가 어떠한 시선과 표정을 지었고, 말투와 행동은 어떠하였는지 자세히 살펴본다. 이야기 속에서 구체적으로 말과 행동으로 표

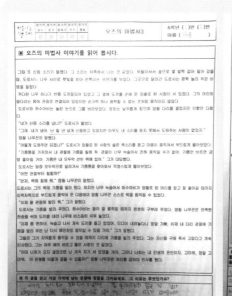

**넘나들며 배우기 (앞면)**　　　　　　**넘나들며 배우기 (뒷면)**

현되지 않은 부분은 상상으로 미루어 짐작해본다.

"시선은 양철나무꾼을 바라보았어요."

"표정은 불쌍하고 걱정스럽게 쳐다보았고요."

"거리는 가까이 다가갔어요."

"말투는 부드러워요."

"행동은 양철나무꾼의 관절에 기름을 부어주었죠."

배려하는 모습을 살펴보는 과정을 통하여 아이들은 점차 이야기 속으로 빠져든다. 그러면서 도로시와 허수아비의 행동에 대한 양철나무꾼의 반응도 유심히 살펴본다. 그리고 내가 만약 양철나무꾼이었다면 어떤 말로 감사의 마음을 표현했을지 간단한 역할극으로 말을 주고받아본다.

"도로시, 그리고 허수아비야. 내 관절에 녹이 슬어서 낑낑댔을 때 기름칠을 해주어서 정말 고마워. 1년 동안이나 녹슬어서 계속 낑낑대고 있었는데 너희가 막 나타나서 나를 구해줬으니 너무나도 고마워. 너희가 나의 소리를 듣고 구해준 것 같이 나도 주의를 기울여 위험에 빠진 친구를 구할 거야."

도로시와 허수아비, 양철나무꾼이 만나는 장면은 친구로부터 받은 배려에 감사한 마음을 어떻게 표현해야 할 것인지로 연결된다. 그러한 감사의 의미를 느껴보기 위해서 삶 속에서 감사함을 표현해보는 것을 마을 활동과 연결짓는다. 하루 동안 감사한 마음을 표현하는 실천을 통하여 서로 간에 배려하며 감사하는 모습에 대한 진솔한 이야기가 나누어진다.

# 나에게
# 빛과 같은 존재와
# 바늘구멍사진기

큰 소리로 위협하는 사자의 등장에 놀란 도로시 일행은 처음에는 사자를 달 가워하지 않았다. 하지만 차츰 사자를 친구로 받아들이게 된 까닭은 무엇인지 살 펴보면서 수업이 시작된다.

"사자가 솔직하게 자신이 겁쟁이란 사실을 털어놓았기 때문이에요."
"시간이 지나면서 경계심이 사라지게 되었고 친해지게 된 것이죠."
"처음과는 달리 사자가 그렇게 위험한 존재가 아니라는 걸 알게 되면서 친구 로 받아들이게 된 것 같아요."

질문에 다양한 답변들이 오가면서, 도로시 일행이 사자를 이해해주고 위로해 주는 빛과 같은 존재가 되었다는 것으로 이야기가 흐른다.

교사    빛이 무엇일까?

아이 1   어둠 속에 있는 누군가를 위해 손을 건네주는 거예요.

아이 2   나와 남을 이해하고 알아갈 때마다 생기는 마음의 빛이죠.

아이 3   내가 스스로 먼저 환하게 다가가주는 것 같아요.


아이들은 빛에 대하여 깊은 의미를 담아서 설명한다. 만약 여느 과학 수업처럼 '빛이 무엇일까?'라고 질문하였다면 어떠하였을까? 아마도 지금과 같이 빛에 대한 다양한 말들이 나오기보다는 어둠을 환하게 밝혀주는 것 정도에서 이야기가 멈추었을 것이다.

빛에 대한 서로의 생각을 충분히 나눈 후에 비로소 빛의 성질을 살펴보는 것으로 수업이 흐른다. 바늘구멍사진기를 하나씩 만들어보게 한 후, 작은 구멍 사이로 맺혀진 상이 어떻게 보이는지 살펴본다. 상이 거꾸로 맺히는 것을 눈으로 확인하면서 모두들 신기해한다. 교사가 이러한 현상이 생겨나는 이유를 묻자, 작은 구멍 속으로 들어오는 빛이 직진하기 때문에 생기는 현상이라고 말한다. 그림을 그려가며 설명하기도 하고, 몇몇 아이들은 과학 교과서를 뒤적이며 책에 그려진 그림을 보고 빛이 직진하는 성질 때문에 거꾸로 보인다는 사실을 말하기도 한다.

『오즈의 마법사』에 등장하는 사자에게 빛과 같은 존재는 누구였을까?'란 질문에 아이들은 도로시와 그의 친구들이라고 대답한다.


교사    오늘 배운 것처럼 무언가를 보기 위해서는 빛이 반드시 있어야 하는데, 나에게 빛과 같은 존재는 누구일까?

아이 1   엄마는 나에게 빛과 같은 존재예요. 왜냐하면 나의 장점과 단점을 다 아시고 늘 잔소리를 하시기 때문이에요. 저에게는 빛과 같은 존재가 한 명 더 있어요. 1학년 때부터 줄곧 친하게 지내는 영선인데요. 물론 영선이가 나에 대해 모르는 점도 많지만 그래도 서로 붙어 다니면서 어떤 친구가 나와 맞는지 알게 되어서 좋아요.

아이 2　부모님이요. 부모님은 나의 미래를 위해 돈을 버시고 항상 웃는 모습을 보여주십니다. 그리고 나에게 빛과 같은 존재는 예현이랍니다. 예현이는 내가 가장 친했던 친구와 떨어지게 되었을 때 위로해주었고 지금까지 친한 친구로 남아주었어요. 예현이는 내가 힘들 때 힘을 주는 그런 착한 친구입니다. 저도 예현이처럼 친구를 위로해줄 수 있는 사람이 되어야겠어요.

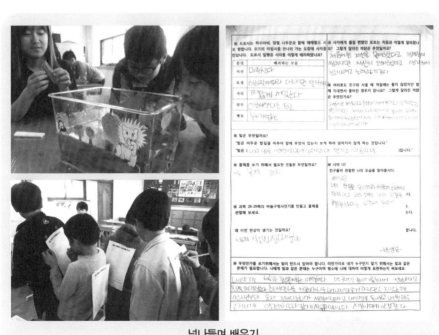

**넘나들며 배우기**

# 나의 수업을
## 직면하게
## 만드는
## 배움공책

　"어제는 빛이 직진하는 성질에 대하여 배우고 바늘구멍사진기라는 것을 만들었다. 기름종이가 붙어 있는 상자에 작은 구멍을 뚫어 또 다른 상자와 연결하면된다. 밝은 빛이 있는 곳을 향해 바라보면 물체가 기름종이에 맺힌다. 그런데 이상하게도 물체가 거꾸로 바뀌어 보인다. 왜 이런 현상이 나타나는지 궁금하여과학 교과서를 찾아보았더니 빛이 직진하는 성질 때문이라고 하였다. 위에 있는빛은 아래로 가고 아래에 있는 빛은 위로 가기 때문에 그렇다고 하였다. 그래서운동장도 거꾸로 보이고 학교 건물도 거꾸로 보인 것이었다. 정말 신기한 경험을 통해 빛에 대하여 더 많이 알게 된 것 같다."(3월 18일 창준이 배움공책)

　"바늘구멍사진기를 만들었다. 바늘구멍사진기의 원리가 무엇인지 정확하게이해하기는 어려웠지만 신기하고 재미있었다. 바늘구멍사진기로 볼 때는 상하좌우가 바뀌어 보인다. 이렇게 바뀌어 보이는 이유는 위에 있던 빛이 아래로, 아래에 있던 빛이 위로 가기 때문이다. 생각과 달라서 조금 어려웠지만 이해하면재미있었다."(3월 18일 현호 배움공책)

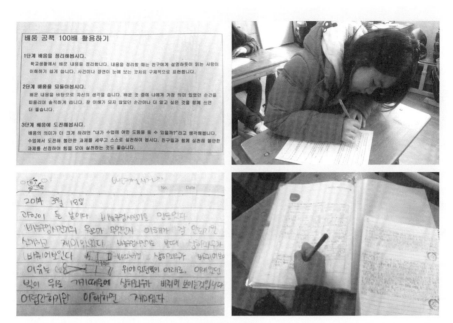

**배움공책 쓰기**

"선생님께서 솔직하게 쓰라고 하셔서 솔직하게 써본다. 선생님의 수업 방식만 보면 진도가 별로 못 나갈 것 같다. 교과서 순서대로 나가는 것도 아니고 교과서가 아닌 다른 이야기를 가지고 수업을 하시기 때문이다. 그런데 신기하게도 많은 것을 배우고 있다. 매일 아침 책 나눔을 하면 진도 나갈 시간이 없을 것 같은데 생각보다 꽤 많이 나갔다. 그래도 걱정이 된다. 진도가 늦게 나갈 것 같기도 하고 시험을 어떻게 보아야 한지도 걱정된다. 하지만 5학년 때보단 훨씬 편해져서 좋다."(3월 18일 민호 배움공책)

매일 아침 책상 정리를 마친 아이들은 배움공책을 쓴다. 어제 학교에서 있었던 일들을 생각하며 글을 쓰는데, 수업 시간에 배운 내용을 중심으로 쓰거나 마을 활동 시간에 있었던 일들을 위주로 글을 쓴다. 글쓰기 능력에 따라서 표현하는 방식은 크게 두 가지로 나뉜다. 있었던 일들을 나열한 글과 자신의 생각과 느낌을 담아내는 경우이다. 대부분의 아이들이 있었던 일들을 위주로 글을 쓴다. 자신의 마음을 글로 표현하지 못하는 것은, 겪은 것을 되돌아보는 경험이 쌓이지 않았기 때문이다.

배움을 되돌아보려면 겪은 것을 자세히 살펴보고, 눈에 보이듯 묘사할 수 있어야 한다. 글로도 무엇을 어떻게 경험한 것인지 이해할 수 있도록 자세히 쓰게 한다. 묘사하는 글을 자주 쓰다보면 의미를 깨닫게 되고 생각과 느낌을 실감나게 표현할 수 있게 된다. 생각과 느낌이 담긴 글을 쓰다보면 자연스레 배운 것을 다시금 되새기고 익히게 된다.

그렇다고 배움공책이 복습에만 목적을 두는 것은 아니다. 어제 배운 것을 돌아보고, 오늘 배우는 것을 살피며, 내일 배움의 과정에서 아이가 스스로 어떤 역할을 할 것인지 미리 생각할 수 있게 만든다. 아이들의 생각이 담긴 글은 배움에 대한 이해의 폭을 넓히며 교사가 수업에 직면하도록 돕는다. 이처럼 배움공책은 수업에서 배움이 어디쯤에 있고 어디를 향하고 있는지를 가늠하는 데 유용한 자료로 활용된다.

　　배움이 삶과 맞닿아 있을 때 배움의 기쁨은 배가된다. 배움이 배움에 그치지 않고 삶에 적용되고 새로운 배움으로 확장될 때, 배움에 대한 열정도 그만큼 깊어지는 법이다. 마을 활동은 배움이 실천되는 삶의 공간으로, 배움이 깊어지게 만든다. 시즌별 주제와 맥을 같이 하는 마을 활동은 학교 생활 및 가정 생활과 연결되면서 넘나드는 배움을 가능하게 한다.

　　시즌 1의 마을 활동은 '가치 마을 활동'으로 공동의 가치를 세워나가는 것에 중점을 둔다. 3주 동안 마을 형태를 달리하며 활동이 이루어진다. 1주차 마을 활동은 '가치 경험 놀이'로, 다양한 가치를 경험하기 위한 마을 활동으로 이루어진다. 경청, 배려, 감사, 책임, 지혜 등 다섯 개의 가치를 골고루 실천한다. 2주차 마을 활동은 '가치 공유 놀이'로, 가치를 짝과 함께 나누는 마을 활동이다. 3주차 마을 활동은 '가치 탐색 놀이'로, 모둠이 협력하여 활동한다. 세 가지 마을 활동을 경험한 후에 1년 동안 학급에 필요한 가치를 선택하고 규칙을 세운다.

　　다음은 아이들이 마을 활동에 대한 소감을 쓴 글이다.

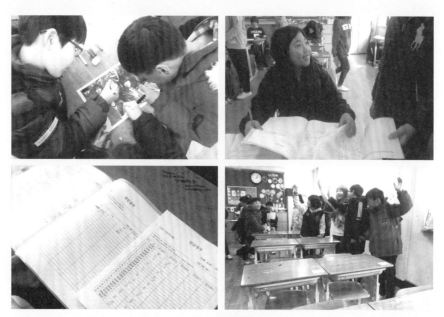

시즌 1 마을 활동

　"드디어 마을 활동을 배웠다. 마을 활동 1주차에는 책임, 지혜, 배려, 감사, 경청으로 나뉜 다섯 개의 분단에 각자 따로 앉는다. 매일 옆 자리로 한 칸씩 옮겨가며 다섯 개의 가치를 모두 경험하는 것이다. 수업에 참여하면 임금 100냥을 받고 공무원들은 별도로 20냥을 더 받는다. 또 가치 활동에 참여하면 10냥씩 받게 되는데 하루에 최대 100냥까지도 받을 수 있다. 매주 금요일이면 가치 경매를 통해 자리를 선택하여 앉을 수 있다. 자리를 마음대로 앉을 수 있다는 것에 아이들이 매우 좋아하였다."(3월 10일 경호 배움공책)

　"아침에 와서 자리를 바꾸었는데 나는 지혜의 자리에서 경청의 자리로 옮겨 앉았다. 경청은 상대방이 말을 할 때, 귀를 기울여주고 말을 할 때는 몸을 돌려

상대방의 눈을 바라보고 고개를 끄덕이는 것이다. 그것을 실천하여 포인트를 받았다. 성격 유형에 맞추어서 이야기를 나누었는데 나는 따뜻한 감성을 가진 겸손한 사람이라는 얘길 들어 기분이 무척 좋았다."(3월 14일 민지 배움공책)

"마을 활동에 익숙해지면서 오늘 마을 활동은 순조롭게 진행되었다. 친구들은 평소처럼 공무원들 앞에서 물고기 떼처럼 바글바글거리며 한 줄로 삐뚤삐뚤 서 있었다. 그러다 누구 한 명이 줄을 서지 않고 공무원들에게 가까이 가면 아이들은 줄을 서라고 화난 병아리처럼 달려들어 삐악삐악거린다. 난 그 모습이 웃겼다."(3월 17일 현서 배움공책)

"모둠으로 이루어진 마을 활동은 처음 생각과 달리 재미있었다. 모둠의 친구들과 마음이 잘 맞았고, 웃음소리가 끊이지 않았기 때문이다. 이 활동을 통해 알게 된 것이 하나 있다. 내가 다른 아이들보다 몇 냥을 더 모으느냐가 중요한 것이 아니라 마을 활동을 통해서 즐기고 배우는 것이 중요하다는 것을 알게 되었다."(3월 26일 도연이 배움공책)


너와 내가 함께 만드는 공동체 세우기라는 시즌 목표를 이루기 위해, 마을 활동은 수업 활동과 맥을 같이하며 이야기로 풀어낸다. 이렇게 마을 활동을 통해 만들어진 새로운 이야기는 다시 수업 활동으로 이어지면서 '이야기-수업 활동-마을 활동'이 하나로 연결되고 배움의 확장을 이룬다.

　　마을 활동은 학습인 동시에 놀이이고, 관계를 맺어나가는 과정이다. 마을 활동 1주차는 개인 활동(나와 나)으로 이루어지다가 2주차에는 짝과 함께 하는 활동(나와 너)으로 확대된다. 그리고 3주차는 모둠 또는 전체가 어울리는 활동(나와 너 그리고 우리)의 형태로 점차 확장된다.

　　넘나드는 배움이 일어나는 과정에서 겪게 되는 가장 큰 장애물은 과제가 어렵거나 배움이 부족하다거나 재미가 없다는 것이 아니다. 배움을 함께 이루어나갈 동료와 원활한 관계를 맺지 못하는 데서 빚어지는 문제가 더 크다. 따라서 마을 활동을 통하여 '나-너-우리'라는 관계 맺기를 경험함으로써, 넘나드는 배움이 일어나는 과정에서 겪게 되는 어려움을 극복해나갈 수 있다. 이처럼 관계 맺기를 확장해나가는 동력으로 작용하는 것이 자리경매이다. 누가 내 옆에 앉을 것인지, 그리고 어떤 아이들과 모둠이 될 것인지는 모든 아이들에게 매우 중요한 요인으로 작용하기 때문이다. 따라서 마을 활동에서 자리경매는 아이들에게 가장 큰 관심거리이며, 교사에게는 큰 고심거리이다. 매번 친한 친구와 앉고 싶은 아이들의 생각과 달리 교사는 가능하면 아이들이 두루두루 친하게 지내기를 바란다. 친한 아이들끼리만 앉기보다는 섞여 앉았으면 하는 것이 교사의 마음이기 때문이다.

가치 마을 활동에서는 일주일 동안 다섯 가지 가치를 골고루 경험하며 쌓은 포인트를 가지고 자리경매가 열린다. 아이들이 모은 포인트가 적게는 500냥에서 많게는 700냥이 넘는다. 하루 임금이 100냥씩이니 닷새 동안이면 누구나 500냥은 가지게 되는 셈이다. 모으는 대로 그날그날 다 써버리는 아이가 있는가 하면, 임금을 쓰지 않고 모으거나 가치 활동을 통해 더 많은 돈을 모으려는 아이도 있다. 이렇게 모은 포인트로 자신이 원하는 자리를 구매하고 앉게 된다.

"내일은 자리경매가 있는 날이다. 지난번에는 둘씩 짝을 지어 앉았는데 이번 자리경매는 네 명씩 모둠을 지어 앉는다. 사실은 무척 걱정이 된다. 누구랑 앉아야 할지 최대 고민이다. 민아랑 말을 해봤는데 민아는 잘 모르겠다는 말만 한다. 다른 몇몇 친구들에게도 같이 앉자고 말을 해두긴 했는데, 그 친구들과 모두 함께 앉기에는 네 명의 모둠이 이루어질 수 없기 때문이다. 어쩌지?"(3월 20일 우진이 배움공책)

학년이 높아질수록 아이들에게 자리 배정은 너무나 중요한 일이다. 누구와 함께 앉을 것인지 늘 고민한다. 친한 친구와 함께 앉은 아이들은 그 상태를 유지하고 싶어 하고, 그렇지 못한 아이들은 어쩔 줄을 몰라 한다. 학기 초에 또래집단에 끼지 못하면 1년 동안 가슴앓이를 심하게 겪는 경우가 다반사다. 교사가 억지로 앉게 할 수도 있지만 그렇다고 마냥 아이들의 판단에 맡겨서도 안 된다. 다양한 친구들과 두루 사귈 기회를 만들어주어야 하기 때문이다. 그런 점에서 마을 활동의 자리경매는 다양한 교우관계를 맺을 수 있는 계기를 마련해준다.

가치 마을 활동이 이루어지는 3주 동안 자리 배정이 매주 달라진다. 1주차에는 개별적으로 앉았다가 가치경매를 통해 2주차에는 두 사람이 짝을 이루어 앉는다. 3주에는 네 사람이 모둠을 이루어 앉게 된다. 처음부터 모둠을 구성하여 상호작용을 일으키는 형태로 수업을 진행하기보다는 대인관계 기술을 길러가면서 서서히 관계를 맺어가는 것이 더 바람직한 결과를 가져올 수 있기 때문이다. 따라서 1주차에는 개인 활동 위주의 수업이 진행되고, 2주차에는 짝 활동을 중심으로 이루어지며, 3주차에는 모둠 단위의 활동으로 수업이 이루어진다. 하지만 마을 활동은 교사의 예상을 벗어나는 경우가 더 많다. 그래서 교사가 어느 정도 개입해야 할 것인지 매번 고민이다. 교사가 너무 관여하면 아이들의 자율성을 최대한 보장해야 하는 마을 활동의 취지에서 멀어진다. 그렇다고 손 놓고 있자니 전혀 엉뚱한 결과로 이어질 것 같아서 늘 신경이 쓰인다.

자리경매가 있는 날이면 아침부터 아이들이 들썩거린다. 교사는 아이들이 좀 더 다양하게 섞이고 소외되는 아이가 없도록 하기 위해 어떤 조건을 제시해야 할지 늘 고민이다. 교사는 두 가지 조건을 제시한다. 모둠에 내향성의 아이가 한 명 이상은 있어야 하고, 남자 여자가 섞여 있어야 한다는 조건을 걸었다. 성격 유형에서 내향성을 가진 아이가 일곱 명이니 골고루 선택될 것 같다는 생각에서 제안한 것이다. 아이들은 바빠지기 시작했다. 중간 놀이 시간과 점심시간을 이용하여 모둠을 구성하기 시작했다. 내향적인 아이들이 모둠에 한 명씩 들어가고 거기에 남자와 여자가 골고루 섞이면서 소외되는 아이의 문제를 해결할 수 있었다. 자리경매에 참여하기 싫거나 어떤 자리에 앉아야 할지 모르는 아이들은 제비를 뽑아서 자리를 배정하였기에 큰 혼란 없이 모두가 새로운 자리에 앉았다. 새롭게 모인 아이들은 모둠 협의를 통하여 새로운 가치를 세워나간다. '관심'을 새로운 가치로 세운 모둠에서는 친구에게 편지쓰기, 주말에 전화하기, 호응해주기, 변화를 관찰하여 말해주기 등으로 구체적인 실천 사항을 세워나간다.

# 관계를
## 회복하는
### 삶과 배움

학교는 구분 짓고 나누기를 좋아한다. 정해진 시간에 따라 수업 시간과 쉬는 시간을 구분한다. 수업 시간도 교과에 따라 나뉘고 교과는 단원으로 구분된다. 같은 연령의 또래를 묶어서 학년을 나누고, 남녀 비율을 맞추어 반을 만든다. 좁은 공간에 많은 아이들이 함께 생활하기 위해 피할 수 없는 선택이라고 말하지만, 시간과 공간의 나눔은 아이들의 삶과 배움이 나뉘는 결과를 가져온다.

삶과 동떨어진 배움은 아이들에게는 재미없고 딱딱하며 따분하고 지겹기까지 하다. 왜 배워야 하는지에 대한 물음을 저 멀리 미루어둔 채 하루하루를 살아간다. 잘 그려지지도 않는 먼 미래의 삶을 위하여 지금의 삶은 참고 견디어내는 시간들로 채워나간다. 그 결과 학교는 바람 빠진 풍선마냥 생동감을 잃어버렸다. 생동감을 일으키기 위하여 연신 새로운 바람을 불어넣어보려 하지만 그때뿐이다. 잠시 움직이는가 싶다가도 바람을 넣어주지 않으면 금세 축 처져버리고 만다.

학교가 아이들의 삶과 배움을 중심에 두지 않은 결과는 참혹하다. 아이들이 없는 학교란 있을 수 없겠지만 아이들의 삶과 배움이 빠진 학교는 주변에 널려 있다. 효과적인 교육을 표방하며 효율적인 학교 경영과 체계적인 조직을 강조할

수록, 아이들은 학교 조직의 한 구성원으로만 인식되어버린다. 아이들은 통제의 대상이 되었고 무언가를 끊임없이 가르쳐주어야 하는 존재가 되었다. 아이들의 목소리는 세상을 잘 모르는 철없는 얘기이고, 귀찮은 것이며, 무시해버려도 큰 문제없이 넘어가는 작은 소음과도 같다. 그 위에 교사가 있고 또 그 위에는 관리자가 있다. 그들은 아이들을 적절히 잘 다룰 수 있어야 유능한 교사인 것처럼 분위기를 만든다. 아이들의 삶과 배움을 위해 힘써야 할 교육이 무거운 학교 조직에 눌린 채 살아날 기미가 보이지 않는다.

아이들의 삶과 배움을 잃어가는 학교에서 교사가 할 수 있는 것은 큰 흐름을 좇아서 살거나 딴죽을 걸어보는 것이다. 나는 피곤하지만 별난 길을 택했다. 우선 내가 할 수 있는 것이란 삶과 배움이 무언지 자세히 살피고, 삶과 배움이 무엇이 될 수 있는지 그리고 무엇이 되어야 하는지 생각하는 것이었다. 거듭 생각할수록 삶과 배움은 서로 닿을 수 없을 만큼 멀리 있는 것이거나 한없이 머리를 무겁게 만드는 무엇이 아니었다. 관심을 조금만 가져도 변화를 경험할 수 있는 것이 바로 삶과 배움이었다.

우선은 한 해 동안 삶이 넘나드는 배움을 펼쳐가는 것을 목표로 삼았다. 껍데기뿐인 형식은 있지만 내용이 없는, 그래서 행사로만 남게 된 것부터 조금씩 바꾸어보기로 하였다. 별 특별한 노력 없이도 기회만 만들어주면 아이들이 제 스스로 본래의 의미를 찾아나갔다. 예를 들면, 1학년과 6학년의 연계 수업이 그것이다. 대게 신입생이 학교에 입학하면 학교에 잘 적응하는 데 도움을 주고자 학교 소개가 이루어진다. 보통은 신입생들이 담임교사를 따라 학교 구석구석을 돌아다니면서 분위기를 살피는 것으로 진행된다. 이러한 교사의 역할을 아이들에게 맡겨 보았다. 6학년 국어과 4단원의 '상황에 맞는 안내하기'와 8단원의 '배려하기' 단원을 연계하여 상황에 맞게 학교를 소개하도록 해보았다. 아이들은 평소에 잘 들어가지도 않는 학교 홈페이지를 이리저리 살펴보면서 학교 소개 자료를 만들었다. 모둠 토의를 통해 원고를 작성하고, 발표를 통해 점검하였다. 친구들의 조언을 바탕으로 여러 차례 원고를 수정하면서 신입생들 앞에 서기 위한 여러 과정을 밟아나갔다.

학교 소개가 있던 날, 6학년 아이들의 모습은 매우 인상적이었다.

"우리 학교 병설유치원 졸업한 사람?" 6학년 준석이가 1학년 아이들을 바라보며 묻는다.

"나! 여기 유치원 나왔어." 1학년 아이들이 손을 번쩍 들면서 말한다.

"아 그렇구나! 그럼 너희들 유치원 때 놀았던 놀이터 알지?" 준석이가 천천히 묻는다.

"응, 코끼리 놀이터인데." 잘 알고 있다는 표정을 지으며 대답한다.

"맞아, 근데 이제부터 그곳에서 놀면 안 돼." 준석이가 눈을 크게 뜨며 말한다.

"어? 왜 안 되는데?" 눈을 동그랗게 뜨고 아이가 묻는다.

"너희들 유치원생이야, 아니면 초등학생이야?" 준석이가 다시 묻는다.

"초등학생이지." 당연하다는 듯이 아이들이 대답한다.

"코끼리 놀이터는 유치원생들만 놀 수 있는 곳이거든. 잘못하면 동생들이 다칠 수 있으니까. 이제부터 너희들은 그 옆에 초등학생들이 놀 수 있는 미끄럼틀과 그네를 가지고 놀아야 해." 준석이가 유치원 놀이터를 사용하지 않아야 하는 이유를 자세히 설명해준다.

학교 소개를 마친 아이들은 1학년들이 궁금해하는 것들을 중심으로 학교에 대해 이것저것을 설명해나갔다. 상황에 적절하면서도 대상의 눈높이에 맞추어서 대화를 주고받았다. 만약 교과서에 나오는 것처럼 상황을 만들고 교실 안에서 같은 또래끼리만 대화를 주고받게 하였다면 지금과 같은 모습을 볼 수 있었을까?

아마도 가상의 상황 속에서 몇 마디 대사를 주고받는 것이 고작이었을 것이다. 그리고 배려있는 말에 대한 교사의 장황한 설명을 들어야 했을 것이다.

교실에서 설명을 마친 후, 서너 명이 한 조가 되도록 1학년과 6학년을 섞은 뒤에 학교 이곳저곳을 다니게 하였다. 아이들은 이러저런 이야기를 주고받으며 학교를 구석구석 돌아다녔다. 운동장에서 함께 달리기도 하고, 시소를 나란히 타보고 그네를 밀어주기도 하였다. 도서실에 들러서는 동생이 읽고 싶은 책을 한 권 고르게 한 후에 6학년이 직접 읽어주기도 하였다. 연계 수업은 마쳤지만 아이들 사이에 놓인 관계는 그 후로도 계속 되었다. 연계 수업이 좋았는지 점심시간만 되면 1학년 아이들이 6학년 교실로 몰려왔다. 그리고서는 형, 누나에게 책을 읽어 달라고 연신 졸라대었다. 6학년 아이들은 그런 동생들을 귀찮아하면서도 점심시간마다 책을 읽어주는 일들이 계속되었다.

삶과 배움을 연결하는 것은 거창한 일이 아니다. 형식에 매여서 삶을 부자연스럽게 만드는 것들을 과감히 걷어내는 것부터가 시작이다. 구분 짓고 갈라놓아 끊어졌던 아이들의 관계를 회복해가는 과정이 삶이 넘나드는 배움이 이루고자

1-6학년 연계수업

1학년에게 책 읽어주기

하는 교육 공동체의 모습이다.

넘나들며 배우기

1. 시즌 1의 넘나들며 배우기를 읽으면서 어떤 생각이 들었는가?
2. 아이들의 관계를 어떻게 맺고 있는가? 관계 맺기를 어려워하는 아이들을 도
   와줄 수 있는 방법은 무엇인가?
3. 어떻게 하면 삶과 배움을 연결할 수 있을까? 지금 바로 실천할 수 있는 것은
   무엇인가?

# 6장

넘나들며 배우기 시즌 2

# 경제 마을 활동

『어린왕자』, 세상을 바꾸는 새로운 관점

삶과 배움이 가까워질수록 아이들 사이의 관계는 회복되고, 교실은 아이들에게 살 만한 곳이 된다. 작품을 전시하거나 학습 파일을 모아두는 등 자신과 관련된 것들이 교사의 손끝에서 소중히 다루어지는 것을 보면, 아이는 자신이 존중받고 있음을 느끼게 된다. 존중받고 있음을 느끼는 아이의 시선은 서서히 교사와 친구들을 향하게 되고, 같은 공간 안에서 모두가 존중받아야 할 존재임을 알아간다. 교사도 아이들로부터 존중받아야 한다. 삶을 가꾸는 일에 교사가 얼마나 노력하고 있는지 아이들에게 자세히 얘기해줄 필요가 있다.

삶과 배움이 넘나드는 교실에서는 세상을 바꾸는 새로운 관점을 시즌 2의 주제로 삼고 '이야기-수업 활동-마을 활동-수업 읽기'의 흐름으로 이야기를 펼쳐나간다.

# 아이들이
## 읽고
## 이해하는
## 교육과정

　"『어린왕자』에서, '속이 보이거나 보이지 않는 뱀 따위의 그림들은 집어치우고, 차라리 지리, 역사, 산수, 그리고 문법을 공부하렴'이란 말이 요즘 어른들과 똑같아 보였어요."

　"저도 어릴 때 호랑이를 그렸었는데, 어른들이 그걸 보고 고양이라고 해서 좀 그랬어요."

　시즌 2의 이야기는 『어린왕자』다. 코끼리를 삼킨 보아뱀 이야기는 새로운 시즌을 열기에 더 없이 좋은 내용이다. 관점에서 비롯된 생각과 판단이 어떤 오해를 불러일으키고 또 어떤 결과를 낳게 되는지, 아이들로부터 관점에 대한 이해를 끌어내기에 어린왕자의 이야기는 든든한 다리가 되어준다. 어린왕자의 모습이 그려진 어울림 이야기를 받아들자마자 아이들은 호기심 가득한 표정을 짓는다. 첫 장을 펼치니 한 해 동안 꾸준히 배워나갈 것이 무엇인지 설명해놓은 글과 시즌 주제가 적혀 있다. 교사는 아이들에게 '세상을 바꾸는 관점'의 의미를 설명하

어느새 봄이 되어 학교 뒷산은 파릇파릇 새싹들로 가득해요. 겨울 내내 꽁꽁 싸매고 있던 땅을 봄비가 찾아와 생명의 문을 열고 있습니다.

매년 찾아오는 봄이지만 마음가짐을 달리하면 보이지 않았던 것들이 눈에 들어와요. 새싹들과 새순들의 싱그러움이, 어린잎의 파릇함이 더 없이 아름답게 보인답니다. 매일 함께 생활하는 가족도, 매일 학교에서 만나는 친구도 선생님도 마음의 눈에 따라 다르게 보이지요. 4월 28일부터 6월 6일까지(6주간) 세상을 바꾸는 '관점'을 배우며 세상 바꾸는 눈을 함께 길러보아요.

면서 두 번째 시즌에 대한 기대감을 품게 만든다. 이것들을 펼쳐가기 위해 함께 지켜야 할 약속들을 꼼꼼히 읽어나가는 것도 잊지 않는다.

일반적으로 학교에서 만들어지는 교육과정은 교사 위주인 경우가 많다. 누가 보아도 보기 좋고 알기 쉽게 교육과정을 만들려고 하지만, 오직 교사들만 이해할 수 있는 말들로 가득하다. 학부모가 교육과정을 읽고 그 속에 담긴 의미를 이해하기란 여간 어려운 일이 아닐 수 없다. 어른도 그러한데 아이들은 오죽하겠는가? 모든 학교에서는 온갖 정성을 다해 교육과정을 만들지만 정작 그것을 읽고 이해할 수 있는 건 교사뿐이다. 그마저도 교육과정과 관련된 업무를 맡은 몇몇 교사만이 교육과정에 관심을 가진다.

어울림 이야기는 아이들이 보고 이해하는 학생 교육과정이다. 시즌마다 주제를 달리하면서 만들어지는 어울림 이야기를 통하여 교육과정이 어떻게 운영되는

## 시즌 2 어울림 이야기와 전체 흐름도

| 구분 | | 4월 | 5월 | | | | 6월 |
|---|---|---|---|---|---|---|---|
| | | 9 | 10 | 11 | 12 | 13 | 14 |
| | | 설렘 | 울림 | 열림 | 열림 | 열림 | 어울림 |
| 공감 | 체력 | 줄넘기 급수제 | 줄넘기 급수제 | 줄넘기 급수제 | 줄넘기 급수제 | 줄넘기 급수제 | 줄넘기 급수제 |
| | 심력 | 가족관찰 | 가족미션 | | | | |
| | 매력 | | | 나의 과거현재미래 | 내가 꿈꾸는 나의 가정 | | |
| 배움 | 지력 | | 수학 2(만나기) | 수학 2(껴안기) | 수학 2(껴안기) | | 더하기학습 |
| | 자력 | 나의 학습유형 검사 분석 | 학습계획 | 실천 | 실천 | 나만의 공부법 발표 | |
| | 협력 | 서로 배움 짝찾기 | 수학 2(사귀기) 서로배움익히기 | 온다모임 | 동아리 | 베스트배우미 (도덕 4) | |
| 소통 | 아이 | 경제교육 | 소비습관개선 프로젝트 계획 | 소비생활교육 다모임 | | 소비습관개선 프로젝트 발표 | |
| | 학부모 | 가족성격유형 | 가족미션 | | 한가족 | | |
| | 수업 교사 | 상담 | 상담 | 상담 | 상담 | 상담 | |
| | 협력 교사 | | 수업 읽기 | | 수업 읽기 | | 수업 읽기 |
| 마을 활동 어울림 캠프 | | | 마을 활동 1 | 마을 활동 2 | 마을 활동 3 | 어울림 캠프 | |
| 단계 | | 시즌 2 관점 | | | | | |

지 아이들이 쉽게 이해할 수 있다. 아이들은 스스로 배움을 일구어나가려면 어디에서부터 다리를 놓아야 할지를 어울림 이야기를 통하여 가늠한다. 주제는 달리하지만 시즌마다 비슷한 흐름으로 가져가기 때문에 아이들은 배움의 과정을 미리 예상하고 준비할 수 있다. 삶과 배움을 넘나드는 경험이 시즌마다 반복되면서 아이들은 배움의 다리를 놓아가는 즐거움을 경험하게 된다.

## 마음을
## 잇는
## 다리 놓기

배움은 사실만에 주목해 적당히 이해하는 선에서 머물지 않는다. 사실인지 아
닌지를 확인하고 기억 속에 오랫동안 담아두는 것만으로 만족할 수 없는 것이 배
움이다. 사실을 넘어 새로움을 발견하고 탐구해나가는 과정 속에서 누군가 그어
놓은 선과 벽으로 인해 배움의 여정이 끊어지지 않도록 길을 터주는 선택들이 모
여 가르침을 이룬다. 길에 놓인 수많은 장애물과 난관 들을 미리 살피고 한쪽으
로 치워놓는 것도 가르침이라고 말할 수 있겠지만, 『어린왕자』 이야기처럼 무심
코 그린 상자 하나가 실마리가 되어 배움의 길을 열기도 한다.

"양 한 마리를 그려 줘!"
"뭐라고?"
"양 한 마리만 그려 달라니까?"
"나는 그림을 그릴 줄 몰라."
"괜찮아. 양을 한 마리만 그려 줘."

마지못해 그려낸 몇 장의 그림으로는 어린왕자의 미소를 이끌어내지 못한다. 양이 병들어 보이거나 머리에 난 뿔 때문에 염소 같다거나 너무 늙어 보인다는 등의 이유로 어린왕자는 마음에 들어 하지 않는다. 얼핏 보면 철없는 아이의 투정쯤으로 비칠 수도 있겠지만 어린왕자가 양을 원한 것은 자신이 아닌 별을 위함이었다. 바오밥 나무와 같이 별에게 위협이 되는 풀과 나무로부터 별을 지키기 위해서 양이 필요했던 것이다. 오랫동안 함께 살 수 있는 젊은 양이 필요했던 것도 그러한 이유 때문이었다. 선택의 기준이 별을 위함이었기에 어린왕자가 바라는 양의 모습은 처음부터 분명했다. 작은 별에 어울릴 만큼 양의 크기는 작아야 했고, 풀도 많이 먹어서도 안 되었다.

별을 위해 양을 그려달라는 어린왕자와 그 작가 사이에서 벌어진 실랑이는

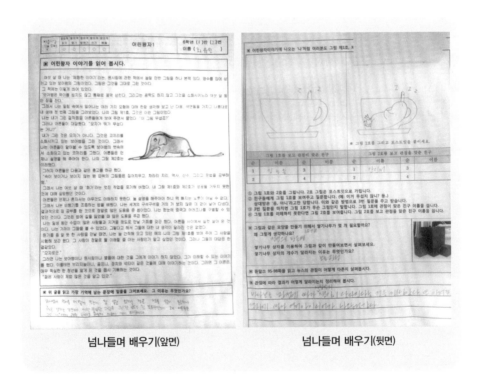

넘나들며 배우기(앞면)　　　　　　넘나들며 배우기(뒷면)

상자 그림 하나로 바뀐다. 빈 상자는 둘 사이에 생각과 생각이 만나고, 마음과 마음이 이어지는 공간이 되어 어린왕자를 환하게 웃게 만들었다.

아이들은 『어린왕자』 이야기를 통하여 관점이 무엇인지 알아간다. 관점의 중요성에 대해 길게 말하지 않더라도, 관점에 따라 어떤 결과를 가져오게 되는지 자연스럽게 깨닫는다. 이야기는 수업 활동으로 들어와서는 나의 그림 1호와 그림 2호를 탄생시킨다. 내가 그린 그림을 보고 같은 생각을 하는 친구를 찾아다니고, 상대가 어떤 그림을 상상하는지 기대하고 기다린다. 친구가 그린 그림 1호를 보면서 무슨 그림일지 궁금해 하며, 서로가 묻고 답함이 반복될수록 교실은 마음과 마음이 이어지고 사람과 사람이 만나는 공간으로 변해간다.

교실 밖의 세상은 잠깐의 주춤거림도 허용하지 않는다. 교실을 조금만 벗어나도 세상은 너무나 바삐 움직여 서로의 마음을 이어가기도 벅차다. 성장주의가 그어 놓은 선 앞에 보다 높이, 보다 많이, 보다 빠르게, 남들보다 더 오랫동안 서기 위해 쉴 틈 없이 달린다. 이기기 위해서 자신만의 이익을 좇으며 편을 가르고 상대를 철저하게 소외시키지만 결국 고립이라는 길을 모두 함께 가고 있는 셈이다. 산업화가 가져온 성장주의가 거센 물결이 되어 사회를 온통 황폐하게 만든 사이 학교 교육은 이 거대한 물결을 막지 못하고 무력한 모습으로 그 흐름에 편승하고 말았다. 각자도생의 시대에 순응할수록 문제를 해결하겠다는 욕구는 망각되고, 교육의 힘은 점차 잃어만 간다.

'최선이 타락하면 최악이 된다'는 말처럼 변화의 시작점이 되어야 할 학교 교육이 그 역할을 제대로 하지 못하면서, 제도와 규제, 질서와 통제만을 강조하기에 이르렀다. 변화를 이끌어나아가야 할 학교가 오히려 반대편에 서서, 지식 전달의 창구 역할을 자처하고, 그 역할을 충실히 수행할 것을 교사에게 강요한다. 이러한 분위기 속에서 가르침에 열정을 쏟는 일은 공연한 호기일 뿐이며 괜히 힘만 빼는 일이라고 여기게 되었다. 또한 교사를 양성하는 교육대학교와 사범대학교는 정작 교사들이 몸으로 겪으면서 알게 되는 배움과 가르침에는 별 관심이 없다. 학문적으로 교사들의 경험에 큰 의미를 두지 않는 탓에 이론과 실천 사이의 간극은 점점 벌어지고 있다.

가르침과 가르치는 사람을 더는 존중하지 않게 되면서, 교직은 수많은 직업 중 하나이자 사회 조직을 구성하는 부품에 지나지 않게 되었다. 교사의 위치는 학교로 출근하는 공무원쯤으로 자리매김되었으며, 교사들은 사람과 사람이 서로 만나고 삶을 나누는 교육을 펼쳐나가기보다는, 학교 조직에 매몰되어 질서와 통제가 학교 교육의 중심으로 여기는 결과를 낳았다. 공동체를 생각하고, 세상의 변화를 꿈꾸자는 말들이 간간히 들려오기는 하지만 좀처럼 힘이 실리지 않는다. 그런 것은 망상 속에 사로잡힌 자들의 헛소리쯤으로 여겨진다. 설령 교사가 그러한 것을 가르친다 하더라도 아이들에게는 공허하게 들릴 뿐이다. 스스로가 확신에 차지 않고서는 다른 사람의 마음을 움직일 수 없는 노릇이다.

역설적으로 들리겠지만, 그래서 더욱더 세상의 변화를 바라고 꿈을 꾸는 말들이 필요하다. 성장주의의 깊은 늪에 빠져 허우적거릴수록 빠져나오기 위한 몸부림과 울부짖음은 더 없이 간절해지기 마련이다. 암울한 시대에 교육은 늘 변화의 거점이 되어왔으며, 교실에서 나누는 이야기는 그 시작점이 되어주었다. 당장 눈에 보이는 변화가 아닐지라도 다음 세대를 변화시켜나갈 아이들이 우리 눈앞에 있다. 아이들의 성장을 기대하고 더 나은 세상을 꿈꾸며 가르치는 교사들도 여전히 많다. 우리 주변에서는 늘 크고 작은 문제들이 끊임없이 일어난다. 교실 속에서 일어나는 작은 문제는 직접 해결하고, 교실 밖에서 일어나는 문제는 교실 안으로 가지고 들어와 실마리를 찾고 실천해나가면 된다. 그래서 교실은 늘 가능성의 공간이며 그 속에서 나뉘는 이야기는 변화의 시작점이라고 말할 수 있다.

교실은 여전히 세상을 바꾸는 거점이다. 교사가 의도했든 의도하지 않았든 그가 가르친 모든 것은 세상에 영향을 미친다. 가르침은 마치 농부가 땅에 씨를 뿌리는 것과 같아서 언젠가는 싹이 나고 꽃이 펴서 열매를 맺기 마련이다. 따라서 우리 안에서 세상의 변화를 바라고 꿈을 꾸는 말들이 더 무성해져야 한다. '세상을 바꾸는 관점'에 대한 이야기가 교실에서 나뉘어야 하는 이유도 바로 여기에 있다. 가르침은 우리가 생각하는 것 이상으로 강력한 힘을 가지고 있기 때문이다.

세상을 바꾸는 이야기가 풍성하게 나뉘기 위해서는 가르침을 향한 교사의 믿음이 무엇보다 중요하다. 더 좋은 세상을 꿈꾸고 아이들에게서 희망을 찾으며, 자라남의 과정을 옆에서 지켜보며 자신의 변화까지도 즐겁게 받아들이려면 가르침에 대한 교사의 열정이 식지 않아야 할 것이다.

아이들이 들고온 이야기를 풀어놓기만 해도 교실은 풍성해진다. 그렇다고 생각과 마음을 이어가는 과정이 늘 순탄하기만 한 것은 아니다. 이야기가 잘 흘러가다가도 어느 순간 힘없이 툭 끊기고 마는 경우도 허다하다. 그럴 때면 어떻게 다리를 놓아갈 것인지 막막함에 부딪힌다.

몇 해 전 과학 수업 중에 있었던 이야기다. 아이들이 가져온 갖가지 꽃잎이 책상 위에 한가득이다. 어느 꽃이 천연 지시약 재료로 적당할지 실험을 통해 검증해내기 위해서 채집한 꽃잎들이다. 천연 지시약을 만들기에 앞서 교사는 리트머스 종이, 페노프탈레인 용액, ph시험지, 자주색 양배추에 대하여 아이들과 이야기를 나눈다. 산도에 따라 지시약의 색깔이 달라졌던 지난 시간의 경험을 떠올리며 우리 주변에서 지시약으로 사용할 수 있는 재료를 찾아보기로 한다.

교사   지시약의 재료가 될 만한 꽃들이 책상 위에 있네요. 어떤 것들을 가지고
      왔나요?

학생 1 팬지, 패랭이, 철쭉, 장미, 아카시아, 분꽃을 가지고 왔어요.

교사　다른 종류의 꽃들도 많은데 그 꽃을 가지고 온 이유가 무엇인가요?

학생 1 지시약으로 사용되려면 꽃잎의 색깔이 짙어야 할 것 같아서요.

교사　왜 꽃잎 색이 짙어야 한다고 생각하나요?

학생 1 지난 시간 실험에 사용한 자주색 양배추를 보면 색이 진하잖아요.

교사　아, 그렇군요.

학생 2 저희는 꽃잎이 얇은 것을 위주로 가지고 왔어요. 잘 우러나려면 얇아야
　　　할 것 같아서요.

교사　음, 그렇군요.

한 아이가 손을 번쩍 든다.

학생 3 선생님, 학원에서 배운 건데 얘기해도 되나요?

교사　아, 그래. 무슨 이야기인데?

학생 3 안토시아닌이요. 식물에 안토시아닌이란 물질이 들어 있기 때문이래요.

아이의 말에 일순간 모든 아이들의 생각이 멈춘다.


　교사와 아이들 사이에 질문과 대답을 주고받으며 생각의 다리를 놓아가던 중
한 아이의 말이 이야기를 툭 끊어 놓았다. 그것이 틀린 답이었거나 전혀 엉뚱한
상상에서 비롯된 말이었다면 차라리 나았을 것이다. 아이들 사이에 열띤 논의와
추측이 오가면서 실험을 통해 알게 된 것이었다면, 배움의 기쁨을 만끽하기에 더
할 나위 없이 좋은 경험이 되었을 것이다. 하지만 한 아이의 입에서 흘러나온 정
답은 이야기를 주고받으며 다리를 놓아가던 재미마저 한순간에 빼앗아가버렸다.
답을 알고 퀴즈를 푸는 것처럼, 가설을 세우고 실험을 통해 하나하나 증명해나가
는 배움이 한순간에 귀찮은 일이 되어버린 것이다.
　이야기와 이야기를 이어주는 것도 이야기이지만, 이야기를 끊는 것도 이야기

이다. 어떤 이야기를 선택하느냐에 따라 수업의 흐름이 달라지기도 하고 배움이 도중에 끊어지기도 한다. 이야기가 끊기는 이유야 다양하겠지만 교과서를 중심으로 이루어지는 수업에서 이야기가 끊어지는 것은 어쩌면 당연한 결과일지 모른다. 40분 단위의 수업에 적합하도록 만든 것이 교과서인 까닭에 교과와 단원, 그리고 차시에 따라 이야기가 끊어질 수밖에 없다. 따라서 교과서를 중심으로 배우고 가르치다보면 가르침이 이야기가 되어 삶으로 흘러가야 한다는 사실조차 인식하지 못하게 된다.

이야기를 쉽게 펼쳐가기 위해 만든 것이 교과서인데, 오히려 이야기를 메마르게 만드는 요인으로 작용한다. 본래 이야기를 만들고 나누는 것은 누구나 가지고 있는 능력이지만 교과서에 의존하다보면 이야기를 만들어낼 능력도, 그 필요성도 서서히 잃어버리고 만다. 이야기는 책 속에만 존재하는 것이 되어버리고 공인된 이야기만을 수업 속에서 나누어야 하는 것으로 착각하게 만든다.

교과서가 수업의 중심을 차지하게 되면 이야기를 공급하려는 사람과 이야기를 소비하려는 사람으로 나뉘게 된다. 그 속에서 이야기는 상품이 판매되는 것과 비슷한 흐름으로 유통된다. 수업 중에 나누어지는 이야기는 늘 세련되고 잘 정돈되어 있는 것으로 간주된다. 마치 진열장 위에 놓인 상품처럼 보기 좋아야 하고, 누구의 입맛이든 만족시킬 수 있어야 하는 것이 된다. 그러한 이야기는 인스턴트 식품처럼 처음에는 구미가 당기지만 먹으면 먹을수록 속이 편치 않게 된다. 처음에는 재미있다가도 금세 싫증이 나거나 또 다른 이야기를 찾기 마련이다. 욕구만을 채우려하는 소비자들과 지식과 정보를 유통시키기 위해 구조에 집중하는 공급자들 사이에서 교사는 정체성을 잃어버리고 만다.

따라서 교과서를 쓰지 않는다는 것은 교실이 소비의 공간이기를 거부하는 일이다. 또한 아이들이 가지고 들어온 날것들을 가지고 배움을 엮어가는 불편함을 감수하겠다는 교사의 강한 의지를 표명하는 일이기도 하다.

# 삶의
이야기로
이야기를
잇다

이야기가 또 다른 이야기로 끊기는 것은 어쩌면 매우 자연스러운 일일지도 모른다. 아이들은 한 가지 생각에 고정되어 있는 것보다는 이런저런 생각이 오가는 것을 편하게 느끼기 때문이다. 생각 자체가 유연하기도 하지만 배움의 과정에 수시로 들락날락거리기 때문이다. 방금 전에 다투고 토라져 있던 아이들이 어느 순간 서로 키득대고 웃고 있다거나, 수업 시간에 참여하기 싫어서 몸을 배배 꼬기만 하던 아이가 어느새 아이들 틈바구니에 끼어서 배워나가는 장면을 자주 보게 된다. 그만큼 아이들은 자유로우며, 삶에는 여러 가지 것들이 정돈되지 않은 채 섞여 있다. 사소한 것을 가지고 말하다가도 사회적으로 일어나는 사건에 관심을 가지고 자신의 생각을 분명하게 표현하기도 한다. 그중에는 어른과 견주어도 손색이 없을 만큼 잘 다듬어져 있는 것도 있는가 하면, 때론 어른들이 주고받는 이야기를 듣고서는 설익은 생각을 내뱉기도 한다.

삶이 넘나들기 위해서는 익숙하고 잘 다듬어진 생각뿐 아니라 아직 덜 익은 것들이나 날것을 그대로 가져와 의문을 던질 수 있어야 한다. 배움이란 이야기의 방향이 어디로 흐르게 될지 아무도 알 수 없는 상황에서 일어나기 때문이다. 덤불처럼 엉켜 있는 것을 헤집고 들어가서 그 의미를 찾아 함께 나누는 수고를 하지 않으면 안 된다. 이야기와 이야기가 섞이고 그 안에서 의미를 찾다보면 상대의 마음과 생각을 궁금하게 여기고 그 말에 공감하거나 때론 나의 경험에 비추어 다른 생각으로 번져나가기도 한다.

　삶의 이야기를 이어간다는 것은 정체성을 찾는다는 것이고 동시에 서로가 단절되지 않는다는 것이다. 개인의 생각을 여는 것에 머물지 않고 공동의 의견을 묻고 마음을 맞추어가는 것도 삶이 넘나드는 배움이 일구어나가야 하는 흐름이다. 무슨 생각을 어떤 방식으로 모아갈 것인지 이유를 묻고 나누면서 생각의 선을 하나씩 넘어서는 경험을 함께 만들어나가야 한다. 그것이 굳이 학습과 관련된 것이 아니어도 괜찮다. 자치회 행사를 준비하는 것이든 동아리를 준비하는 것이든 방과 후에 삼삼오오 모여 노는 일이든, 모든 것이 배움을 일구어나가는 모습들이다. 각자의 색을 잃지 않으면서도 모두가 어우러져 나오는 빛깔 속에서 교사는 황홀감을 경험하게 된다. 가르침이 몇 가지 방법을 익혀서 되는 기술이나 요령 따위가 아님을 확신하게 되는 순간이기도 하다.

　안타깝게도 지금의 학교는 이러한 모습과 너무도 다른 그림을 그리고 있다. 한술 더 떠서 모두 다 같은 그림을 그리라고 말한다. 만약 모든 화가에게 같은 방식으로 그림을 그리라고 강요한다면 어떻게 될까? 각자가 가지고 있던 고유의 화풍은 사라지고 말 것이다. 그 속에서 길러지는 것은 기술이나 요령뿐이다. 사람을 소홀히 여기고 그 사람만이 가지고 있는 가치를 잃어버린 공동체는 더 이상 공동체라 말할 수 없다. 우리가 말하는 공동체는 모두를 위해 개인을 희생하는 전체주의가 아니다. 오히려 한 사람의 이야기에 귀를 기울이고 그의 삶과 나의 삶에 다리를 놓아가는 일이다. 그럴 때만이 삶은 한 개인의 고유한 영토가 아닌 성장을 위한 모두의 발판이 될 수 있다.

# 필연적으로, 겪게 되는 두려움

배움은 의도하지 않았더라도 우연히 생길 수 있으며, 교사가 없는 학교 밖에서도 언제든지 일어날 수 있는 것이다. 그렇다고 가르침이 필요 없다거나 배움을 위한 교사의 노력이 불필요하다는 의미는 결코 아니다. 단순히 기능을 습득하는 차원에서의 배움이라면 교사의 도움 없이도 가능하겠지만, 도덕성이나 창의성과 같은 차원의 배움에서는 교사의 도움을 꼭 필요로 한다. 하지만 교사의 역할이 외운 것을 기억나게 한다거나, 정답을 묻고 그에 적합한 점수를 부여하는 것에 머물러 있다면 아이를 온전한 배움 속으로 이끌기는 어렵다. 따라서 진정한 배움이 일어날 수 있기 위해서는 처음에 세워 두었던 계획을 내려놓는 것이 먼저이다. 아이들 스스로 길을 찾을 수 있게 문제 앞에 서로의 머리를 맞대게 하고, 아이들 사이에서 배움의 연결망이 생겨날 수 있게 교사가 도와야 한다.

배움의 연결망을 구축해나가는 가르침의 과정은 그리 녹록치 않다. 주위의 시선을 넘어섰다고 하더라도 그 뒤에는 이전보다 더 크고 높은 장애물이 놓여 있다. 연결망을 놓아가는 과정에서 필연적으로 경험하게 되는 것이 바로 두려움이다. 교사가 자주 맞닥뜨리는 두려움은 외부에서 오는 것이기보다는 내면 깊은 곳에서 비롯된 것들이다. 아무도 걸어보지 않은 길을 걸으면서도 누구에게 물어볼 수도 없는 늘 새롭고 낯설기만 한 길을 마주해야 한다. 지난 경험이 도움이 되는가 싶다가도 기대와 전혀 다른 결과를 마주하는 순간, 막막하고 때로는 모든 것이 무너져내리는 것과 같은 절망의 소용돌이 속으로 빠져든다.

가르치려는 마음을 잃어버리는 경험이 쌓여갈수록 연결망을 이어가는 시도들은 포기되고 만다. 조금이라도 마음의 상처를 덜 받기 위해 관계의 고리를 끊고서 멀찌감치 물러서서 바라보려 한다. 가르쳐야 할 것과 가르치지 않아도 될 것을 구분하고, 손이 덜 가고 힘이 덜 드는 방법을 찾는다. 가르쳐야 하는 이유를 묻지 않은 채 정신없이 가르치다 보면, 아이들이 누구인지를 잊고 그들 앞에 서 있는 내가 누구인지를 잊게 된다.

'그 아이는 왜 항상 그런 식이지?' '아이의 부모는 대체 뭘 하고 있는 것일까?' '학교는 그것에 대하여 충분히 생각할 시간을 우리에게 주지 않잖아.' 외부의 변화와 개혁이 우리를 견인하여온 것처럼 생각되지만 그것은 착각일 뿐이다. 실상은 개인의 의지와 열정이 이만큼 오게 한 것이며, 더 나아갈 수 있었음에도 앞으로 더 나아가지 못하였다면, 두려움 앞에서 머뭇거린 탓일 뿐이다. 따라서 변화와 개혁은 교사의 생각보다 늘 뒤쳐져 있기 마련이다. 설령 변화와 개혁이 앞서 있다고 한들 교사의 용기가 따라주지 않고서는 아무런 힘도 발휘하지 못한다. 더욱이 변화와 개혁을 체감하기까지는 오랜 시간을 필요로 한다. 그래서 교사 개개인의 노력은 보잘 것 없어 보이고 교사에게는 아무 힘도 없는 것처럼 여겨진다. 하지만 지금까지 세상을 바꾸었던 거대한 물결이 작은 힘들에서 비롯된 것임을 결코 잊어서는 안 될 것이다.

답은 항상 문제 속에 있기 마련이다. 문제를 풀 수 있는 실마리나 해결책도 문제를 가진 사람에게 있는 경우가 더 많다. 하지만 개혁이니 혁신이니 하는 과정에서 말하는 해답들은 문제 바깥에 존재한다. 어떤 식으로든 누군가가 또 다른 누구를 바꾸어놓겠다는 생각이 짙게 깔려 있다. 제아무리 혁신적인 방안일지라도 외부에서 해답을 가지고 문제에 접근하려 달려드는 순간, 예상하지 못한 저항에 직면하거나 그것이 생각보다 신통치 않다는 사실을 뒤늦게 깨닫게 될 뿐이다.

교육을 조금이라도 바꾸고자 한다면 '특별히 평범한' 사람들이 가지고 있는 힘에 대한 믿음부터 가져야 한다. 스스로의 문제를 극복하며 세상을 바꾸어나아가려 할 때, 그들이 꿈꾸는 새로운 세상에 부합하는 사람으로 차츰 변해간다. 자신이 이전과는 다른 사람이 되어 있거나 달라지는 과정 속에 있다는 것에 눈 뜨는 순간, 세상의 변화도 멀지 않았음을 직감하게 된다. 세상의 변화를 꿈꾸는 교사는 어떻게든 가까이 있는 사람들과 함께 그 길을 찾으려 하기 때문이다.

하지만 지금과 같이 수업이라는 틀 속에 배움이 갇혀 있어서는 역량들을 제대로 길러나갈 수 없다. 삶이 배움을 건드리고 배움이 풍성한 삶을 만들어나갈 때만이 비로소 실천에 필요한 역량들이 길러진다. 수업 활동과 마을 활동은 삶이 넘나드는 배움에서 힘들을 길러나가는 통로이다. 수업 활동이 만들어진 이야기를 기반으로 이루어지는 활동이라면, 마을 활동은 이야기를 새롭게 만들어나가는 과정이다. 교실 안에 작은 마을을 만들고 직접 살아보면서 아이들은 배움과 삶이 넘나드는 과정을 몸으로 익힌다.

시즌 2의 마을 활동은 경제 마을 활동이다. 경제만큼 우리 생활에 밀접하게 영향을 주고 있는 것도 없다는 판단에서 마을 활동의 주제로 삼았다. 더욱이 경제 논리로 모든 가치를 재단하고 있는 현대 사회의 문제들을 깊이 있게 들여다보는 일은 중요하면서도 시급한 과제이다. 그럼에도 교과서에서 다루고 있는 경제 관련 주제들은 용돈을 관리하는 방법이나 시장 또는 무역과 같은 단편적인 수준에 머물러 있으며, 이것들마저도 파편화된 지식으로 가르치고 배운다. 또한 자유와 경쟁을 근간으로 하는 자본주의 경제의 빛과 그늘이 엄연히 공존하고 있음에도 그늘은 개발과 발전을 위해서 어쩔 수 없이 감내해야 하는 것들로 단정짓는다. 이러한 틀 속에서 이루어지는 배움이 문제를 극복하는 데 필요한 어떠한 역량도 길러내지 못하는 것은 당연한 결과이다.

시즌 2의 경제 마을 활동은 세상을 변화시켜 나가기 위한 관점 세우기와 이를 구체화시켜 나가기 위한 역량들을 기르는 것에 목적을 둔다. '교실 속 마을 활동(우리교육)'에서 소개한 흐름을 좇아서 3주 동안 중간놀이 시간, 점심놀이 시간, 그리고 가정 생활에서의 활동이 수업 활동과 연계하여 운영된다. 평등경제를 시작으로 자유경제와 공정경제를 한 주씩 경험하며 각 경제 체제의 장단점을 몸으로 겪는다.

# 다양한 관점이
# 만들어내는
# 경제 마을
# 활동 이야기

## 1주차 평등경제 마을 활동 이야기

"시즌 1이 끝나고 시즌 2가 시작되었다. 이번 시즌 주제는 '세상을 바꾸는 관점'이다. 지난 시즌에 비해서 다양한 직업들이 생겨났다. 공무원의 종류도 감사원을 비롯하여 소득세, 생활비, 토지세, 임금, 벌금, 상금을 관리하는 공무원까지 늘어났다. 공무원이 아닌 사람은 자신들이 원하는 직업을 가지기로 하였다. 1주차 때는 평등경제를 경험하고, 2주차 때는 자유경제를, 3주차 때는 평등경제와 자유경제의 장단점에 대하여 의견을 나눈 뒤에 좋은 것을 선택하어 실행할 예정이다. 처음에는 공무원이 늘어나서 살짝 우왕좌왕하는 모습도 보였지만 지난 시즌과 비교해서 생각해보면 길게 줄을 서서 기다려야 했던 불편함이 줄어들어서 좋다."(5월 9일 재현이 배움공책)

"나의 직업은 기자인데 일주일 동안 매일 기사를 써야 한다는 것이 조금 부담으로 다가왔다. 그래도 다음 주에 있을 자유경제 때는 다른 직업으로 바꿀 수 있

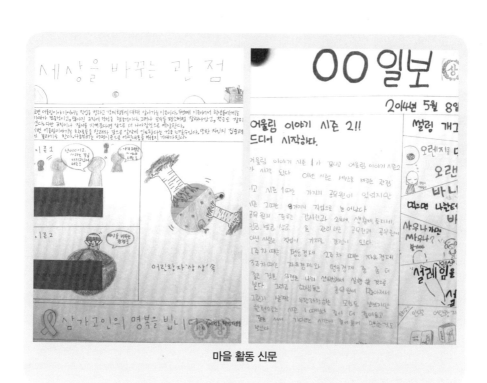

**마을 활동 신문**

다는 생각에 열심히 기사를 썼다. 지난 시즌보다 상금이 많고 포인트도 많아서 임금을 많이 받을 수 있으니 조금 더 열심히 하고 싶은 마음이 생겼다."(5월 10일 희수 배움공책)

교사는 평등경제 마을 활동의 의미를 찾아보는 것을 배움이 나아가야 할 방향으로 잡고 수업을 시작한다.

"『어린왕자』를 읽으며 가장 인상적으로 다가왔던 부분이 어디인가요?"

교사의 질문에 아이들은 저마다의 생각을 말한다. 코끼리를 삼킨 보아뱀 이야기에서부터 바오밥나무 이야기, 어린왕자가 여러 개의 별을 방문하며 만났던 인물들의 이야기까지 모든 이야기가 인상적이었다고 말한다. 그중에서 별에 두고 온 장미를 생각하면서 어린왕자와 여우 사이에 오간 말들에 대한 깊이 있는 생각들이 아이들 사이에서 나누어진다.

"같은 이야기를 읽어도 지금처럼 느낌이 참 다르죠? 왜 그럴까요?"

같은 일이라도 다양한 관점으로 이해와 해석이 다를 수 있다는 것을 서로 수긍하며 한 주 동안 경험한 평등경제 마을 활동을 정리한다. 평등경제 마을 활동

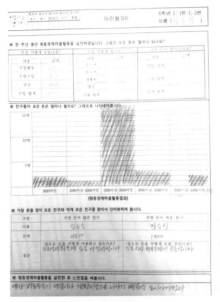

넘나들며 배우기(앞면)

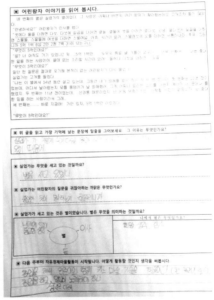

넘나들며 배우기(뒷면)

에서 아이들은 저마다 다양한 직업을 선택하고 활동하지만 받는 임금과 내야 하는 세금은 모두 같다. 입출금이 빼곡히 적힌 개인 통장을 보면서 잔액부터 확인하고 결과를 그래프로 나타낸다. 상금에 따라 조금의 차이를 보일 뿐, 빈부의 격차가 크게 벌어지지 않는다는 사실을 아이들은 눈으로 확인한다.

평등경제 마을 활동에 대한 소감을 물어보니, '흥미롭지 않았다' '심심했다' '의욕이 없었다' 등과 같은 반응들이 대부분이다. 그렇게 느끼게 된 까닭을 물어보니, 돈은 벌었지만 마땅히 쓸 곳이 없었기 때문이라고 대답한다. 실망이 큰 만큼, 다음 주에 이루어질 자유경제 마을 활동에 대한 기대감이 높다. 어떤 아이는 벌써부터 팔 물건이 적힌 메뉴판을 만들어 오기도 하고, 카드 회사를 차릴 요량으로 신용카드를 만들어 놓았다. 동업을 결의한 아이들은 삼삼오오 모여 앉아서 가게를 어떻게 운영하면 좋을지 이야기를 나눈다.

마을 활동은 안정된 틀 속에서 차근차근 배워가기를 거부한다. 오히려 크고 작은 다툼으로 수많은 갈등들이 빈번하게 일어나기를 바란다. 실제 사회에서 일어나는 문제점들이 고스란히 교실 속에서도 나타나게 만드는 것이 목적이기 때문이다. 조금 다른 것이 있다면 마을 활동은 놀이인 까닭에 과정 중에 실패하였다 하더라도 웃어넘길 수 있다는 것이 큰 장점이다.


### 2주차 자유경제 마을 활동 이야기

"2주차로 들어서면서 자유경제 마을 활동이 시작되었다. 1주차 평등경제 마을 활동과 다른 점을 말해보자면, 평등경제 마을 활동 때는 어떤 직업을 가지든 임금이 모두 500냥이었다. 하지만 자유경제 마을 활동 때는 다르다. 돈을 벌면 벌수록 더 많은 돈을 가질 수 있다. 여러 가지 직업을 가질 수 있으며 돈을 벌

수 있는 방법도 늘어났기 때문이다. 공무원의 임금은 2,000냥으로 안전하게 생활할 수는 있지만 대신에 많은 돈을 벌 수는 없다. 공무원과 달리 다른 직업은 3,000~4,000냥을 벌 수 있고 그 이상도 가능하다. 자유경제 마을 활동은 왠지 차별경제 같기도 하다."(5월 17일 현우 배움공책)

"본격적으로 경제 활동이 시작되었다. 두 곳의 슈퍼마켓에서 경쟁이 일어났다. 결과는 역시 싼 가격에 물건을 판 슈퍼마켓의 물건이 더 잘 팔렸다. 한쪽의 슈퍼마켓은 상품의 종류가 다양하고 물건도 많았지만 가격이 비쌌다. 다른 쪽의 슈퍼마켓은 상품의 종류가 적고 물건의 수가 적었지만 대신 가격이 쌌다. 그래서 더 잘 팔렸다. 확실히 소비자들은 싼 가격을 선호한다는 사실을 알 수 있었다. 슈퍼마켓이 장사가 잘 되는 것을 보고 아이들은 저마다 자신들도 슈퍼마켓을 열 것이라 말하였다."(5월 18일 수민이 배움공책)

"평소와 다름없이 마을 활동은 바쁘고 복잡했다. 마을 활동으로 모두들 설레는 반응을 보인다. 슈퍼마켓 주인, 문구점 주인, 공부 도우미, 부동산, 창업 도우미 등 다양한 직업을 가질 수 있다. 자유롭게 선택할 수 있어서 좋다. 하지만 자유경제 마을 활동의 가치 또는 깨달음은 '돈'이 아닐까 싶다. 자유로움 속에서 돈을 벌면 벌수록 돈이 권력이 되어가는 세상을 느끼게 될 것 같기 때문이다. 그래서 친구들이 돈을 최우선으로 생각하는 것에 너무 집착하지 않았으면 하는 바람이다."(5월 18일 민수 배움공책)


교실 안에 다양한 가게가 열렸다. 마트, 만화방, 다트 던지기, 카드 회사, 청소 대행 업체, 책 반납 서비스, 게임방, 뽑기 가게 등 업종도 다양하다. 교실 뒤에는 손님을 모신다는 광고판이 붙었다. 중간놀이와 점심놀이 시간에는 자신의 물건을 사달라는 아우성으로 교실 안이 시끌벅적해진다. 실제로 돈이 도는 게 아님에도 많은 돈을 벌기 위해 야단들이다. 교실이 평등경제와 달라진 이유를 아이들에

시즌 2 마을 활동

게 묻고 내일은 어떤 사업을 펼칠 것인지 계획을 듣는다. 소득세를 내야 하는 부분에서는 분수와 소수를 활용한 계산이 필요한 까닭에 연산 능력도 자연스레 길러진다. 아이들은 이야기를 글로 읽는 것보다 이야기를 지어내는 것을 더 좋아하고, 이야기를 짓는 것보다 이야기를 몸으로 겪어내는 것을 더 좋아한다. 아이들이 직접 몸으로 겪으면서 이야기를 만들어갈 수 있게 시간과 공간을 열 수 있다는 것이 마을 활동의 묘미이다.

"역시! 평등보단 자유의 힘이 크다! 무지막지하게 시끌벅적하고 복잡하지만 활발하다. 다른 반 선생님들과 아이들까지 찾아오면서 교실이 가득 찼다. 하지만 오늘 나의 수입은 1,300냥 밖에 되지 않았다. 그래도 수업 수당과 상점을 모두 포함하면 2,500냥이란 돈을 벌었다. 대신에 지출은 단돈 410냥! 꼭 내야 하는 세금이기 때문에 어쩔 수 없었다. 내일은 나도 좀 사먹어야겠다. 조금 즐기기도 해야겠다. 다른 애들이 하는 걸 보고 있을 수만은 없으니까!"(5월 19일 민영 배움공책)

"오늘 나는 팔지도 않고 사기만 했다. 맨 처음에는 딱지를 샀고, 그다음에는 태블릿 PC로 게임을 하였다. 지구본 연필 깎기도 샀다. 오늘 쓴 돈만 해도 자그마치 650냥이다. 내일은 직업을 가져서 1,000냥만 벌 것이다. 그 정도면 내가 사고 싶은 것을 모두 살 수 있기 때문이다."(5월 19일 우빈 배움공책)

"둘째 날은 첫날과 달리 물건 가격을 낮추었다. 어제 커피가 선생님들에게 잘 팔리는 것을 보고 나도 집에서 커피를 준비해왔다. 결과는 대성공이었다. 어제는 세금을 빼고 2,690냥을 벌었지만 오늘은 세금을 빼고도 6,500냥이나 벌었다. 내일은 커피 말고 다른 차도 준비해서 팔 것이다."(5월19일 이현 배움공책)

"난 이제 망하는 건가? 그런데 왜 나는 이득을 본 것 같지? 나의 직업은 책 반납을 대행하는 것인데 아직 한 명의 고객도 없다. 하지만 먹을 거 다 먹고 즐길 거 다 즐긴다. 왜냐하면 지난 주, 평등경제 마을 활동에서 모아둔 돈이 남아 있기 때문이다. 책 반납을 원하는 아이들도 없으니 남는 시간이 많아서 매일 쇼핑을 즐긴다. 부자처럼 사고 싶은 걸 다 산다. 행복하다. 어차피 진짜 돈도 아닌데 펑펑 쓰자고 마음먹었기 때문에 아깝지 않다."(5월 17일 민철 배움공책)

자유경제 마을 활동의 경험을 극대화시키기 위하여 교사는 지역 개발권을 활동에 추가시켰다. 신도시 개발권이란 것을 만들어 개발 설명회를 개최한 뒤, 투자 설명회에서 가장 많은 지지를 받은 몇몇 아이들에게 개발권을 주었다. 신도시 개발자로 선정된 아이들은 수입의 세 배에 해당되는 엄청난 돈을 받게 되고, 신

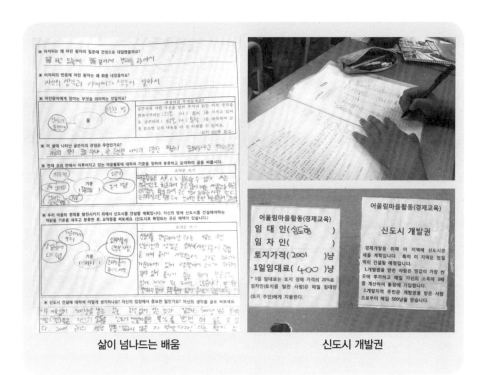

| 삶이 넘나드는 배움 | 신도시 개발권 |
|---|---|

도시로 선정된 땅 주인 또한 많은 돈을 받을 수 있게 된 것이다. 개발자가 되거나 자신의 땅이 신도시로 선정되기만 하면, 한순간에 엄청난 부를 축적할 수 있다는 사실을 직감한 아이들은 앞 다투어 개발 설명회에 참여하였다.

　신도시 개발자가 되거나 자신의 땅이 신도시로 선정된 아이들은, 졸지에 부자가 된 것에 기뻐하면서도 어리둥절한 표정을 지었다.

　　"신도시 개발권을 얻기 위해 아이들 앞에서 연설을 하였다. 현빈이가 11표를 받아서 1등이 되었고 나는 9표를 받아서 2등이 되었다. 4등 안에만 들면 되기 때문에 2등이어도 상관없었다. 신도시 개발권은 엄청나게 좋은 것이다. 나는 공무원이어서 2,000냥을 임금으로 받아야 하지만 오늘부터 그것의 세 배를 받게 되었다. 마음속으로 엄청 좋았다. 공무원이란 안정적인 직장에 수입도 세 배로 늘어나니 너무 기분이 좋다."(5월 20일 현수 배움공책)

하지만 신도시 개발을 희망했으나 탈락한 아이들을 중심으로 터무니없는 이익이라는 불만이 터져나왔다. 그동안 직업 활동으로 충실하게 돈을 모아오던 아이들은 상대적인 박탈감을 심하게 느꼈다.

"빈부격차가 더 벌어질 수 있을 것 같다. 세 배까지 받는 것은 안 되고 수입의 두 배 정도면 좋을 것 같다. 또한 신도시 개발로 이익을 본 땅 주인도 세금을

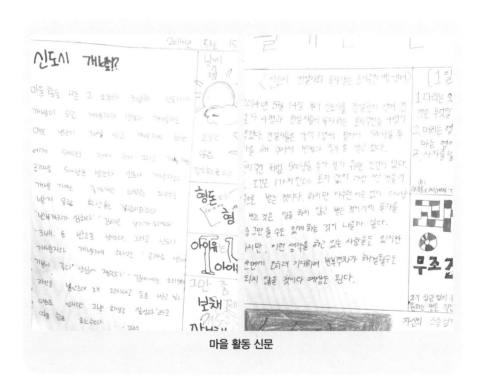

마을 활동 신문

20퍼센트 정도는 내야 할 것 같다."(5월 20일 현지 배움공책)

"신도시 개발을 반대한다. 환경이 안 좋아지기 때문이다. 자동차를 더 많이 사용하게 될 것이고 자원도 많이 낭비될 것이기 때문이다. 공기도 나빠지고 농사지을 땅도 부족해지기 때문에 나는 반대한다."(5월 20일 수진이 배움공책)

"아무 이유 없이 500냥을 받는 것은 노력 없이 얻는 것과 같다. 옛말에 '일하지 않은 자 먹지도 말라'라는 말이 있다."(5월 20일 현철이 배움공책)

"처음에는 마을 활동을 열심히 하고 싶었는데, 지금은 그러고 싶지 않다. 부자들은 더 부자가 되고 나는 갑자기 노숙자가 된 것 같다."(5월 20일 건형이 배움공책)

신도시 개발로 빚어진 크고 작은 갈등이 교실 안을 가득 채울수록 자유경제 마을 활동이 우리의 삶에 어떠한 영향을 끼치는지 더 잘 알게 된다. 자유경제 마을 활동을 마무리하면서 수입과 지출을 구해보고 결과를 그래프로 나타내었다. 직업 수당과 수업 수당, 그리고 상금을 더하여 총 수입금을 구한 뒤 소득세, 토지세, 생활비, 벌금, 물건 구입비와 같이 총 지출금을 구하고, 총 수입금에서 총 지출금을 빼 잔액을 구하였다. 계산을 힘겨워 하는 아이들이 있어 회계사를 자처하며 마지막까지 이득을 챙기는 아이들도 생겨났다. 계산을 마친 아이들은 교실 이곳저곳을 돌아다니면서 100냥 또는 200냥의 비용을 받아가면서 대신 계산해주는 진풍경이 벌어지곤 하였다.

자유경제 마을 활동 결과를 그래프로 나타내보았다. 수입보다 지출이 많아져서 파산한 아이에서부터 1만 냥을 훌쩍 넘긴 아이까지 평등경제 때와는 다르게 빈부의 차이가 크게 벌어진 것을 확인할 수 있었다. 1만 냥이란 돈을 벌어들이며 최대 부자가 된 아이가 말하는 돈 버는 비법은 간단했다. 물건을 비싸게 팔고, 신도시 개발권으로 엄청난 이익을 챙겼다고 하였다. 그에 반하여 돈을 적게 모은

경제 마을 활동 개인통장

회계사의 마을 활동

아이는 벌어들인 돈만큼 쓰기도 많이 썼다고 말하였다. 자신의 땅이 신도시 개발 지역으로 선정되어 개발자로부터 매일 500냥씩 임대비를 받았음에도 과소비를 했다는 것이다.

자유경제 마을 활동은 자유와 경쟁을 통하여 경제 성장을 가져올 수는 있어도 빈부격차, 황금만능주의, 실업 사태, 상대적 박탈감과 같은 사회적 문제를 가져온다는 사실을 몸으로 체감할 수 있게 만들었다.

교사는 『어린왕자』를 다시 펼치고서는 밤하늘에 떠 있는 별들을 세고 있는 사업가와 어린왕자가 나눈 대화 장면을 읽는다.

"별들을 세어서 뭘 하시려고요?"
"무얼 하냐고?"
"네"
"아무것도 안 하지. 그것들을 가지고 있는 거지."
"별들을 가지고 있다고요?"

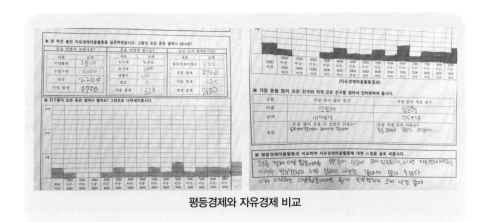

**평등경제와 자유경제 비교**

"그렇지."

"별들을 가지면 도대체 어디에 쓸모가 있는 거죠?"

"부자가 되는 데 쓸모가 있지."

"부자가 되면 무슨 쓸모가 있나요?"

"또 다른 별을 누군가 발견하면 그것을 살 수 있지."

"아, 그렇군요. 그럴 수 있겠어요. 그런데, 별들을 가지고 뭘 하시려고요?"

"별들을 관리하는 거지. 세어보고 또 세어보고 그건 참 힘든 일이야."

경제 마을 활동을 경험하고 나서 다시 읽는 『어린왕자』는 이전과 전혀 다른
의미로 다가 왔다.

"목표를 가지는 건 좋은 것이지만 그것이 무엇인지가 더 중요하다. 사업가는
돈에 눈이 멀어버린 사람의 모습을 보여준다."

"마을 활동에서 부자가 되었지만 사업가처럼 이 돈을 어디에 쓸지 잘 모르겠

다. 너무 경쟁에만 집착한 것 같다."

"돈만 갖고 싶고 별다른 일은 하고 싶어 하지 않는 사업가는 요즘 사람들과 비슷하다."

평등경제와 자유경제 마을 활동의 경험에 비추어 『어린왕자』를 다시 살펴본 아이들은 모두가 행복할 수 있는 경제 마을 활동을 어떻게 만들어갈 것인지 고민을 나눈다. 평등경제와 자유경제 마을 활동에서 경험한 장점들은 살리고 단점들을 보완하는 공정경제 마을 활동을 모두가 함께 기획한다. 마을법률을 만들기 위하여 임금, 토지, 세금, 직업, 빈부격차 해소, 기타 안건 등으로 소위원회를 결성하고 법안을 제안하고 전체 회의를 거쳐서 공정경제 마을법률로 확정해나갔다.

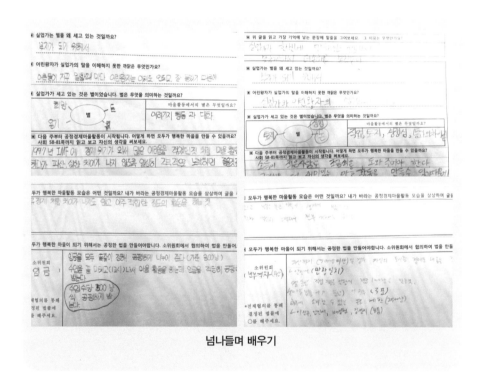

**넘나들며 배우기**

## 3주차 공정경제 마을 활동 이야기

"지난 주 금요일에는 아침부터 긴 토론이 이어졌다. 공정경제 마을 활동을 위한 마을법률을 만들었기 때문이다. 원래 5교시는 체육이었지만 월요일부터 공정경제 마을 활동이 이루어져야 했기 때문에 남자애들이 그렇게 좋아하는 체육도 하지 않고 법을 만들었다."(5월 24일 수현이 배움공책)

"우리가 새로운 공정경제의 틀을 마련했다. 임금을 모두 300냥으로 하자는 의견과 500냥으로 하자는 의견이 팽팽했다. 300냥의 임금이 너무 적다는 쪽과 500냥이면 일하지 않고 먹고 노는 사람이 많아진다는 주장이었다. 그래서 그 중간인 400냥으로 정하였다."(5월 24일 지우 배움공책)

"다섯 시간이나 걸려서 우리가 법을 만드니 마음이 뿌듯하고 꼭 지켜야겠다는 생각이 들었다."(5월 24일 현빈이 배움공책)

"마을 활동 법률을 만드는 일이 이렇게 어려운데, 진짜 사회에서 지켜야 하는 법을 만들기 위해서는 얼마나 많은 어려움이 있을 것인지 상상이 잘 안 된다." (5월 17일 미진이 배움공책)

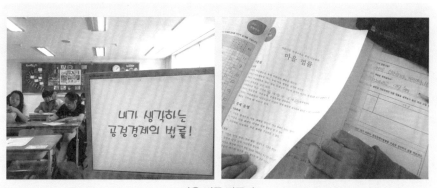

**마을 법률 만들기**

금요일부터 시작한 마을법률 만들기는 다음 주 월요일까지 이어졌다. 토지를 어떻게 분배할 것인지, 임금과 세금을 얼마로 정할 것인지 논의가 되었다. 평등경제와 자유경제 마을 활동의 경험을 바탕으로 만들어지는 법률이라서 결정해야 할 것도 많았다.

"선생님, 공정경제라고 하면 정말 공정하게 물건을 팔아야 하는 게 아닐까요? 몸에 좋지 않은 음식들을 팔지 못하게 한다든지요."

토론 중에는 차마 하지 못했던 말이라면서 한 아이가 교사 옆에 슬그머니 다가와서는 어렵게 말을 꺼낸다. 줄곧 교사 뒤를 졸졸 따라다니면서 공정경제가 무엇인지 알고 싶다며 질문을 던졌던 아이였기 때문에 그 말이 얼마나 많은 고민에서 비롯된 것인지 교사는 잘 알고 있다. 삶이 넘나드는 배움은 수업 활동을 넘어 마을 활동에서는 놀이가 되고 삶의 이야기가 된다.

"이렇게 힘들고 어려운 법을 국가가 만들고 있다는 걸 몰랐다. 실제 사회에서도 이런 일을 한다는 게 정말 새로웠다. 그리고 사회에서 하고 있는 것을 우리가 직접 해보았다는 게 믿기지 않는다. 나 혼자 말고 다른 사람과 마음을 맞추어 법을 만드는 일은 정말 어렵다. 세상엔 쉬운 게 없다."

이틀에 걸쳐 토지, 임금, 세금에 대한 법률을 만들고 직업 활동을 어떻게 정할 것인지 이야기를 나누는 데 꼬박 하루가 더 걸렸다. 결정하였더라도 법대로 운영하는 것은 더 어려워 보였다.

"선생님 공정하다는 게 뭐예요? 공평하다는 것과 같은 건가요?"

"공정한 경제가 되기 위해서는 빈부의 격차를 해결해야 한다고 생각해요."

"빈부의 격차만 해결한다고 되는 걸까요? 정말 공정하려면 제대로 된 물건을 팔아야 하는 게 아닐까요? 불량식품을 많이 팔아서 돈을 많이 번다고 그게 공정한 건 아니잖아요."

"제대로 된 물건을 팔기 위해서는 법이 필요할 것 같아요."

"물건을 감시하는 공무원이 있어야 하지 않을까요?"

"우리가 파는 물건이 공정한 과정을 거쳐서 만들어진 제품이어야 한다고 봐요. 어느 초콜릿은 그렇게 만들어진 것들도 있대요."

마을 활동이 수업 활동으로 이어지면 교사가 수업에서 할 수 있는 것이라고는 아이들 생각의 흐름을 정리해주고 그것이 잘 흘러갈 수 있도록 길을 열어주는 것뿐이다. 마치 고인 물이 잘 흘러가도록 물길을 열어주는 것처럼 교사는 칠판에 아이들의 말을 받아 쓰고, 그림을 그리고, 필요하다면 아이들이 몸을 움직여서 겪게 한다. 이것이 교수학습 과정이며 배움으로 가는 길이다.

"그럼, 우리 교실 안에서 하는 마을 활동을 교실 밖 마을 활동으로 키워볼까?"

아이들의 말에 교사의 말도 슬쩍 섞어본 후 아이들 표정을 살핀다. 교사의 말처럼, 아이들의 배움이 교실을 넘어 교실 밖, 학교 밖으로 넘어설 수 있을까? 삶이 넘나드는 배움을 향한 도전만으로도 아이들과 교사 모두 고민이 많아진다. 그만큼 배움도 깊어간다.

아이들이 수차례 토론을 거듭하면서 만든 공정경제마을법률은 다음과 같다.

1  수업 수당은 차등 없이 매일 400냥으로 한다.

2  공무원 임금은 1일 350냥으로 한다.

3  토지세와 소득세 생활비는 재산에 따라 차등 납부한다.

4  통장 잔액 500냥이 된 경우에는 땅을 매각한다.

5  임대인과 임차인이 협의하여 임대료를 정한다.

6  통장 잔액이 500냥 이하일 경우 판매 우선권을 준다.

공정한 사업을 펼치기 위한 사업자등록증과 같은 것도 만들어졌고, 빈부격차를 줄이기 위한 소득세법과 저소득층지원사업법안이 만들어졌다.

아이들 손으로 만든 마을법률로 운영되는 공정경제 마을 활동은 평등경제와 자유경제 마을 활동과 비교해보았다. 겉으로 보기에 크게 다른 것 같지 않지만 실행 과정에서 확연한 차이를 느낄 수 있었다.

더 많은 수의 아이들이 물건을 팔거나 경제활동에 적극적으로 뛰어들었다. 물건 값이 적정 수준을 유지하였고, 무턱대고 소비하는 아이들이 줄어들었다. 임대인들이 세금에 민감한 반응을 보이며, 임차인이 파산하지 않도록 임대인이 나서서 살림을 보살펴주었다.

평등경제, 자유경제, 공정경제 마을 활동의 결과를 나타낸 그래프를 살펴가면서 경제 정책이 어떤 결과를 가지고 오는지 그 의미들을 찾아나섰다. 총 생산액과 마을 활동 만족도에서 공정경제 마을 활동이 평등경제와 자유경제 마을 활동보다 높은 것으로 나타났다. 다행히 개인 파산자는 생기지 않았지만, 공정경제에서도 빈부격차 문제를 해소할 수는 없었다.

"경제 활동에서 정부의 역할이 중요합니다. 어디에서 빈부격차가 발생하는지 살펴보고 어떻게 하면 빈부격차를 줄일 수 있는지 생각해야 합니다. 또한 파산

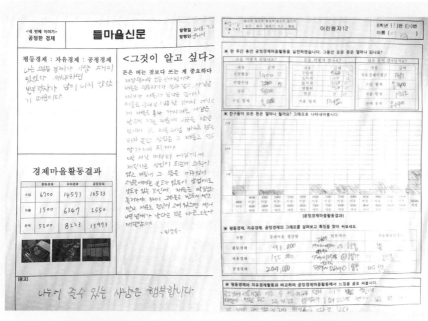

경제 마을 활동 신문                    경제 마을 활동 비교

위기에 처한 사람은 없는지도 살피고 너무 비싸게 물건을 팔면 가격을 조정해 주는 것도 정부의 몫입니다."(5월 26일 현우 배움공책)

"빈부의 격차를 조금이라도 줄이려면, 돈을 벌 수 있는 최대치를 정해야 한다. 또한 돈이 적거나 파산 위험이 있는 친구에게 도움을 주어야 한다. 개인이 살 수 있는 토지, 물건, 음식 등의 한계를 정하는 것도 경제 활동으로 인해 발생하는 문제를 해결할 수 있다."(5월 26일 민우 배움공책)

"우리나라가 가난한 사람들을 위한 복지 정책을 펼치고 있기는 하지만 여전히 가난한 사람들은 많다. 우리가 정한 마을법률과 연관지어보자면, 부자는 더 이상 비싸게 팔아선 안 될 것이고 물건을 비싸게 팔 이유가 없도록 만들어야 할

것이다."(5월 26일 우진이 배움공책)

"부자들이 싫어할 수도 있겠지만 부자들에게 세금을 더 많이 거둬야 한다. 그렇게 하면 부자들의 의욕이 떨어질 수도 있으니 살짝 차이를 주면 좋겠다. 또한 경쟁은 너무 심하지 않다면 필요하다. 그래야 품질이 좋고 가격이 적당한 물건이 만들어지기 때문이다. 지금 내가 제안하는 것도 모두를 행복하고 만족시킬 수는 없겠지만 대부분의 사람들이 행복할 수만 있다면 그렇게 하는 게 좋다고 생각한다."(5월 26일 다현이 배움공책)

법이 우리 생활에 어떠한 영향을 미치는지 아이들 스스로 느껴본 것만으로도 3주간의 마을 활동은 의미가 컸다.

넘나들며 배우기

1. 시즌 2의 넘나들며 배우기를 읽으면서 어떤 생각이 들었는가?
2. 세상을 바꾸는 중심에 교육이 있다는 말에 대하여 어떻게 생각하는가? 나의 배움과 가르침이 변하기 위해서 어떤 노력이 필요한가?
3. 어떻게 하면 삶과 배움을 연결할 수 있을까? 지금 바로 실천할 수 있는 것은 무엇인가?

# 7장

넘나들며 배우기 시즌 3

# 환경 마을 활동

『나무를 심은 사람』, 지속가능한 성장은 무엇인가?

수업을 채우는 것으로 생각할수록 교사는 자신이 가진 지식으로 공간을 채우고 점령하려는 실수에 빠지기 쉽다. 이러한 수업은 교사도 아이들도 시간에 늘 쫓긴다. 이와는 달리 공간을 열어가는 수업은 공간이 비어 있든 채워져 있든 아랑곳하지 않는다. 빈 공간은 자연스레 채워지기 마련이며 빈 공간을 불안해하거나 이상히 여길 필요도 없다. 수업이 보다 창의적이기를 원한다면 공간을 차곡차곡 채우려 하기보다는 채워져 있는 것을 과감하게 덜어내는 것부터 시작하는 것이 좋다.

이야기-수업 활동-마을 활동-수업 읽기의 흐름은 공간을 열어가면서 배움을 채워나간다. 삶과 배움이 넘나드는 교실에서는 경제 발전과 사회정의가 실현되는 지속가능한 성장을 시즌 3의 주제로 삼았다.

# 관계를
# 맺어가는
# 교육과정

넘나들며 배우기 시즌 3은 『나무를 심은 사람』을 중심으로 환경에 대한 생각 들을 엮어나간다. 지속가능한 성장의 관점에서 환경을 바라봄으로써 그동안 성 장과 개발 중심의 정책들이 빚어낸 갖가지 문제들을 들여다보고 대안을 찾는다.

삶과 가장 가까이 맞닿아 있는 환경 문제를 살펴보기 위해서 먼저 짚어야 할 것은 지속되어야 하는 것이 과연 무엇인지에 대한 묻고 답함이다. 지속되어야 하 는 것이 '자연'일 수도 있고 '인간'일 수도 있으며 또 다른 '무엇'이 될 수도 있기 때문이다. 어느 쪽에 중심을 두느냐에 따라서 배움의 방향이 달라진다. 개발과 환 경이란 두 마리 토끼를 다 잡으려는 과정에서 일어나는 갈등은 어쩌면 필연적일 수밖에 없다. 개발하면서도 환경이 보존되는 것이 가능한 것인지, 개발 중심의 환 경 교육에서 빚어졌던 갈등들이 지속가능한 성장에서도 다시금 불거져나오지는 않을지, 몸으로 실천하지 않고 머리로만 아는 환경 교육을 답습하는 것은 아닌지, 의문은 또 다른 물음으로 번져나가며 소통을 필요로 한다.

따스한 봄의 기운은 사라지고 내리쬐는 햇볕에 금세 이마에 땀이 송골송골 맺히는 여름이 되었어요. 시원한 그늘이 되어주는 푸른 나뭇잎과 어느새 무성하게 자란 풀숲에서 작은 곤충들이 분주히 무언가를 하고 있네요. 자연이 만들어주는 아름다운 환경 속에서 살아가는 것만큼 큰 행복이 있을까요? 하지만 우리의 잘못으로 아름다운 환경은 점점 파괴되고 있답니다. 6월 17일부터 7월 18일(5주간)까지 '생태마을'을 배우며 우리가 여러 생명과 함께 생태계 속에서 살아가고 있음을 느끼고, 지구 환경 문제를 해결하는 능력을 길러보아요.

　　그동안 쌓인 실패의 경험들이 다시금 교실에서 반복되지 않기를 바란다면 배움이 교실 안에만 머물게 해서는 안 된다. 교실 안에 머물러 있던 배움이 교실 밖으로 뻗어나갈 수 있게 공간을 열어야 한다. 시즌 1과 시즌 2가 이야기와 수업 활동을 중심으로 배움을 일구었다면 시즌 3은 배움이 이야기와 수업 활동을 넘어 삶으로 확장될 수 있게 마을 활동에 중심을 둔다. 환경 문제의 해답은 자연과 인간의 올바른 관계 맺기에 있다. 사람이 자연과 어떠한 태도를 취하는지는 사람과 자연이 어떠한 방식으로 관계를 맺는지에 달려 있기 때문이다. 자연을 정복해야 할 대상이나 도구쯤으로 여기고 있다면 그러한 생각으로부터 벗어나는 것이 관계 맺기의 첫걸음이다.

# 시즌 3 어울림 이야기와 전체 흐름도

| 구분 | | 6월 | | 7월 | | |
|---|---|---|---|---|---|---|
| | | 15 | 16 | 17 | 18 | 19 |
| | | 설렘 | 울림 | 열림 | 열림 | 열림 |
| 공감 | 체력 | 줄넘기 급수제 | 줄넘기 급수제 | 줄넘기 급수제 | 줄넘기 급수제 | 줄넘기 급수제 |
| | 심력 | 가족관찰 | 가족미션 | | | |
| | 매력 | | | 나의 과거현재미래 | 내가 꿈꾸는 나의 가정 | |
| 배움 | 지력 | | 수학 2(만나기) | 수학 2(껴안기) | 수학 2(껴안기) | |
| | 자력 | 나의 학습유형 검사 분석 | 학습계획 | 실천 | 실천 | 나만의 공부법 발표 |
| | 협력 | 서로 배움 짝찾기 | 수학 2(사귀기) 서로배움익히기 | 온다모임 | 동아리 | 베스트배우미 (도덕 4) |
| 소통 | 아이 | 경제교육 | 소비습관개선 프로젝트 계획 | 소비생활교육 다모임 | | 소비습관개선 프로젝트 발표 |
| | 학부모 | 가족성격유형 | 가족미션 | | | |
| | 수업 교사 | 상담 | 상담 | 상담 | 상담 | 상담 |
| | 협력 교사 | | 수업 읽기 | 수업 읽기 | | |
| 마을 활동 어울림 캠프 | | | 마을 활동 1 | 마을 활동 2 | 마을 활동 3 | 어울림 캠프 |
| 단계 | | 시즌 3 생태마을 | | | | |

교사는 인간과 자연의 관계에 대한 아이들의 생각을 묻는다. 그리고 아이들의
말을 듣고 공통점과 차이점을 분류한다. 인간이 자연을 이용해야 한다고 생각하
는 아이들이 대부분이며, 특히 개발이라는 관점에서 인간의 이익을 앞세워 말하
는 아이들도 여럿이다.

교사    인간은 자연과 더불어 살아간다는 말이 있어요. 이 말의 뜻은 무엇이라
        고 생각하나요?
학생1  인간은 자연으로 인해 살아가고 자연은 인간으로 인해 발전한다는 뜻 아
        닌가요?
학생2  인간이 만든 물건은 다 자연에서 얻는 것이며 자연을 이용하여 발전한다
        는 뜻이요.
학생3  인간이 살아가려면 자연이 필요하고, 자연이 살아가려면 인간이 필요하
        다는 것이요.

마을이 사람들로부터 버림을 받은 까닭을 묻는 질문으로부터 수업이 시작된
다. 사람들이 떠나기 전 마을의 모습과 떠난 후의 모습을 생각하며 아이들은 마
을이 버려지고 황폐해진 까닭을 그림으로 표현한다. 풀 한 포기 없이 모래바람만
세차게 부는 땅에 부서진 집들을 그려놓은 그림에서부터 함부로 나무를 베거나
숲속에 살고 있는 동물들을 죽이는 사람들의 모습, 서로 손가락질을 해가며 싸우
는 사람들의 모습과 전쟁이 일어난 것 같은 상황을 그린 그림 등 이야기에는 나

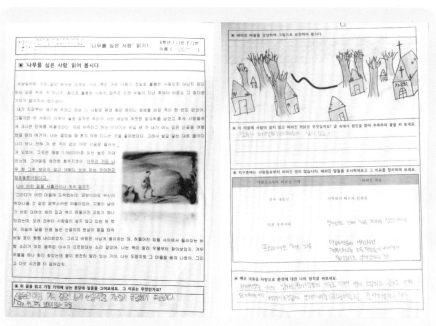

넘나들며 배우기(앞면)　　　　　　　　넘나들며 배우기(뒷면)

오지 않은 또 다른 이야기가 그림 속에 담긴다. 그림 그리기를 통하여 갖가지 이유로 마을이 사람들이 살 수 없는 곳으로 변해갈 수 있음을 스스로 알아간다.

중국 내몽고의 사막화 현상, 체르노빌과 후쿠시마의 원전 사고, 세계의 분쟁 지역들을 조사하면서 환경과 인간의 삶이 어떠한 관련을 맺고 있는지 연결짓는다. 세계 곳곳에 버려진 땅과 마을들을 조사하면서 땅이 황폐해지고 마을이 버려지는 것이 이야기 속에서만 일어나는 것이 아님을 느낀다. 환경 문제가 실제 나의 삶에 밀접한 영향을 끼친다는 사실을 아이들이 깨달으면서 수업은 『나무를 심은 사람』의 이야기로 다시 돌아간다. 사람들이 마을을 떠나게 된 이유를 다시 물으니, 숲이 사라지고 자연이 파괴되면서 빚어진 결과임을 한 목소리로 말한다.

> "『나무를 심은 사람』을 읽으면서 자연과 사람의 관계에 대하여 생각해보게 되었다. 나는 자연에게 어떤 도움을 주고 있는 것일까? 나무를 심은 노인의 실천까지는 아닐지라도 나도 자연을 되살리는 일을 해야겠다는 생각이 들었다. 사람이 자연을 아끼는 것만큼 자연도 사람들에게 보답할 거란 생각이 들었다."

> "인간과 자연의 관계는 저울과 거울이다. 저울처럼 인간이 편리해질수록 자연이 파괴되고 자연을 지킬수록 인간의 편리함이 줄어들기 때문이다. 또한, 거울처럼 인간으로 인하여 자연이 피해를 본 그대로 우리가 피해를 본다."

인간 중심에서 자연을 바라보았던 것과는 달리, 인간과 자연을 하나로 보는 관점으로 바뀌었다. 하지만 개념의 정립과 확장이 어떻게 실천으로 이어질 것인지는 여전히 풀기 어려운 과제이다. 인간과 자연이 머릿속에서 관계를 맺었다고 하더라도 바로 실천으로 연결되는 것은 아니다. 생각에 머물지 않고 실천으로까지 이어지기 위해서는 관계를 어떻게 맺어 나가야 할 것인지 의문으로 남는다.

# 익숙함을
# 버려가는
# 도전

 

배움은 관계 맺기의 연속이다. 수많은 점들을 연결하고 관계라는 다리를 놓아가는 것이 수업이고 배움의 완성이라고 말해도 과언이 아니다. 교사가 동기 유발을 하는 이유도 아이의 호기심을 수업 내용과 연결시키기 위함이고, 갖가지 교재와 교구를 활용하고 여러 가지 활동을 기획하여 실천하는 것도 관계를 맺기 위함이다. 그래서 가르치기를 잘하는 교사일수록 수업 속에서 관계 맺기가 자연스럽게 이루어진다.

관계를 맺어가는 건 늘 낯선 일이다. 낯선 것과 관계를 맺어나가기 위해서는 익숙함을 버리는 도전이 필요하기 때문이다. 지금 발을 딛고 있는 공간에서 벗어날 때만이 배움의 공간이 새롭게 열린다. 하지만 오랜 시간 교단에 있을수록 가르침은 점점 익숙하고 일상적인 일이 되어만 간다. 처음에는 아이들의 눈을 바라보는 것마저도 낯설고 어색한 일이었다. 수업을 어떻게 시작해야 할지 몰라서 애꿎은 책만 뒤적거리거나 칠판만 보았던 때도 있었다. 그래서 처음에는 많이 살피고 깊이 생각하여 가르쳤지만 시간이 흐를수록 익숙하거나 편한 방법대로 가르친다. 손에 익을수록 가르침에 대한 자신감도 생겨나고 그만큼 전문성도 길러진 것처럼 여기게 되지만 마음 한구석에 왠지 모를 허전함이 느껴진다. 처음 가르칠 때만큼 즐거움이 느껴지지 않기 때문이다. 가르침이 낯설게 느껴졌던 그때로 돌아가고 싶어진다. 정확하게 말하면 낯섦이 가져다주었던 가르침의 열정, 열정 하나만으로도 행복했던 그때가 그리운 것이다. 따라서 배움에서 관계를 맺는다는 것은 공간을 여는 일이고, 낯섦을 향해 나아가는 것이며 동시에 가르침의 열정을 다시금 회복하는 일이다.

공간을 채우는 수업은 누가 가르치고 누가 배워야 하는지가 구분되어 있어 가르침과 배움이 분명하게 보인다. 하지만 공간을 열어가는 수업은 누가 가르치고 누가 배우는지에 대한 경계가 모호하다. 가르치는 자와 배우는 자의 역할을 구분하려 하기보다는 서로가 서로에 대하여 알아가는 것에 중심을 두기 때문이다. 따라서 배움의 공간을 열어가는 수업은 갈등과 소통이 불가피한 일이고 일상적인 일이다. 관계를 맺어가는 건 혼자서는 할 수 없다. 반드시 관계를 맺어가야 할 상대가 있어야 하고, 서로에게 익숙해질 만큼의 시간이 필요한 법이다. 목적지에 도달하기까지 수많은 이야기를 주고받으며 관계를 쌓아간다.

배움의 공간을 열어가는 것이 경계를 무너뜨리는 일임은 분명하지만 경계 자체를 무시하는 것은 결코 아니다. 무너뜨림과 동시에 경계 세우기가 이루어질 때 비로소 공간을 새롭게 열었다고 말할 수 있기 때문이다. 근본적으로 공간이 존재하기 위해서는 공간과 공간이 구분되는 경계가 있어야 한다. 공간을 둘러싼 경계가 있지 않다면 그곳은 혼란만이 존재할 뿐이다. 따라서 배움의 공간을 열어가는 수업은 경계를 없애는 것이며, 동시에 새로운 경계를 세우는 것이다. 그래야만 아이들은 배움의 과정 속에서 안정감을 갖고 관계를 맺는다.

지금의 공간을 버리고 또 다른 공간으로 나아가는 이유는 질 높은 배움과 관계를 맺기 위함이다. 마치 유목민들이 가축들을 먹이기 위해 불편을 감수하고서라도 주거지를 끊임없이 이동하는 이유와 같다고 말할 수 있다. 마찬가지로 배움의 공간을 여는 까닭은 양질의 배움을 얻기 위해서이다. 문을 닫고 무언가로 채우면서 배웠던 것과는 전혀 다른 배움을 만드는 일이다. 빈 공간이 생겨날수록 교사의 눈은 아이들을 향하고 더 좋은 이야깃거리를 찾아다니며 수업이 자연스럽게 흘러갈 수 있게끔 더 많은 준비를 하게 된다.

# 교과서를
내려놓고
이야기 속으로

한 아이가 쓴 이야기에 아이들이 모두 귀를 기울인다.

"사람의 발길이 닿지 않는 어느 마을이 있었어. 해발 1,300미터 이상 되는 곳에 마을이 있었기 때문에 많은 사람들이 살고 있지는 않았지. 그곳에 사람이 많지 않았기에 온갖 식물들과 동물들이 가득했단다. 거기로부터 조금 멀리 떨어진 아랫마을에 호기심 많은 한 꼬마 아이가 살고 있었어. 어느 날 그 아이가 키우던 양이 울타리를 뛰어 넘어 산으로 도망치게 된 거야. 양을 쫓아 산을 오르던 꼬마 아이는 아름다운 산속 마을에 다다르게 되었지. 그날부터 그 아이는 산속 마을의 아름다운 풍경을 잊지 못하고 자주 찾아왔지. 가족들도 꼬마 아이에게 이끌려 함께 왔단다. 산속 마을에 대한 소식이 아랫마을의 주민들에게 알려지면서 산속 마을을 찾는 사람들이 점점 많아졌지. 심지어 아랫마을에서 이사하여 산 위로 올라오는 사람들도 생겨났단다. 산 위로 올라온 사람들은 마땅히 할 일이 없었기에 마을 주변의 나무들을 베어다 숯을 만들거나 짐승들을 잡아다가 팔기도 하였지. 처음에는 별일 아닌 듯 보였지만 시간이 흐르면서 나무와 짐승들이 점차 사라져갔고 그 마을은 황폐해지고 말았어."(6월 18일 현지 글쓰기 공책)

교사는 아이가 지어낸 이야기 속에 담긴 산림 훼손과 쓰레기 문제, 개발과 자원 낭비, 그리고 동식물 포획 활동을 통한 생태계 파괴 문제 등을 칠판에 적어나간다. 아이들은 마을이 황폐하게 된 여러 원인을 토양 오염, 수질 오염, 대기 오염과 생태계 파괴 등으로 분류하여 정리한다. 교사는 환경오염의 종류를 일목요연하게 분류하여 놓은 교과서를 사용하지 않고, 아이들이 직접 지은 이야기로 환경오염의 종류를 찾고 분류한다. 이야기가 계속되면서 환경오염은 각각의 문제이기보다는 사슬처럼 서로 연결되어 있다는 사실을 차츰 알게 된다. 노인이 살았던 그 마을이 처음부터 황무지는 아니었을 것이란 것과 사람에 의해 환경은 얼마든지 또다시 파괴될 수 있다는 것을 이야기로 풀어나간다.

교과서가 수많은 이야기를 담고 있는 것이라면 그 속의 이야기를 가르치는 것이 아니라, 그 속의 이야기로 가르쳐야 하는 것이 마땅하다. 교과서의 이야기가 주변에서 일어나는 진짜 이야기를 길어 올리는 마중물이 되어야 하는 것이다. 하지만 수업 속에서 나누는 이야기의 대부분은 누군가가 정해놓은 것으로만 채워진다. 마치 수업 중에 나누는 이야기가 따로 있는 것처럼 생각한다. 그 자리를 교과서가 채워 진짜 이야기가 수업 속으로 들어오지 못하는 결과를 낳았다.

수업 속에서 살아 있는 이야기가 나누어지려면 서로의 이야기에 귀를 기울여야 한다. 주말에 있었던 이야기로 한 주를 시작한다거나, 책 한 권을 함께 읽고 생각을 나눈다거나, 이야기를 지어서 친구들에게 들려준다거나, 거창하고 멋있는 이야기가 아니더라도 날마다 새로운 이야기를 담고 흘려보낼 때, 삶의 이야기가 흐르게 된다.

　수업은 또다시 『나무를 심은 사람』의 이야기로 이어진다. '마을의 모습은 어떠했어?' '모두가 떠나버린 마을에서 만난 노인의 모습은 어떠했지?' '노인이 주로 하는 일이 무엇이었니?'와 같이 처음에는 눈으로 보이는 것들 위주로 질문을 던진다. 전체적인 그림에 대한 질문이나 단순 관찰을 통해서도 쉽게 답할 수 있는 수준의 질문들이다.

　질문은 아이가 수업 흐름을 어느 정도의 깊이로 이해하고 있는지 교사가 확인할 수 있는 방법이다. 아이 또한 답하는 과정 속에서 알고 있는 것이 무엇인지 확인할 수 있게 만든다. 교사와 아이 모두 앎을 확인한 후에야 비로소 배움으로 나아갈 수 있다.

　단순한 관찰로도 알 수 있는 것들을 질문을 통해 확인하고 나면, 세밀한 관찰을 요하거나 사건에 대한 의미를 묻는 질문으로 이어진다. '매일 밤, 백 개의 도토리를 고르면서 노인은 무슨 생각을 했을까?' '도토리에 싹이 났을 때 노인의 마음은 어떠했을까?' '세상에 좋은 일도 많은데 노인이 나무를 심은 까닭은 무엇이라고 생각하니?' 등과 같은 질문에는 정답이 있을 수 없다. 저마다 생각하는 근거를 내세우면서 다양한 이야기가 넘쳐난다. 하지만 양이 곧 질을 보장할 수 없듯이 이야기가 넘쳐나는 것만으로 배움이 일어난다거나 배움의 수준이 높아졌다고 속단할 수는 없다. 교실 안이 이야기로 채워졌다는 것은 아이들이 배움의 길 위에 막 들어섰다는 증거일 뿐이다. 따라서 배움의 길에 들어선 아이들의 반응을 교사는 놓쳐서는 안 된다. 아이들이 쏟아놓는 이야기에 귀를 기울이고, 이야기의 흐름이 어디로 흘러가는지 살펴보아야 한다.

교사는 이야기가 어디로 흘러가는지 알아보기 위해 아이들의 이야기에서 공통점과 차이점을 분류해보고 정리한다. 대부분의 아이들은 노인이 나무를 심은 까닭에 대하여 사람들이 다시 살 수 있는 마을을 회복하기 위해서라든가, 아니면 경제적 이익을 얻기 위해서라고 말한다. 자연이 회복되는 과정조차 인간 중심에서 바라보고 있다는 사실을 아이들도 교사도 함께 확인한다.

앎과 삶 사이에는 늘 간극이 존재한다. 둘 사이에 놓인 차이를 좁히는 과정이 배움인데, 수업이 이러한 차이를 좁혀나가는 활동들로 이루어질 때 아이들은 배움의 즐거움을 느끼며 의미를 담는 만큼 배움에 몰입한다. 아이들이 앎과 삶의 관계를 단단히 맺어갈수록 수업의 방향은 더 명확해진다. 이때 다양한 자료를 활용하면 배움의 속도를 높일 수 있다.

교사는 생물 요소와 비생물 요소를 분류하게 한 뒤 생산자와 소비자, 분해자로 다시 분류해보게 한다. 생태계를 바탕으로 노인이 나무를 심은 까닭에 대한 과학적인 지식과 원리를 찾아나가게 한다. 활동을 마치고 교사는 노인이 나무를 심은 까닭을 다시 묻는다. 처음과 달리 아이들은 생태계와 관련지어 이야기하려 애쓴다.

"나무가 생산자이기 때문이에요. 생산자가 있어야 소비자가 살 수 있어요."

"생산자가 있어야 소비자도 있을 수 있죠. 분해자도 생겨나고요. 완벽한 생태계를 만들기 위해서 나무를 심었다고 생각해요."

"황무지가 아닌 숲을 만들어 동물도 살리고 사람들도 모이게 하기 위해서죠."

배움은 머리로 아는 것을 넘어 몸에 배게 하는 것이다. 아는 것을 행동으로 실천하게끔, 무언가를 몸에 스며들게 하기 위해서는 그만큼 움직여야 한다. 가만히 앉아만 있으면서 몸에 배기를 기대하는 것은 어리석은 일이다. 하지만 지금의 교실은 어떠한가? 몸을 마음껏 움직이기에 교실은 턱없이 좁은 공간이다. 아이들이 배우는 대부분의 것들이 교실 밖에 있음에도 수업은 주로 좁은 교실 안에서 이루어진다. 가르침과 배움이 교실 안에 갇히게 되면서 교실 밖의 것들을 교실 안으로 모두 가져오는 것은 애당초 불가능한 일이 되어버렸다. 모든 것을 교실 안으로 가지고 들어올 수 없으니, 잘게 나누어서 가져오거나 아니면 일부분만 떼어서 교과서에 담아올 수밖에 없게 되었다. 부분과 부분이 모인 합이 전체라고 말할 수 없듯이 파편화되고 분절된 지식은 원래의 모습을 잃어버린 채 교실에서 다루어진다. 교실에서 다루어지는 지식들은 이리저리 잘리고 축소되면서 생명을 잃고 말았다. 앎이 배움이 되려면 삶과 관련을 맺어야 한다. 나무를 심은 노인의 선택이 생태계를 회복시키는 것임을 알았다고 말한다면, 정말 그러한지 눈으로 확인하는 과정이 반드시 필요하다. 겉으로는 배운 것처럼 보일지라도 삶과 동떨어진 것은 무엇이 되었든 시간이 지나면 시들해지기 마련이다.

교사는 학교 주변의 식물들을 관찰하고 생산자가 생태계에 어떤 영향을 주는지 아이들이 직접 살펴보게 한다. 생산자 주변에서 일어나는 현상을 더 세심하게 관찰하기 위하여, 아이들은 생산자를 자세히 묘사하는 그림을 그린다. 관찰을 통해 알게 된 점을 글로 정리하면서 새롭게 얻은 지식과 정보를 다시금 정교화시킨다.

생태환경 조사하기

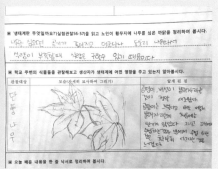
학교 주변 생태계 조사하기

수업 전 – '아이들의 앎의 수준을 어떻게 파악할 수 있을 것인가?'

수업 중 – '앎과 배움을 어떻게 연결할 것인가?'

수업 후 – '앎과 배움이 삶으로 이어지려면 어떻게 해야 할 것인가?'

질문은 앎과 배움에 대한 이해를 돕는다. 앎에서 배움으로 나아가려면 먼저 둘 사이의 간극부터 가늠해보아야 한다. 앎의 수준을 확인하는 것만으로도 배움의 방향이 잡힌다. 따라서 수업은 앎과 배움 사이에 다리를 놓는 일이며 시간과 공간을 넘어 아이의 삶으로까지 다다를 때 비로소 앎과 삶의 다리가 완성된다.

앎을 넘어
삶을 향해

머리로는 앎과 배움을 구분하는 것이 가능할지 몰라도 수업 중에 교사가 앎과 배움을 구분해가며 가르치기에는 현실적으로 극복해야 할 것들이 너무 많아 보인다. 누군가의 수업을 편안하게 앉아서 참관할 때는 보이던 것도 막상 자신이 수업을 하려고 앞에 서면 아무것도 눈에 들어오지 않는다. 교실 안에서 일어나는 크고 작은 일들을 살펴보는 것만으로도 이미 머릿속은 복잡해진다. 아이들의 질문에 일일이 반응하다 보면 수업이 어디로 흘러가고 있는지조차 파악하기 어렵다. 교실 상황을 살피고 적절히 반응을 보이면서 동시다발적으로 일어나는 아이들의 앎과 배움을 감지해내기란 여간 어려운 일이 아니다.

모든 가르침은 삶의 과정에서 증명될 때 의미를 얻는다. 앎과 배움의 차이를 좁히고 채우다 또다시 차이를 벌리는 구체적인 행동들이 쌓여서 삶이 된다. 그러한 삶을 기반으로 할 때 비로소 앎에서 배움으로 나아갈 수 있다. 따라서 자신의 삶을 충실히 살아가는 사람은 그의 삶 속에 항상 배움이 있기 마련이다. 앎이 삶으로 될 때만이 진정한 배움이라고 말할 수 있는 것도 이러한 이유 때문이다.

지금의 학교 교육은 어떠한가? 삶에는 전혀 관심을 두지 않는다. 오히려 삶을 거추장스럽게 여기고 앎과 삶을 철저하게 분리시킨다. 만약 삶을 비추는 거울이 있다면 거울에 비친 학교는 삶을 옥죄는 모습일 것이다. 이제는 너무도 익숙해져 버려서 문제가 문제로 여겨지지 않는다. 가르침은 왜 40분 안에 이루어져야 하는 것이고, 10분 동안 쉬고 난 뒤 왜 조금 전과 전혀 다른 것을 배워야 하는지, 왜 교과서에 나오는 질문에 빠짐없이 답을 달아야 직성이 풀리는지, 왜 학교는 같은 나이의 아이들끼리만 어울릴 수 있게 만든 것인지, 학교만 벗어나면 나오는 다른 나이의 사람들과 어울리며 살아야 하는데도 말이다. 더 잘살기 위해 교육이 존재하는 것인데, 언제부터인가 우리는 교육을 위해 살고 있다. 사회가 교육을 지나치게 강조하면서 생겨난 괴이한 현상이다.

이 세상 어느 누구도 배우기 위해 삶을 사는 사람은 없다. 살기 위해 음식을 먹듯, 우리 모두는 잘살기 위해 배운다. 교육이 존재하는 이유도 삶을 살기 위해서이다. 앎이 앎에서 멈추지 않고 삶이 되기를 힘쓰는 것도, 그래서 삶이 넘나드는 교육을 펼쳐나가야 하는 이유 또한 앎과 삶이 분리되거나 삶이 앎에 의해서 전복되지 않기 위해서이다. 하지만 세상은 교육을 너무나 중시한 나머지 삶을 풍요롭게 만들어야 할 교육이 오히려 삶을 짓눌러 버겁게 만든다. 앎이 삶을 압도해버리는 정상적이지 않은 교육이 펼쳐지는 것이다.

삶보다는 앎이 강조되다 보니 마치 알기 위해 사는 것처럼 삶의 모습도 변해버렸다. 그중 하나가 바로 배움에서 시간을 통제하는 현상이다. 배워야 할 내용을 미리 정하고 정해진 시간에 수업이 이루어진다. 교사가 질문을 던지면 정해진 시간 동안 아이들은 생각하고, 글을 쓰거나 발표한 뒤에 또 다른 이야기로 넘어간다. 과제를 제시할 때도 해결할 시간을 정한 뒤에 다음 순서로 넘어간다.

하지만 이러한 일들은 교실 속에서나 볼 수 있는 장면으로, 생활 속에서는 찾아보기 어렵다. 아이들이 친구와 이야기를 나누려 할 때, 발언 시간을 정해놓고 이야기를 나누는 경우는 극히 드물다. 또한 이야기를 할 때 얼마만큼 이야기할 것인지 미리 생각하고 이야기하는 경우는 거의 없다. 꼬리에 꼬리를 이어가며 자연스럽게 이야기를 섞는다. 충분히 이야기가 나누어지고 나서야 새로운 이야기로 넘어간다. 반대로 수업 중에 이루어지는 이야기는 교사가 정해놓은 시간에 따라 이루어진다. 종소리에 따라 다른 교과서를 펼치고, 방금 전에 배웠던 내용과는 전혀 관련 없는 이야기를 나눈다. 수업 중에 다루는 이야기는 앎에 중심을 두고 있기 때문이다.

앎이 삶을 압도해버리는 교육에서 벗어나는 유일한 길은 배움과 가르침이 변하는 것이다. 통제된 시간과 규격화된 공간에서 벗어날 때만이 진정한 배움의 길을 열 수 있게 된다. 우리가 가르치고자 하는 것이 교과 지식이 아닌, 앎을 넘어 삶이 되는 배움을 길러주기 위한 것이라면 더욱더 시간과 공간의 틀에서 벗어나야만 한다. 산길을 따라 산책을 하거나 텃밭을 가꾸는 것, 주말 동안 있었던 일들

떡갈나무 그리기

넘나드는 배움

을 나누는 것, 교과서를 펼치기보다는 요즘 자신이 즐겨 읽고 있는 책이나 겪은 일을 중심으로 이야기를 나누는 것들이 모두 시간과 공간을 여는 일이다.

아침 산책길에 떡갈나무를 찾아 그려보기로 한다. 떡갈나무의 잎 모양과 나무의 생김새에 대해 이야기를 나누고서는 찾아보라는 교사의 말이 떨어지기가 무섭게 아이들은 뒷산 이곳저곳을 신나게 뛰어다닌다. 오래되고 굵은 소나무 가지가 넓게 뻗어 있어 낮에도 숲 속의 어둠이 짙게 드리운다. 그 좁은 틈 사이를 비집고 신갈나무, 갈참나무, 상수리나무와 같은 참나무들이 키 재기 하듯이 하늘 높이 자란다. 그리 멀지 않은 곳에서 떡갈나무를 찾은 아이들은 잎과 나무를 자세히 들여다보며 그리기 시작한다. 경사가 꽤 급한 곳에서 자라고 있는 떡갈나무를 조금이라도 더 가까이 관찰하기 위해 아이들은 나무에 몸을 기대어가며 자세히 그려나간다.

"도토리를 심은 것이 마을을 살리기 위한 최선의 방법이었을까?"

나무가 사람들에게 주는 이로움을 나열해가면서, 아이들은 황무지에 나무를 심었던 노인의 행동이 옳다고들 말한다. 이와는 달리 그것이 최선의 방법일 수 없다는 의견은 나무를 계속 심고 가꾸는 것이 노인에게 힘든 일이며, 마을이 회복되어 가기에는 너무 오랜 시간이 걸린다는 것을 근거로 삼는다. 아이들의 이야기는 또 다른 이야기의 꼬리를 이어가며 수많은 나무 중에서 '왜 하필 떡갈나무를 심었을까?'란 질문으로 이어진다.

"노인에게는 도토리 밖에 없었어요."
"떡갈나무는 수많은 도토리가 생겨나면서 번식이 잘 되요."
"방금 전에 숲에서 본 것처럼 떡갈나무는 척박한 곳에서도 잘 자라요."

방금 전 다녀온 숲 산책에서의 경험이 탄탄한 근거가 되기도 한다. 아이들은 보고 듣고 직접 몸으로 겪어낸 것일수록 드러내길 좋아한다. 기억을 되살리며 그림을 그리거나 글로 풀어내고 싶어 한다. 경험한 일만큼은 물어보지 않더라도 신나게 이야기하는 것이 아이들이다. 아이만 그러한가? 사람은 누구나 몸으로 익힌 것일수록 편히 드러내고 오래 기억하는 법이다. 그럼에도 오늘날 학교에서 이루어지는 수업들은 몸으로 배우는 것과는 거리가 멀다. 학년이 올라갈수록 몸으로 배우고 익혀가기보다는 머리에 지식을 가득 채우려고만 한다. 몸으로 겪는 일이 줄어드니 드러내는 모습 또한 자연스레 사라진다. 가르침이 앎에 대한 갈증을 불러일으키기보다는 도리어 머리에 넣는 과정에서 갈등만 불러일으킬 뿐이다. 이 모든 것이 앎이 삶을 역전해버린 까닭이며 앎을 통해서만 교육이 이루어진다는 생각이 빚어낸 현상들이다. 하지만 아이들 스스로 터득해가는 것이 아니라면 앎은 삶에 어떠한 도움도 되지 못한다. 배움은 종이 위에 쓰여 있는 글자를 눈으로만 읽는 게 아니다. 만져보고, 냄새를 맡아보거나 입에 넣어 맛을 보기도 하고, 꼭꼭 씹은 후에 삼키고 소화 과정을 통하여 우리 몸의 살과 피가 되어서 그렇게 살아보아야 진정한 배움이라 말할 수 있다.

# 배우기 위해
# 사는가
# 살기 위해
# 배우는가?

앎이 중심이 되어버린 수업은 앎과 삶 사이에 높은 장벽을 쌓았다. 앎과 삶 사이를 수시로 넘나들어야 할 배움이 둘 사이에 놓인 벽에 막혀, 앎과 삶이 갈라져 버렸다. '삶'과 '앎'이 하나가 되어 '사람(삶+앎)'이 되어야 하는데 그렇지 못하게 된 것이다. 왜 이런 결과를 낳게 된 것일까? 교사라면 누구나 앎이 삶으로 이어지고 삶이 또다시 앎이 되어가기를 바라고 있을 텐데 말이다. 그 이유는 수업을 바라보는 교사의 관점에서 비롯된다.

앎에 중심을 두는 교사는 계획된 교육과정을 충실히 따르기 마련이다. '교육과정을 충실히 따르는 것이 무슨 문제가 되느냐?'고 반문하겠지만 지금과 같은 구조 속에서 이루어지는 수업은 앎 위주의 가르침에서 벗어나기 어렵다. 일반적으로 우리는 몇 월, 며칠, 몇 교시에 무엇을 가르칠 것인지 오래전에 미리 정해 놓고서는 수업을 진행한다. 천재지변이 아니고서는 계획에서 벗어나는 일은 있을 수 없다. 한 치의 흔들림도 없이 수업이 이루어질수록 교과 지식은 모든 것의 기준이 된다. 앎에 충실한 가르침과 배움만이 수업 공간을 가득 메운다.

앎이 중심이 되어버린 수업에서 벗어나려 발버둥을 쳐보지만 쉽지 않다. 흔히들 교육과정 재구성이 해법인 것처럼 말하지만 그 또한 앎에 중심을 두고 있다면 근본적인 해결책은 되지 못한다. 마치 갖가지 종류의 음식들이 잘 차려진 식당에 가서 무엇부터 접시에 담을지 고민하는 것과 같은 경우이다. 식당에서 마련해둔 음식들 중에서만 고를 수 있을 뿐, 그 외의 것을 접시에 담을 수는 없다. 할 수 있는 건 고작 무엇부터 먹을지 선택하는 것뿐이다. 처음에는 골라 먹는 재미에 빠져 만족스러워하지만 그것도 잠시뿐이다. 배가 차면 그렇게 맛있던 음식도 금세 싫증나기 마련이다. 교육과정을 재구성하려는 목적이 더 많은 교과 지식을 담아내기 위한 것이라면 여전히 앎에 중심을 둔 수업의 한계를 벗어나지 못하게 된다.

"왜 하필 떡갈나무를 심었을까?"

어제 다 나누지 못한 이야기로부터 오늘 수업이 시작된다. 수많은 종류의 나무 중에서 노인이 왜 떡갈나무를 심었는지에 대한 질문은 어제와 오늘의 시간을 연결시킨다. 아이들은 질문에 대하여 나름의 가설을 세워나간다.

"열매가 도토리이니까 번식하기 쉽고 잘 자라기 때문이 아닐까요?"
"떡갈나무는 어느 곳에서나 잘 자라서 노인이 심었다고 생각해요."
"도토리는 먹을 수 있고요. 다 자란 나무는 다양한 것들을 만들기에 좋아요."
"떡갈나무는 메마른 땅에서도 잘 자라는 나무라서 심었다고 생각해요."

아이들은 자신들이 생각한 가설이 정말 그러한지 떡갈나무에 대한 자료를 수집하고 정리한다. 책이나 인터넷을 통해 얻은 정보가 사실인지 떡갈나무가 자라고 있는 곳을 다시 찾아 눈으로 확인한다. 조사하는 과정에서 학교 주변 세 곳에 떡갈나무 군락지가 형성되어 있다는 사실도 알게 되었다. 떡갈나무가 어떻게 환경에 적응하며 살아가는지 자료와 경험을 바탕으로 해석한다.

해석의 과정에서 중요한 것은 지금까지 알고 있던 내용을 종합해내는 능력이다. 사실들을 나열하는 수준을 넘어 지식을 자기 것으로 만드는 고도의 사고력이 바로 해석의 과정이다. 책을 읽는 것으로, 가만히 앉아서 남의 말을 듣는 것으로는 해석의 능력을 기를 수 없다. 알고 있는 지식과 경험을 서로 나눌 때 비로소 생각은 정리되고 문제를 제대로 해석할 수 있게 된다.

'내가 만약 노인이라면 어떻게 했을까?'란 주제를 가지고 토의가 이루어진다. 개인과 개인 사이에서 시작된 토의는 4인 1개조로 구성된 모둠 토론으로, 다시

떡갈나무를 찾아서

모두가 함께 이야기를 나누는 전체 토의로 이어진다. 떡갈나무를 심은 노인의 선택이 최선이었다는 쪽으로 의견이 모였지만 혼자가 아닌 여럿이 함께 그 일을 하였다면 마을을 복원하는 시간을 줄일 수 있었을 것이라는 의견도 나온다.

아이들의 궁금증을 해결하는 과정에서 배움은 흐르고 흘러서, 과학과의 '생물은 환경에 어떻게 적응하면서 살아갈까요?' 사회과의 '환경 문제 해결을 위한 노력', 국어과의 '해결의 방법이 드러나게 글쓰기', 미술과의 '관찰과 발견'에까지 다다랐다.

우리는 먹기 위해 사는 게 아니라, 살기 위해 먹는다. 교육과정을 재구성하려는 이유도 더 많이 배우기 위해서가 아니라 더 잘살기 위해서이다. 많은 지식을 효율적으로 가르치기 위해서 재구성이 필요한 게 아니기에 교육과정 재구성의 기준은 앎이 아닌 삶에 두는 것이 마땅하다. 빈 공간을 지식으로 가득 채우려 하기보다는 삶을 더 잘살 수 있게 공간을 만들고 길을 열어야 하는 것, 그것이 교육과정을 재구성해야 하는 이유이다. 배움이 흐르는 곳을 따라서 자유롭게 길을 열 수 있게 만드는 것이 교육과정 재구성의 본 취지인 것이다.

하지만 재구성된 교육과정의 면면을 살펴보면, 교과 내용을 이리저리 잘라서 재조합해놓은 것들이 대부분이다. 이렇게 구성된 교육과정은 더 많은 배움이 일어나게 했는지 몰라도 아이들의 삶이 더 나아졌는지에 대해서는 알 수 없다. 그것은 교육과정 재구성을 제대로 했느냐 안 했느냐에 달린 문제가 아니기 때문이다. 오히려 교육과정 재구성을 제대로 하면 할수록 우리의 기대와는 달리, 삶과는 멀어지는 결과만을 낳게 된다. 삶으로 채워나가야 할 공간이 앎으로 이미 가득 채워져 있어 더 이상 삶이 들어갈 틈을 찾을 수 없기 때문이다. 앎에 중심을 두는 교육과정일수록 삶과 멀어지게 되는 건 당연한 일이다.

### 1주차 경제 성장 중심 마을 활동 이야기

마을 활동은 놀이이다. 아이들 속에서 숱하게 이루어지는 놀이 중 하나일 뿐이다. 심각하게 무언가를 생각해야 하거나 무언가를 만들어내야 하는 것도 아니다. 그저 매일 무언가를 확인하고 기록하는 것이 전부이다. 매뉴얼로는 복잡한 것처럼 보일지 몰라도 막상 시작하면 매우 단순하다. 그래서 아이들은 마을 활동을 좋아한다.

어떤 놀이든 준비 과정이 복잡하면 오래 가지 못한다. 도구나 장비를 완벽히 갖추고 시작하는 놀이가 재미있을 것 같아 보여도 그리 오래가지 못한다. 아이들이 노는 것을 유심히 살펴보면, 주변에서 쉽게 구할 수 있는 것으로 함께 즐길 수 있는 놀이를 더 좋아한다. 돌이나 나뭇가지 하나를 들고서도 몇 시간이고 재미나게 놀 수 있는 것이 아이들이다. 방금 전까지만 해도 낄낄대며 놀다가도 금세 재미없어 하는 것도 아이들이다. 반복되는 것에 싫증을 느낄 수도 있고, 놀이가 자신에게 불리해져서 그럴 수도 있고, 친구의 말 한마디에 서운해져서 그럴 수도 있다. 그러할 때면, 찬물을 끼얹은 듯이 열기는 식어버리고, 삼삼오오 편이 갈라진다. 그럼에도 끝까지 식지 않는 것이 있다면 놀이를 계속하고 싶어 하는 마음이다. 그 마음이 놀이를 새롭게 만든다. 따라서 놀이가 중단되는 것은 또 다른 놀이로 가기 위한 숨고르기이며 변주인 것이다.

마을 활동에도 변주가 필요하다. 아이들이 마을 활동에 흥미를 느끼면 느낄수록 상황에 맞게 놀이를 바꾸어나가야 한다. 3주간의 의미 있는 경험을 쌓아간다거나, 활동 속에서 어떤 의미가 있는지 들여다보는 것과 같은 마을 활동의 큰 틀은 유지하되, 나머지는 바꾸어가는 것이 좋다. 마을 활동이 교육적 효과가 크다고 할지라도 활동을 하기 위한 활동이 되어서는 안 되기 때문이다. 그러기 위해서는 교사의 고민이 깊어질 수밖에 없다. 학교 문화나 아이들 특성을 먼저 파악해야 하고, 교육과정과 연계하여 마을 활동에 대한 교사의 의도가 분명해야 한다. 변주를 하려면 먼저 원곡을 잘 알아야 하듯이 무엇이 중심인지를 분명히 세워두어야 한다. 그래야만 수많은 변주가 일어나더라도 중심을 잡을 수 있다.


"선생님, 마을 활동 언제부터 해요?"


어울림 이야기에 나와 있는 일정표를 보고 아이들의 질문이 쏟아진다. 계획대로라면 아이들 말대로 지난주부터 시작해야 했다. 마을 활동을 자세히 안내할 만큼 시간적으로 여유가 없기도 하였지만 수업의 흐름에 맞추어서 운영되어야 하는 것이 마을 활동인지라 적당한 시기를 기다리고 있었다. 또한 마을 활동에 대한 아이들과 학부모의 반응이 어떨지에 대한 망설임도 이유 중 하나였다. 무턱대고 시작하기보다는 놀이가 그러하듯, 하고 싶을 때 펼쳐놓는 것이 좋다.

계획한 것보다 한 주 늦게 시작해서 그런지, 마을 활동에 대한 아이들의 기대가 컸다. 지난 시즌의 경제 마을 활동에서 재미를 느낀 아이들은 마을 법률을 꼼꼼하게 읽는다. 두 번의 마을 활동을 거치면서 무엇보다 법에 대하여 잘 알아야 한다는 것을 아이들이 깨달았기 때문이다. 개중에는 자기가 원하는 자리에 앉기 위해서 토지 용도를 무엇으로 해야 할지 골똘히 생각하는 아이도 있다.

　　"오늘 6교시에 마을 활동 시즌 3가 시작되었다. 선생님께서 시즌 1, 2에 있었던 마을 활동과 비교해가면서 새롭게 달라진 것이 무엇인지 자세히 알려주셨다. 처음에는 무언가 많이 복잡하다는 생각이 들었는데, 설명을 들어보니 이해하기 쉬웠다. 토지 용도에 따라서 다양한 직업들이 생기나서 좋았지만 땅을 오염시킨다는 말에 다시 살펴보았다. 오염도가 200퍼센트가 되면 마을 활동에 참여할 수 없다는 선생님의 말씀에, 어느 것이 이득인지 따져보았다. 처음에는 공무원이 좋아 보였는데, 찬찬히 살펴보니 과수원이 좋을 것 같아서 그것으로 하기로 하였다. 돈은 적게 벌지만 오래 갈 수 있다는 장점이 있기 때문이다."(6월 26일 미현이 글쓰기 공책)

　　"드디어, 마을 활동이 시작되었다. 지난번 시즌보다 확실히 복잡해지기는 하였지만 기대가 된다. 나는 임금 400냥과 오염도가 40퍼센트인 학교를 토지 용도로 골랐다. 딱 5일 동안만 살 수 있기 때문이다. 임금도 적지 않으면서도 오염도도 높지 않으니, 벌도장이나 상도장 받는 걸 합치면 매일 500냥은 받을 수 있다. 내가 생각해도 진짜 잘 선택한 것 같다."(6월 26일 진우 글쓰기 공책)

　　토지 용도에 따라 임금과 오염도가 다르기 때문에 이리저리 득과 실을 따지면서 아이들은 최선의 방법을 찾는다. 토지 용도 중에는 방사능폐기물처리장과 같이 많은 수익을 올릴 수 있지만 오염도가 높아서 오래 가지 못하는 것이 있는가 하면, 국립공원이나 수목원처럼 수익은 적지만 오염도가 낮아서 오래 갈 수

경제성장 환경시스템온도계
토지용도( 공무원 )
1일임금( 400 )
1일오염도( 20 )

경제성장 환경시스템온도계
토지용도( 수목원 )
1일임금( 300 )
1일오염도( 20% )

경제성장 환경시스템온도계
토지용도( 학교 )
1일임금( 400 )
1일오염도( 40% )

총생산액    토지오염도

**환경놀이온도계**

있는 것들이 있다. 수익과 오염도를 이리저리 따지고 나서 아이들은 자신의 토지를 어떤 용도로 사용할 것인지를 결정하였다. 수목원으로 토지를 활용하겠다는 아이들이 7명, 벼농사 5명, 학교 3명, 공무원 3명, 국립공원 2명, 과수원 2명, 아파트 2명, 유기농 야채 재배 1명, 화력발전소 1명, 방사능폐기물처리장 1명, 타이어 공장 1명이었다. 돈을 많이 벌 순 있어도 오염도가 높은 것들보다는, 돈을 적게 벌어도 오염도가 낮은 것들 위주로 선택하였다.

아이들 책상 위에 온도계와 같은 그림을 하나씩 붙였다. 총 생산액과 토지 오염도를 나타낸 그래프이다.

"내 땅은 수목원이니까 하루 임금은 300냥을 받으면 되는 것이고, 오염도는 20퍼센트이니까…… 요렇게 색칠하면 되겠네."

사인펜을 가지고 그래프를 색칠한다. 그것을 지켜보고 있던 아이도 자기 책상에 붙여놓은 온도계에 색을 칠한다.

학생1 나는 방사능폐기물처리장이니까 1,000냥을 받으면 되고 대신에 오염도는 100퍼센트네. 내일이면 죽지만 돈을 많이 벌게 되는 거니까 난 죽어도 괜찮아.

학생2 야! 너는 돈 많이 벌어서 괜찮겠지만 잘못하면 모둠 전체가 죽을 수 있단 말이야.

학생3 그렇게 속상하면 너도 나처럼 방사능폐기물처리장으로 하지 그랬어? 돈 많이 벌면 좋은 거 아닌가?

마을 활동이 사흘째로 접어들면서 여기저기서 아우성이 들린다. 누구는 토지 오염도가 200퍼센트가 되어 죽게 되었다느니 자신은 아직 괜찮다며 친구들의 상황과 자신을 비교하는 이런저런 말들이 오가기 시작한다. 그중에서도 가장 많은 이야기가 오가는 곳은 방사능폐기물처리장과 타이어 공장과 같이 많은 돈을 벌기 위해서 오염도가 높은 것들을 선택한 모둠이었다. 방사능폐기물처리장이나 타이어 공장을 선택한 아이들을 중심으로 개인 차원의 마을 활동 종료가 발생하였기 때문이다. 한두 명의 활동 종료가 모둠 활동 종료로까지 이어진다는 사실을 깨닫는 순간, 원망 섞인 말과 행동으로 교실 안은 술렁거리기 시작했다.

마을 활동 종료를 바로 앞에 두고 있는 모둠에서는 서로에게 책임을 물으며 야단들이다. 내일이면 죽는다면서도 돈 많이 벌어 좋다는 아이와 그 아이의 선택을 못마땅해 하는 아이의 얼굴에서 희비가 엇갈린다. 돈을 많이 버는 것보다는 오래 살고 싶어 하는 아이들 위주로 볼멘소리가 들린다. 더 살 수 있는데 누구 때문에 죽게 되었다느니 하면서 말이다.

"선생님, 아무래도 내일 교실 전체가 종료될 것 같아요. 더 이상 회복되는 건 불가능하거든요."

덕분에 환경오염의 영향이 누구에게나 미칠 수 있다는 것을 아이들이 심각하게 깨닫는 순간이 되었고, 자연스럽게 공존을 주제로 수업이 흘러갈 수 있었다. 교사는 아이의 푸념 섞인 말을 『나무를 심은 사람』의 이야기로 연결지어 수업을 이어나간다. 매일 100개의 도토리를 심고 그것이 10만 개가 되었으며 그중에서 싹을 틔워 자라게 된 것은 1만 그루뿐이라는 이야기를 읽고서, 노인의 행동을 따라서 우리도 해보자고 제안한다. 백일홍과 분꽃 씨앗을 모둠별로 나누어주고 학교 주변 적당한 곳에 심어보는 활동으로 이어진다. 교실 밖으로 나간 아이들은 어느 곳에 심어야 잘 자랄지 생각하고 꽃씨를 심는다. 땅을 파고 물을 주며 씨앗을 밟지 않도록 작은 돌로 울타리를 만들어놓기도 한다. 교실로 돌아와서는 국어 교과서에 있는 「나도 씨앗」이란 시를 함께 읽고 방금 전에 심은 꽃씨를 생각하며 시를 짓는다. 저마다 꽃씨에 이름을 붙이고 의미를 담아 시를 짓고 함께 나눈다.

"애들아, 너희들이 쓴 시를 꽃씨에게 들려주는 것이 오늘의 미션이란다. 중간 놀이나 점심놀이 시간을 활용해서 꼭 말해주고 오렴."

씨앗이 싹을 틔워 예쁜 꽃이 되기까지 씨앗에게 시 읽어주기를 매일 실천해보기로 한다. 꽃씨를 심었기 때문인지 아니면 아이들 등살에 못 견뎌서인지 몰라도, 방사능폐기물처리장과 타이어 공장으로 돈을 많이 번 아이들이 1,000냥의 세금을 내고 토지를 변경하였다. 두 아이의 결정으로 모둠이 종료되는 사태가 일어나지 않고 마을 활동이 무사히 진행될 수 있었다.

아이들이 모은 임금을 결산하고 2주차 마을 활동을 위해 토지 경매에 들어갔다. 모든 자리를 경매로 정할 경우, 과열될 것 같아서 열두 개의 자리만 경매에 붙이고 나머지는 제비뽑기로 자리를 배치하였다. 친한 친구끼리 앉아서 무척 좋아하는 아이들이 있는가 하면 그렇지 못한 아이들도 생겨났다. 그래서 언제나 자리 경매를 할 때면, 아이들 사이에 약간의 긴장감이 흐른다. 어떤 아이는 자신이 원하는 자리에 앉을 수 있음에도 선택을 미루거나 주저하기도 한다. 친구로부터 선택받지 못하는 것을 속상해하는 아이가 있는가 하면 그것을 대수롭지 않게 웃음으로 넘기는 아이도 있다. 마을 활동을 놀이로 받아들이는 순간, 아이들은 놀이를 경쟁으로 받아들이지 않고 함께 즐긴다. 자신이 원하는 대로 되면 좋고, 그렇지 않으면 할 수 없다는 걸 받아들일수록 마을 활동의 효과는 배가된다.

## 2주차 녹색 성장 중심 마을 활동 이야기

아침에 교실로 들어선 아이들은 얼른 자리를 정돈하고 배움공책을 펼친다. 어제 학교에서 있었던 일들을 떠올리며 가장 기억에 남는 장면을 쓰기 시작한다.

어제 수업 시간에 신도시를 만들었다. 원래 교과서에도 건물들이 그려진 그림카드가 있었지만 선생님께서는 책에 없는 것들까지 넣어서 크게 프린트해서 우리들에게 나누어주셨다. 그게 더 재미있었다. 혼자서 만들기보다는 모둠이 협동해서 하니까 더 좋았다. 아파트 한가운데 학교와 유치원을 세우고 회사도 가까이에 세웠다. 공장은 일하러 가기 편하게 아파트 뒤편에 세웠고 학교와는 멀리 떨어뜨려 놓았다. 아이들이 걱정 없이 다닐 수 있도록 하기 위해서이다. 여가시설은 지하철역 바로 옆에 세웠다. 다 만들고 나니 무슨 아파트 광고를 하는 것 같았다. 이런 신도시가 진짜 있다면 난 거기서 살 것이다.(7월 2일 민지 글 아이들이 쓴 배움공책을 읽으면서, 교사는 어제 신도시 모형도를 만들면서 아이들이 어떤 생각을 하였는지 살펴본다. 그리고 '과연 환경 문제를 해결하는 최선의 방법이 신도시 개발뿐일까?' 하는 의문을 갖는다. 경제 성장과 환경이 조화를 이루며 환경 문제를 해결하기보다는 인간의 편리함만을 추구하는 쪽으로 배움이 기울여져 있음이 느껴졌다. 환경 문제의 근본적인 해결책은 더 많은 이익을 채워주는 개발 정책에 있지 않음을 교사는 확신한다. 그래서 오늘은 마을 활동을 바탕으로 그 해결 방법을 다시 찾아보기로 하였다. 교과서는 도시화의 문제를 해결하는 방법이 그보다도 더 좋은 신도시를 개발하는 것이라고 말한다. 교과서를 중심으로 배웠다가는 경제 성장만이 환경 문제를 해결하는 유일한 방법인 것처럼 아이들이 생각하게 될 수 있기 때문이다.

"사람이 편해지려고만 한다면 환경 파괴는 막을 수 없어요."

'도시를 새롭게 개발하는 것이 환경 문제를 해결하는 최선의 방법일까?'란 질문을 아이들에게 던져보고 싶었던 찰라 마침 한 아이의 말이 경제 성장 중심 환경 정책의 한계를 분명하게 드러내주었다. 경제 성장은 가져오더라도 토지 오염도가 올라가는 것을 막을 수 없었던 마을 활동의 경험이 환경 문제가 어디에서부터 시작되는지 알려주었다. 나무를 심은 노인의 열정으로 사막과 같았던 곳이 숲을 이루게 되었지만, 나무를 자원으로 이용하기 위한 인간들의 욕심으로 또다시 숲의 위기가 찾아왔을 때, 경제 성장 중심의 개발만이 최선의 방법이 될 수 없음을 느낀 것이다.

환경이 파괴되지 않으려면 불편함을 감수할 수밖에 없다는 사실을 알게 된 이후, 2주차 마을 활동이 시작된다. 1주차가 환경보다는 경제 성장에 중심을 둔 마을 활동이라면, 2주차는 '녹색 성장 중심의 마을 활동'으로 경제와 환경을 모두 고려한 마을 활동이다. 1주차와 달라진 점은 소득의 일정 부분을 탄소세로 거두는 것이다. 토지 오염도가 높아져 마을 활동이 종료될 위기에 처해질 경우 모아 둔 탄소세가 환경보호기금이 되어 다시 회생할 수 있도록 돕는다.

"지난주와 다르게 탄소세가 생겨서 수입이 줄어들었다. 소득에서 탄소세를 계산하는 것도 힘들고 복잡했다. 하지만 탄소세가 마을 활동이 끝나는 것을 막을 수 있어서 참 다행이다. 돈만 벌려고 하는 아이들 때문에 마을 활동이 끝나버릴 수도 있기 때문이다."(7월 8일 현수 글쓰기 공책)

"우리가 모은 탄소세를 사용하는 일이 생기지 않았으면 좋겠다. 그만큼 환경이 보호되는 것이고, 돈도 아낄 수 있기 때문이다. 그런데 몇몇 아이들 때문에 탄소세가 낭비될 것 같다. 마을 활동을 계속할 수 있어서 다행이지만, 우리가 모은 돈을 낭비하는 것에 기분이 좋지 않다."(7월 8일 수진이 글쓰기 공책)

예상과는 다른 경험들을 쌓아가는 것이 마을 활동의 묘미인 까닭에 늘 변수가 있고 그래서 갈등이 생겨나기 마련이다. 정해진 길로 몰아가거나 정답을 찾는 활동이 아니기 때문이다. 선택의 결과를 확인하고 그에 합당한 책임의식을 느끼면서 함께 놀이를 즐기는 데 의미를 둔다. 아무리 좋은 의도로 만들어진 놀이일지라도 그것을 즐기는 사람에 의하여 변질될 수가 있듯이 마을 활동도 참여자에 따라 취지가 흐릿해지거나 전혀 엉뚱한 곳으로 흐를 수 있다. 그런 변수를 늘 감수하면서도 진행되는 것이 마을 활동이다. 그래서 교사의 관찰이 더더욱 중요하다. 무심코 내뱉는 말 속에서 그 의미를 발견하고 함께 공유하며 배울 수 있는 기회를 얼마나 자주 이끌어낼 수 있는지가 마을 활동의 관건인 셈이다.

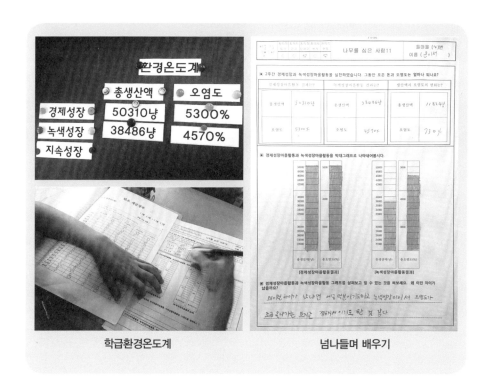

학급환경온도계        넘나들며 배우기

경제 성장 중심의 마을 활동과 녹색 성장 중심의 마을 활동 결과를 비교해보는 수업이 이어진다. 마을 활동의 생산액과 오염도를 그래프로 그려보니 확연히 다른 점이 보인다. 이와 같은 결과가 나타난 원인이 무엇인지 아이들에게 물어보니, 탄소세로 생산액은 낮아졌지만 오염도를 낮출 수 있었다는 것에 의견을 같이 하였다.

탄소세뿐 아니라 토지 용도를 선택하는 과정에서 이루어진 모둠 협의를 원인으로 말하기도 하였다. 토지 용도를 선택하는 과정에서 개인의 판단에만 맡겨두었던 경제 성장 중심 마을 활동과는 달리, 모둠에서 충분한 논의를 거쳐서 토지의 용도를 결정하였기 때문에 더 좋은 선택을 할 수 있었다는 이야기다. 표와 그래프에 나타난 것을 가지고 원인을 분석해내는 것도 중요하지만 이처럼 눈에 보이지 않는 것에서 원인을 찾는 것이 더 필요하다. 눈에 보이지 않는 것이 문제의 원인이며 해결책이 된다는 사실을 배울 수 있기 때문이다. 눈에 보이지 않았던 것을 볼 수 있고 겪을 수 있게 해주는 것이 마을 활동의 또 다른 이로움이다.

"세계가 함께 공장의 수를 제한하면 좋겠다. 경제를 성장시키기 위해서 공장을 지으면 자원이 낭비되고 환경도 오염되기 때문이다. 그렇다고 선진국이 마음대로 공장을 짓지 말라고 해서는 안 된다. 선진국과 같이 이미 개발된 나라는 자원을 낭비하지 않는 기술을 다른 나라에게 적극적으로 알려주어야 한다. 만약 공장을 짓더라도 자원이 덜 낭비되도록 하여서 경제 성장과 환경보호 사이의 평형을 유지해야 한다."(7월 9일 수현이 글쓰기 공책)

## 3주차 지속 성장 중심 마을 활동 이야기

3주차 마을 활동을 시작하면서 '토지 용도를 어떻게 결정할 것인가?'란 주제로 다모임이 열린다. 학급협의회를 통하여 토지 용도를 결정해보기 위함이다.

"돈을 조금 벌면서도 오래 살 수 있게 토지 용도를 결정했으면 좋겠다. 돈을 아무리 벌어도 마을 활동이 종료되어버리면 쓸모없게 되기 때문이다."
"1모둠은 국립공원, 2모둠은 수목원, 3모둠은 비농사, 4모둠은 유기농 야채 재배, 5모둠은 과수원, 6모둠은 공무원으로 국가에서 딱 정해주면 좋겠다."
"꼭 필요한 돈이 얼마인지 생각해서 공장을 짓고 나머지는 국립공원과 같이 환경을 생각하는 시설로 토지를 사용하면 될 것 같다."

모임을 통하여 아이들은 의견과 근거를 활용하여 두 가지 사항에 합의하였다. 핵폐기물처리장을 선택하지 않는 것과 한 모둠당 수목원을 한 개 이상 선택하는 것으로 의견이 모아졌다.

"누구 탄소배출권 살 사람?"

"어, 그거 내가 살께."

"몇 그램 필요한데?"

"나는 50그램 필요해."

"1그램당 10냥이니까. 500냥 줘."

"응, 알았어."

"오늘은 꽃씨를 심고 탄소포인트 모아야겠다."

지속성장 중심의 마을 활동에서 달라진 점은 탄소배출권 제도가 생겨났다는 것이다. 탄소배출량을 정해두고서는 필요에 따라서 탄소배출권을 사고 팔 수 있게 하였다. 보상 제도가 생겨나면서 소극적인 환경보호에서 적극적인 환경 실천으로 교실 분위기가 바뀌었다. 빈 교실이나 화장실의 불을 끄거나 혼자 돌고 있는 선풍기를 끄기도 한다. 환경 실천은 교실뿐 아니라 집으로까지 이어진다. 대중교통을 이용하거나, 샤워 시간 반으로 줄이기, 쓰레기 분리수거 등을 실천하면서 탄소포인트를 모은다.

경제 성장 중심 마을 활동으로부터 녹색 성장 중심 마을 활동, 지속 성장 중심 마을 활동까지의 결과를 한 눈에 알아보기 위해 그래프로 그려본다. 지속 성장 마을 활동으로 갈수록 총 생산액은 늘고 오염도는 줄어드는 것으로 나타난다. 아이들은 탄소포인트 제도와 탄소배출권에서 원인을 찾는다. 두 가지 활동이 경제를 성장시키고 환경을 보호하는 지속인 성장의 결과를 이끌어낸 것임을 눈으로 확인한다.

"우리의 노력이 경제 성장과 환경보존이라는 두 마리 토끼를 잡을 수 있습니다. 작은 실천이지만 우리 국민이 함께 실천한다면 큰 힘이 될 것입니다. 텔레비전 시청 시간 줄이기, 적정 온도 유지하기, 나무와 꽃 심기, 물건 아껴서 쓰기, 양치 컵 쓰기, 에어컨 대신 선풍기 사용하기, 선풍기 대신 부채 쓰기 등과 같이 작은 실천 하나가 환경을 보존하는 환경 댐이 될 수 있습니다."(7월 13일 현호 글쓰기 공책)

마을 활동의 결과를 정리하고 서로의 생각을 나누기 위해 연설문을 쓰고 발

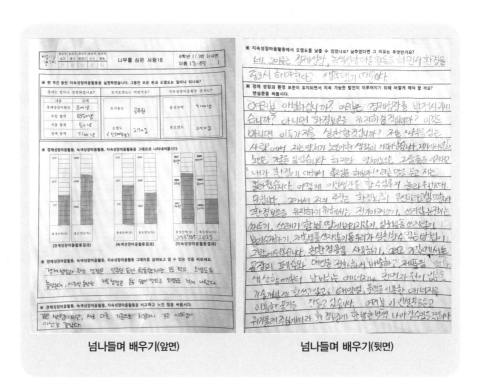

넘나들며 배우기(앞면)          넘나들며 배우기(뒷면)

표를 하였다. 아이들은 교과서에 있는 연설문을 참고해서 글을 작성해나갔다. 쓰고 지우기를 여러 번 거듭한 끝에 완성된 연설문을 모두가 낭독하였다. 말만 무성한 환경 교육이 아닌 지속적인 환경 실천을 위해 '탄소발자국 기록장 쓰기'를 방학 과제물로 제시하였다. 배움이 교실 안에서만 머물러 있지 않고 온 삶에 배어나는 것이 진정한 배움이기 때문이다. 이처럼 마을 활동은 배움이 '교실 속 마을 활동'이 '교실 밖 마을 활동'으로 확대하여 나갈 수 있는 통로가 되어준다.

# 교실 밖으로
## 나간 마을 활동

"서울역 팀은 출발하였음. 아무래도 전철을 반대로 탄 듯."

"아, 다행히 눈치를 채고 반대편으로 돌아가는 중." _ 민주 아빠

"인사동 팀은 친절한 할머니에게 길을 묻고 있는 중."

"할머니께 도움을 받고 감사의 인사를 드리네요." _ 시영 아빠

"플라자 팀은 할아버지께 자리 양보해줌."

"사람 많으니 자기들끼리 손잡고 감." _ 세형 아빠

"미션은 뒷전으로 하고 꿀타래 아저씨 호객 행위에 넘어가 꿀타래 열심히 구경 중."

"아무래도 아이들이 아저씨의 말에 홀라당 넘어가 사먹지 않을까 싶음."

"아, 꿀타래만 얻어먹고 그냥 나옴." _ 수진 아빠

학교 밖을 벗어나면 수많은 선택이 아이들을 기다린다. 어디를 어떻게 가야 할 것인지, 수시로 일어나는 의견 대립과 갈등은 어떻게 해결할 것인지, 어떤 결

정이 내려지든 함께해야 하는 상황이 아이들 하나하나를 더욱 빛나게 만든다. 위기의 순간에도 차분하게 결정을 내리는 아이부터, 함께하는 즐거움을 누릴 줄 아는 아이, 친구의 생각을 존중하고 따라주는 아이, 자판기에서 탄산음료를 사서 먹어야 할 것인지 말아야 할 것인지 의견을 주고받는 아이 등 누군가의 감시와 간섭이 없는 상황에서 보이는 아이의 모습은 수업 중에는 결코 볼 수 없었던 장면들이다.

도시환경탐험대는 도시의 환경 문제를 살펴보기 위해 기획한 일종의 프로젝트 형태의 학습이다. 서울시청, 서울역, 동서울터미널, 세종문화회관, 인사동, 동대문디자인플라자 중에서 아이들이 한 곳을 골라서 다녀오게 하였다. 떠나기 전에 어떻게 갈 것인지, 대중교통을 이용하는 데 드는 비용은 얼마인지도 꼼꼼하게 살펴보았다. 무엇을 보고 올 것인지 모둠 협의를 통하여 하나하나 결정해나갔는데 처음에는 낯선 곳을 다녀와야 한다는 부담감 때문에 어려움을 느끼기도 하였지만 준비하는 과정에서 자신감을 찾아나갔다. 어떤 아이는 지하철 노선도가 그려진 책자를 한 뭉치 들고 와서는 친구들에게 나누어주기도 하고, 인터넷으로 검색한 정보들을 서로 나누면서 방법들을 공유하기도 하였다.

학교를 벗어나서 이루어지는 활동일수록 사전 준비가 필요하다. 지금처럼 모둠별로 이동 경로가 다를 경우에는 교사의 힘만으로는 부족하다. 아빠들로 구성된 안전 도우미를 꾸려서 모둠별로 한 명씩 배치한 다음, 멀찌감치 아이들의 뒤를 따르게 하였다. 아빠들은 아이들의 안전만 담당할 뿐, 아이들과 어떠한 대화도 주고받을 수 없으며 설령 길을 잃어버렸다고 하더라도 안전 도우미에게 도움을 요청할 수 없다고 단단히 일러두었다. 문제가 발생하면 아이들끼리 의견을 주고받으면서 해결할 수 있도록 기다려 달라는 부탁만 드렸다. 모둠별로 이동하는 경로가 어떻게 되는지, 주의해야 할 점은 무엇이고, 위급 상황에서 어떻게 해야 하는지에 대한 것들을 중심으로 사전 모임을 가졌다.

당일 날, 안전 도우미들이 보내오는 문자를 통하여 아이들의 생생한 모습을 전해들을 수 있었다. 만약 교사 혼자서 모든 아이들을 끌고다녔더라면 볼 수 없었을 장면들을 자세히 들여다볼 수 있었다. 아빠들의 눈을 통하여 아이들이 만들어내는 수많은 이야기를 남김 없이 담을 수 있었다.

교실로 돌아와서 아이들은 보고서를 작성하였다. 시간 순서대로 사진을 붙이

도시환경탐험대

거나 신문 형식이나 만화로 자신들의 경험들을 정리하였다. 직접 경험한 것들이라서 아이들은 자신이 보고 느낀 것을 생생하게 정리해나갔다. 도시 환경에 대한 지식은 물론이고 스스로의 힘으로 무사히 다녀왔다는 경험과 추억 등이 보고서에 담겼다.

경험을 바탕으로 알게 된 지식은 또 다른 경험을 기대하게 만든다. 도시환경탐험대에 이어서 남한산생태탐험대가 구성되었다. 학교 주변을 돌아보면서 도시 환경과 어떻게 다른지 견주어보면서 환경의 소중함을 되새겨보는 것으로 수업을 이어나갔다.

**넘나들며 배우기**

1. 시즌 3의 넘나들며 배우기를 읽으면서 어떤 생각이 들었는가?
2. 교실 안과 교실 밖에서의 배움에는 어떤 차이점이 있는가? 공간을 넘나드는 배움이 일어나려면 어떻게 해야 하는가?
3. 어떻게 하면 삶과 배움을 연결할 수 있을까? 지금 바로 실천할 수 있는 것은 무엇인가?

8장

# 넘나드는
# 배움의 희망

# 어떤 지식과 경험이 가장 교육적인가?

교실에 들어선 첫날의 기억을 아직도 잊지 못한다. 복도에 서서 몇 번이고 호흡을 가다듬으며 떨리는 손으로 교실 문을 열고 들어섰을 때, 책상까지 몇 발짝도 되지 않는 그 거리가 왜 그리도 멀게만 느껴지던지, 뚫어져라 쳐다보는 아이들의 시선이 부담스러워 금방이라도 심장이 멈춰 설 것만 같았다. 겨우 고개를 들어 아이들과 눈을 마주치던 순간, 이미 머릿속은 하얗게 되어버렸고 무슨 말부터 해야 할지 도무지 생각이 나지 않았다. 어찌어찌 수업을 마치고 도망치듯 연구실로 와서는, 아이들 앞에서 했던 나의 말과 행동들을 다시 떠올리며 또 한 번 가슴이 두근거리고 얼굴의 화끈거림을 느껴야만 했다.

매일 수업을 완벽하게 준비하지 않고서는 도저히 아이들 앞에 설 용기가 나지 않았기에 교과서를 보고 또 보고, 지도서에 있는 지도안을 꼼꼼하게 살폈다. 중요하다 싶으면 밑줄을 긋고, 보충하여 설명할 내용도 찾아서 빼곡하게 적었다. 지도서에 예시로 나온 질문과 발문을 모조리 외워 두었다가 수업 중에 꺼내어 아이들에게 묻기도 하였다. 교과서 흐름대로 글을 읽고 질문에 답을 달아가는 것을 충실히 따르다보니, 어느새 나의 수업은 답 맞추기식 수업이 되어가고 있었다. 답을 알고 있는 나는 정답이 나올 때까지 아이들을 다그치게 되었고, 아이들은 내가 원하는 답을 찾아서 말하려고 애썼다. 수업 속에 교사와 아이가 사라지고 교과서만 덩그러니 남게 되었을 때, '아, 이건 아니구나!'라는 생각이 들었다.

교과서를 자세히 알면 알수록 잘 가르칠 수 있을 것 같고, 아이들 앞에 설 용기도 생겨날 것이라고 기대하였지만 결과는 예상과 달랐다. 처음에는 교과서가 보호막처럼 여겨졌지만 시간이 흐를수록 교사와 아이 사이를 갈라놓는 가림막이 되어버렸다. 교사가 교과서에 기대면 기댈수록 아이들은 교과서에서 점점 더 멀어졌다. 재미있게 읽었던 이야기도 교과서에 실리기만 하면 재미없는 이야기처럼 되었다. 몇몇 아이들이 이야기에 흥미를 보이다가도 수업 시간이 끝나면 그마저도 그만이었다.

교과서대로 가르치는 것에 한계를 느낄 때쯤, 재구성이라는 말이 눈에 들어왔다. 있는 것을 그대로 가르치기보다 내 손으로 무언가를 바꾸어 가르친다는 것 자체가 매력적으로 다가왔다. 처음에는 어디에서부터 손을 대야 하는지 몰랐지만, 막상 교과서를 펼치고 이리저리 옮겨보니 그리 어렵지 않았다. 날줄에 씨줄을 걸치듯이 교과별로 짜여 있는 위계를 서로 이어주기만 하여도, 산만하게 흩어졌던 것들이 한데 모였다. 중복된 내용들이 하나로 묶이면서 시간도 여유로워졌다. 여유 시간이 생긴 만큼 교과서를 그대로 배울 때보다 활동 시간이 충분히 주어진 까닭에 아이들도 만족스러워하였다. 교과서에는 없던 새로운 내용을 구성하여 가르치게 되면서, 수업 시간이 재미있다는 아이들이 생겨나기 시작하였다. 여러 교과서를 이리저리 뒤적이며 자료를 찾고, 정리하는 것이 아이들 스스로도 자신들이 뭔가 대단한 공부를 하고 있다는 생각을 들게 만들었다.

그럼에도 여전히 수업은 교과서에서 벗어나지 못하였다. 아이들의 흥미에 중점을 두고 교육과정을 재구성하였지만 지식과 내용을 강조하며 가르치지 않는 것에 부담감이 느껴졌다. 처음에는 교육과정 재구성을 계획하고 시작하였지만 실행 과정에서는 교과와 단원을 중심으로 얼개를 짜는 수준에 머무는 '교과서 재구성'인 경우가 훨씬 더 많았다. 교육과정 재구성을 실현하기 위해 구체적으로 수업에서 어떻게 해야 하는지 알지 못했기 때문이었다. 마치 음식에 조미료를 왕창 넣은 것처럼, 입맛을 당기는 감칠맛에 허겁지겁 먹게 되지만, 먹으면 먹을수록 속이 더부룩해지고 더 이상 먹기 싫어지는 그런 느낌이었다. 교과서를 그대로 가르치지 않고 나름의 방법대로 가르친다는 것에 만족할 뿐이었다. 교육과정 재구성을 아무리 잘 한다고 하더라도, 교과 지식을 잘 습득하게 만드는 것 이상의 무엇이 되어주지는 못하였다. 오히려 교육과정 재구성이라는 거창한 말에 수업은 가려져 수많은 활동 속에서 아이들이 어떻게 배우는지 명확히 알 수가 없었다.

교과와 교과 사이의 효율적인 연결보다도 더 중요한 것이 배움이라는 사실을 깨달았을 때, 더 나은 방법을 찾아야만 했다. 먼저는 교과서를 대체할 수 있는 무언가를 찾는 것이 급선무였다. 하지만 패스트푸드처럼 바로 먹기 좋게 만들어놓은 것을 곁에 두고서, 날 것을 가져다가 씻고 다듬어서 먹기 좋은 크기로 자른 후에 이런저런 재료들과 섞어서 익혀내기까지 기다려야 하는 건 결코 쉬운 일이 아니었다. 손이 많이 가고 오랜 시간이 걸리는 음식일수록 맛도 좋고 몸에도 좋은 걸 알고 있으면서도 패스트푸드를 찾게 되는 것은 간편하게 허기를 달랠 수 있기 때문이다. 교과서를 놓지 못하는 이유도 패스트푸드를 찾게 되는 이유와 크게 다르지 않았다.

교과서를 대신할 수 있는 것을 찾아서 이리저리 살펴보았지만 책만큼 대체할 수 있는 것을 찾지 못했다. 그러나 무수히 많은 책 가운데 몇 권의 책을 선택하기란 쉽지 않았다. 생각보다 고려해야 할 것들이 많았기 때문이다. 우선 아이들 수준에 맞는 책이어야 했고, 여러 가지 교과 내용을 담아낼 수 있어야 하면서도 분명한 주제가 담긴 책이어야 했다. 처음에는 기존에 출판된 도서 중에서 학습과 관련된 책을 가지고 수업을 해보았다. 아주 성과가 없었던 것은 아니지만, 그러한 책들은 대부분 시리즈물로 만들어진 까닭에 아이들이 교과서보다도 더 빨리 싫증을 느끼는 것 같았다. 무엇보다도 수업을 위해 책을 읽는다는 것 자체가 부자연스러운 일이었고, 학습과 관련을 맺는 과정이 억지스럽기까지 하였다. 노골적으로 학습을 유도하는 책이 아니면서도, 교과서에 실려 있는 이야기보다는 긴 호흡으로 갈 수 있는 책이 필요했다. 많은 사람들에게 사랑을 받으면서도 오래전부터 지금까지도 꾸준히 읽히는 책, 다름 아닌 고전에서 찾아보기로 하였다.

책 선정과는 별개로 교육과정의 날줄과 씨줄을 어떻게 연결할지를 우선 결정해야 했다. 어떤 방식으로 교육과정을 재구성하는 것이 가장 효율적인가를 따지기보다는, 어떤 지식과 경험이 가장 교육적인가를 찾는 것에 중점을 두었다. 그래야만 교육과정이 지식과 경험을 잘 습득하게 만드는 것을 넘어설 수 있을 것만 같았기 때문이다.

교육과정의 시작은 물음이며 그것은 교육의 가치를 묻는 것이어야 한다. 이러한 질문에는 정해진 답이 존재할 수 없다. 언제, 어디에서, 누구를, 누구와 함께, 왜 가르치느냐에 따라 가르쳐야 할 내용과 방법이 매번 달라질 수밖에 없다. 변하지 않는 것이 있다면 '어떤 지식과 경험이 가장 교육적인가?'라는 질문뿐, 나머지 것들은 그 질문에 답이 되기 위하여 늘 바뀌어야만 한다. 물음에 반응하기 위해 늘 깊게 생각하게 되면서 차츰 의문이 생기기 시작하였다. 너무도 익숙해져버린 나머지 문제가 문제로 여겨지지 않는 것들부터 물음이 생겨났다. '왜 가르침과 배움이 40분 안에 이루어져야 하는 것이지?' '왜 10분 동안 쉬고 나서 전혀 다른 것을 배워야 하지?', '왜 교과서에 나오는 질문에 빠짐없이 답을 달아야 하는 것일까?' '왜 학교는 같은 나이에 아이들끼리만 어울릴 수 있게끔 만들고 있는 것일까? 학교만 벗어나면 다른 나이의 사람들과 더 많이 어울리며 살아야 하는데도 학교는 왜 학년 단위로 운영하는 것을 고집하고 있는 것일까?' 이런 의문에 '왜'라는 토를 달면서 '이러한 것들이 정말 교육적인 것일까?'라는 질문들을 덧붙였다.

1년을 두 학기로 나누어 운영하던 것을 여섯 개의 시즌으로 나누어 운영하게 된 것도 이러한 질문에 반응한 것이었으며, 이야기-수업 활동-마을 활동-수업 읽기의 흐름으로 교육과정을 운영하게 된 것도 그러한 이유에서였다. 이야기를 시작으로 수업 활동이 이루어지고, 수업 활동에서 배운 것이 정말 그러한지 마을 활동에서 경험함으로써 지식과 경험이 어떤 가치를 갖게 되는지, 수업 읽기를 통하여 확인할 수 있게 되었다. 이러한 방식의 교육과정은 개인 차원을 넘어 공동체적인 차원의 배움을 이끌어내기도 하였다. 교실주의를 넘어서 다 함께 배움의 공간을 만들어가는 경험을 쌓을 수 있었다.

하지만 무엇을 완성하였다는 생각이 드는 순간, 웬일인지 교육과정은 더 이상 앞으로 나아가지 못하고 도리어 후퇴하고 말았다. 교육과정을 재구성함에 있어서 안정감을 찾았다 하더라도, 늘 잠정적이고 임시적이어서 어떠한 형태를 갖추기도 전에 수시로 그 모습을 바꾸어나갔던 때가 오히려 교육과정 재구성이라는 의미에 더 적합해 보였고, 더 역동적이기까지 하였다. 교육과정이 계획이나 결과가 아닌, 과정 그 자체라는 것을 깨닫게 되면서, 무엇을 한껏 담아놓는 게 교육과정이 아니라, 배움의 동력을 만들어주는 것이 교육과정이어야 함을 알게 되었다.

그리고 보니 국가 차원에서 교육과정을 수차례 개정하여온 까닭도 배움의 동력을 만들기 위함이었던 것이다. 하지만 매번 실패로 끝나버리게 된 까닭은 배움의 동력을 스스로 만들어내지 못했기 때문이었다. 제아무리 훌륭하게 짜인 교육과정일지라도 그것만으로는 수업을 변화시키고 배움을 불러오게 할 수 없다. 물레방아가 돌기 위해 물이 필요하듯이 교육과정이 돌아가려면 무언가가 필요하다. 지금까지 그 역할을 교과서가 담당하여왔지만, 아무리 교과서를 잘 활용한다고 하더라도 40분이라는 시간을 넘기지 못했다. 40분 수업에 최적화되어 만들어 놓은 것이 바로 교과서이기 때문이었다. 교과서를 대체하여 사용한 책도 교과서

보다는 긴 호흡으로 배울 수 있어 좋았지만 그것 또한 한계가 느껴졌다. 아무리 좋은 책도 아이의 삶과 간극이 있기 때문이었다. 교육과정과 수업이 삶과 연관되려면 또 다른 노력이 필요함을 느꼈다.

그래서 생각해낸 것이 바로 삶의 이야기였다. 삶의 이야기는 늘 주변에 가득했고 새로웠다. 아이들을 끌어당겨 과거로 데려다주기도 하고, 먼 미래를 보여주기도 하였다. 현재를 보고 듣고 느끼는 것의 의미를 알게 하거나, 함께할 수 있게 자리를 마련해주기도 하였다. 삶의 물결이 세차게 흐르면 흐를수록 배움의 동력도 힘차게 돌았다. 그동안의 교육과정들이 제대로 운영되지 못하고, 실패할 수밖에 없었던 이유는 배움의 힘으로 교육과정을 돌리려고 했기 때문이다. 물의 흐름으로 물레방아가 돌아가야 하는데, 물레방아의 힘으로 물을 흘려보내려고 했으니 제대로 돌지 못했던 것이 당연하였다. 삶이 교육과정에 흐르는 순간, 교육과정이 서서히 돌기 시작했고, 비로소 배움의 동력이 힘을 받을 수 있게 되었다.

넘나들며 배우기

1. 아이들을 처음으로 만났던 날이 기억나는가? 그때 무슨 생각을 가장 많이 하였는가?
2. 배움과 가르침에 대하여 처음 품었던 생각과 달라진 점이 있는가? 혹시 있다면 무엇이 달라졌는가?
3. 어떤 지식과 경험을 가장 교육적이라고 생각하는가? 교육적 가치를 교육과정에 담아 가르치고 있는가?

# 교육 소비자의 삶, 교육 실천가의 삶

어떠한 교육과정도 완벽할 수 없다는 것을 깨닫고 나서야, 비로소 삶의 이야기가 교육과정 안으로 흘러야 한다는 확신을 얻을 수 있게 되었다. 더 이상 교육과정은 무언가를 예쁘게 감싸는 포장지가 아니라, 크든 작든 삶의 흔적을 남기고, 이야기를 만들어 나누며, 새로운 공간을 열어가는 도전 그 자체여야 함을 깨달았다. 교육과정을 지속적으로 집중하여 살펴보아야 하는 이유가 여기에 있다.

그동안의 교육과정과 수업은 누구에게나 적용 가능하도록 하는 일반화를 강조하였다. 누구나 필요로 하기 때문에 누군가의 손에서 만들어진 것을 가져다가 모두가 함께 쓰는 것이 더 효율적이라 말하는 일반화의 주장이 너무나 타당해 보였다. 하지만 교육의 질을 균등하게 하기 위한 일반화 정책들은 교육 소비를 부추기는 결과만을 가져왔다. 별 노력 없이 몇 번의 클릭만으로도 교사는 아이들 앞에서 폼 나게 가르칠 수 있게 되었다. 이곳저곳에서 받은 자료만으로도 수업 시간을 꽉 채우고 남을 정도였다. 지식을 유통시키는 것만으로도 가르치는 자리에 설 수 있게 되면서, 깊은 고민이 필요한 삶의 배움은 거추장스러운 것이 되어버렸다. 오히려 삶을 배제해버리는 것이 가르침과 배움을 일반화하기에 더 유리해 보였다. 하지만 삶과 배움이 별개의 것이 되어갈수록 삶은 무력해지고 배움은 얕아졌다.

삶이 있는 수업은 상품처럼 팔리는 교육 자료들을 거부한다. 교사들은 서로의 능력을 사고파는 교육 소비자가 되기보다는 경험을 나누는 교육 실천가의 삶을 살고자 한다. 서로 다른 삶들이 교차하면서 남을 따라 하기보다 자신이 고민하고 생각하고 새롭게 열어갈 것이 무엇인지를 생각한다. 누구에게 줄 수도 그대로 받을 수도 없는 것이 바로 삶인 까닭에 다른 사람이 만든 교육과정을 가져와서 거기에 쓰여 있는 대로 살 수도 없고, 그렇게 하라고 강요할 수도 없다. 교육을 완전히 뒤바꿀 만큼 대단한 것일지라도 그대로 전해질 수도 없을뿐더러, 그렇게 전해질 수 있는 것이라면 삶과는 동떨어진 것일 가능성이 매우 높다.

삶의 교육을 통해 상대에게 전해지는 것은 가르침에 대한 열정과 그만의 방법을 찾아 새롭게 도전하려는 것이 전부이다. 따라서 무엇을 배우고 배우지 못했는지, 그것을 얼마나 쉽게 배울 수 있었는지, 얼마나 많은 아이들이 그것을 이해하였고 이해하지 못하였는지, 그것이 또 다른 배움을 위한 발판이 되었는지 아닌지 등과 같은 수많은 질문들을 나의 수업에 던질 수 있어야 한다. 질문은 교육에 대한 근본적인 물음을 갖게 하고, 생각의 문을 열게 만든다. 이러한 과정에서 생각의 문을 여는 열쇠는 다름 아닌 아이들이다. 어떤 상황에서도 아이들에게 질문을 던질 수 있는 기반을 만드는 것만으로 배움의 길을 적극적으로 여는 셈이다. 아이들은 질문에 반응하며 몰랐던 것을 새롭게 알게 되고, 알고 있었던 것은 다시 다지며, 스스로 필요한 것이 무엇인지를 생각한다. 사람과 사람의 만남이 삶과 또 다른 삶의 교차를 가져온다.

1. 교육과정의 일반화가 가능하다고 생각하는가? 교육과정의 일반화를 목적으로 하는 시도들에 대하여 어떻게 생각하는가?

2. 교육 소비자가 아닌, 교육 실천가가 되어야 한다는 말에 어떤 생각이 드는가? 교육 실천가가 되기 위해서 어떻게 해야 하는가?

3. 질문을 통하여 배움의 길을 열어가고 있는가? 아이들의 생각을 여는 질문들에는 어떤 것들이 있는가?

# 전문가의
# 닫힌 수업과
# 비전문가의
# 열린 수업

우리가 살고 있는 세상은 전문가를 필요로 한다. 산업사회와 함께 등장한 전문가는 정보화 사회로 이어지면서 더 세분화되어 사회에 깊게 뿌리 내렸다. 전문가가 주도하는 시대 속에 살게 되면서 전문가라는 이름으로 이루어지는 모든 행위가 나날이 큰 힘을 발휘하고 있다.

전문가 중심으로 분업화된 사회는 빠르게 발전하였고 더 많은 부를 창출하는 결과를 얻었다. 하지만 그 이면에는 예상치 못한 수많은 문제들이 기다리고 있었다. 소득의 불균형으로 인한 빈부격차라든가 공동체성이 소멸되면서 나타나는 각종 사회적 문제, 브레이크가 고장나버린 성장과 개발주의에 몸살을 앓고 있는 환경 변화 등 우리가 겪고 있는 문제들이 거기에서 시작되었다. 변화의 속도가 빨라지고 그 주기마저 나날이 짧아지면서 모든 사람들은 바쁜 삶을 살고 있다.

당면한 문제들을 해결하기 위해 이런저런 노력을 기울이고 있지만 정작 눈여겨보아야 할 것은 모든 계층에 일어나고 있는 빈곤의 문제이다. 이것을 가리켜 『학교 없는 사회』의 저자 이반 일리히는 '현대화된 가난'이라고 말한다. 이 가난은 풍요로운 삶에 기대어 살수록 두드러지게 나타나는 현상으로 삶의 능력을 잃게 된 '풍요 속의 절망'이다. 그가 말하는 '현대화된 가난' 앞에서 비켜갈 자는 아무도 없다. 삶의 능력을 잃어버린 개인은 늘 자신을 초보자라고 생각하며 전문가를 찾는다. 손수 문제를 들추어 보고 해결하기보다는 전문가의 손을 빌리는 것을 당연한 것으로 여기고, 그것이 보다 효율적이라고 생각한다. 이런 추세라면 머지않아 깜빡거리는 전구를 교체하는 일상적인 일조차도 누군가의 도움을 받지 않으면 불가능한 것처럼 여겨지는 날이 올 것이다.

전문가가 만들어놓은 빈곤의 중심에는 무기력함이 자리 잡고 있다. 스스로 하는 것들이 점차 줄어들면서 사람들은 문제 인식과 변화의 대처 능력을 나날이 잃어만 가고 있다. 전문가가 주도하는 사회는 결과적으로 소수의 전문가만이 남고 대다수는 비전문가의 나락으로 떨어지고 만다. 사회 곳곳에서 위기의 소리가 들리더라도 그것을 바로잡을 능력을 모두 잃어버렸기에 전문가의 도움은 절실함을 넘어서 절박해지기 마련이다. 정보화 사회는 문제 해결을 위해 깊게 생각하는 것을 거부하고 누가 더 빠르고 정확하게 그 문제를 해결할 전문가를 찾아내는가에 가치를 둔다. 사색보다는 검색의 능력을 필요로 하면서 무력감은 점점 커져만 간다. 자연스레 능력을 사고파는 소비문화가 형성되면서 무기력한 소비자가 양산된다. 소수의 전문가에게 보다 많은 힘들이 실리게 될수록 사회는 빈곤의 늪으로 빠져들고 만다.

전문가가 주도하는 사회 속에서 교육도 예외일 수 없다. 전문가 그룹이 교육을 주도하게 되면서 소비 형태의 교육 사업이 급격하게 증가하게 되었다. 교사들을 중심으로 소비자층이 형성되면서 교육 콘텐츠 공급자들이 우후죽순처럼 생겨나기 시작했다. 처음에는 한 달에 한 번 출간되는 교육 자료의 형태였다. 국가에서 지급되는 지도서가 아닌, 지도안과 활동지가 담긴 CD를 받아보는 것만으로도 교사들로부터 큰 호응을 얻었다. 현재는 다양한 콘텐츠가 개발되어 지도안과 활동지는 기본이고 수업을 손쉽게 진행할 수 있는 프레젠테이션과 영상 자료, 평가지, 각종 참고자료를 활용할 수 있는 온라인 유료 서비스로 발전하였다.

교육과정의 흐름과 변화에 맞춰 발 빠르게 움직이면서 교육 시장은 성업 중이다. 교사들의 입맛에 따라 전문가들이 쏟아놓는 각종 연수 상품들이 진열대 위에 가득하다. 특히 교원평가가 수년간 진행되면서 연간 60시간 연수는 기본이고, 120시간이나 180시간 이상의 연수를 수강하는 교사가 늘고 있다. 하지만 교사들이 앞 다투어 연수에 참여하는 것은 승진과 성과급 그리고 주위로부터 받는 시선과 무관하지 않다. 교사들의 성장에 대한 열정과 노력을 곡해하고 싶지 않지만, 그동안 받은 수많은 시간의 연수가 진정으로 도움이 되었는지 돌아보는 일은 꼭 필요하다. 교사의 역량을 기르고 교육 전문가로 성장하기 위해 그동안 받은 연수들이 도리어 비전문가만을 양산하고 소수의 전문가에게 귀속되는 결과로 흐르고 있다면 당장 우리는 멈추어야 할 것이다.

> 닫힌 미래를 만드는 일은 혼자서도 가능하지만
> 열린 미래를 만드는 일은 혼자서는 불가능하다.
> 혼자의 힘으로 하려는 순간,
> 시간도 공간도
> 모두 닫혀버리고 만다.

비전문가들이 함께 만들어가는 모임의 두드러지는 특징은 지식을 소비하지 않고 지식을 생산하고 창출한다는 점이다. 아이들이 주도하는 동아리는 불안정한 운영 속에서도 참여자들이 서로를 가르치고 배운다. 후배가 선배의 도움을 구하는 과정 속에서 선배가 후배를 가르치고, 선배는 가르침에 대해 배운다. 외부에서 주어진 지식을 소비할 때와는 달리, 지식을 생산하고 창출하는 과정의 기쁨을 알게 된다. 잃어버린 배움의 감각들이 서서히 깨어나면서 자율적인 배움을 누리게 된다.

동아리 회원을 모집하는 단계에서부터 아이들이 참여하고, 아이들 스스로 계획한 일정에 맞추어 준비물을 챙겨오고 진행해나가면서, 교사가 주도하던 동아리에서는 볼 수 없던 모습들이 새롭게 그려진다. 소란하고 두서가 없으며 크고 작은 갈등으로 불거져나오는 다툼 등이 비전문가들이 만드는 공간의 모습이다. 때로는 전혀 엉뚱한 이야기로 시간을 허비하다가도 끝날 시간이 다가올수록 시간이 부족하다며 발을 동동거리기도 한다. 반대로 어느 날은 남는 시간을 주체하지 못하고 다른 동아리를 기웃거리며 돌아다닌다. 이 정도면 동아리 활동에 크게 실망할 법도 한데, 아이들은 자신들이 만들어가는 동아리 시간을 가장 좋아하고 그 시간이 빨리 돌아오기만을 기다린다. 교사가 주도하는 수업에서는 볼 수 없었던 장면을 여기에서 볼 수 있는 까닭은 배움을 스스로 만들어가는 즐거움이 그 속에 있기 때문이다.

아이들이 주도하는 동아리는 비전문가들이 함께 하는 배움의 공간을 만든다. 그동안 교사가 전문가의 위치에서 안정적으로 운영해오던 것에서 벗어나, 다소 불안정하더라도 비전문가들이 함께 만드는 방식을 선택하였다고 볼 수 있다. 교사의 역량과 흥미에 따라 동아리를 개설하고 그것을 아이들이 선택하게 하는 방식의 동아리 운영은 교과 활동과 크게 구별되지 않는다. 동아리 부서를 선택할 수 있는 권한이 부여된 것 말고는 교과 수업에서 볼 수 있는 장면과 크게 다르지 않다. 개설되는 동아리 수도 교사의 수를 넘지 않는 까닭에 선택의 폭이 매우 좁다. 반면에 아이들이 동아리를 주도하게 되면, 요구에 따라 다양한 동아리가 개설된다. 만약 학년과 남녀가 골고루 섞이기를 바란다면 그에 걸맞게 동아리 개설을 위한 몇 가지 조건만 달면 된다. 아이들은 그 규정에 맞게 동아리를 스스로 만들어나간다.

자율의 바탕 위에서 이루어지는 배움은 의존하는 관계 속에서 이루어진 배움과는 질적으로 다르다. 가르치다가도 배우고 배우다가도 가르치게 되는 경우가 빈번하게 일어나기 때문에 배움과 가르침을 구분지을 필요가 없다. 오히려 배움과 가르침의 경계가 모호할수록 의존적이고 소비적인 형태의 배움에서 벗어날 가능성이 높다. 외부에서 주어지는 지식과 정보의 가져옴을 거부하고, 소박하지만 우리 안에서 이야깃거리를 찾으면서 지식을 소비하지 않는 것이 삶이 넘나드는 배움의 모습이다. 지식과 정보가 교실 안으로 과하게 공급되는 것을 차단해야 한다. 외부에서 주어진 지식과 정보를 그대로 가져오는 것을 거부하고, 소박하지만 우리 안에서 이야깃거리를 찾으면서 지식을 소비하지 않는 것이 삶이 넘나드는 배움의 모습이다. 따라서 지식과 정보가 교실 안으로 과하게 공급되는 것을 막아야 한다.

 **넘나들며 배우기**

1. 전문가가 주도하는 사회 속에서 교사의 역할은 무엇이라고 생각하는가? 교사가 교육 소비자에서 벗어나려면 어떻게 해야 하는가?
2. 교육 콘텐츠 공급자가 공급한 프로그램을 사용한 적이 있는가? 교육 콘텐츠 프로그램의 장점과 단점은 무엇인가?
3. 아이들이 주도하는 배움을 시도해본 적이 있는가? 아이들이 스스로 주도하는 배움을 이끌어내기 위해선 어떻게 해야 하는가?

# 채우는 수업과
# 비우는 수업

아이들을 빈 공간으로 생각하고 무언가로 채우려는 수업과 오히려 공간을 비워내고 열어가는 수업, 이 둘 사이에는 분명한 차이가 있다. 언뜻 생각하면 채우는 수업이 비우는 수업보다 배움에 더 적합한 것처럼 보인다. 배움과 가르침의 방법에 교사들이 몰두하는 까닭도 빈 공간을 지식으로 채우는 것을 수업이라고 생각하고 있기 때문이다. 새로운 것들을 배워가는 것이 수업인 까닭에 채우는 것을 수업으로 여기는 것은 어쩌면 당연한 생각일지 모른다.

하지만 배움을 채우는 것으로만 간주할 경우, 배움이 가져다주는 즐거움은 금세 잃고 만다. 배우고 또 배우고, 채우고 또 채워도 여전히 부족함을 느끼게 되는 것은 다른 차원의 배움이 채워지지 않았기 때문이다. 이것이 바로 공간을 열어가는 수업에서만 경험할 수 있는 배움이다. 마치 많이 먹어서 배가 부른 배부름이 있는가 하면, 먹은 것이 없어도 배가 부른 배부름이 있는 경우와 같다. 음식이 배에 가득 차서 포만감을 느끼는 배부름이 있는가 하면, 꼬르륵 소리가 날 정도로 텅 비어 있더라도 그것에 개의치 않고 배부름을 느끼는 경우이다. 공간을 채우는 배움은 조그만 빈 구석에도 허전함을 느끼지만, 공간을 열어가는 배움은 늘 가득히 채워져 있는 것처럼 느낀다.

공간을 채우는 수업과 공간을 열어가는 수업의 차이는 채우는 것과 덜어내는 것의 차이만은 아니다. 누가, 무엇으로, 어떻게 공간을 채워갈 것인가의 문제는 수업의 주도권과 관련이 매우 깊다. 대부분의 교사들은 가능한 한 주도적으로 빈 공간을 채우려 한다. 아이들에게 질문을 던지면서 공간을 열어가는가 싶다가도 질문에 답변이 바로 나오지 않거나 대답이 기대에 미치지 못할 때면 교사는 자문자답하며 빈틈을 급하게 메우려 한다. 빈틈없이 채우고 싶어 하는 습성 탓에 교사는 자신의 말과 행동으로 수업에 난 구멍들을 어떻게든 채우려 한다. 교사가 그 분야에 전문가라고 인식하면 할수록 자신의 말로 수업을 채우려는 시도가 잦다. 그래야만 스스로도 교사로서 책임을 다했다는 만족감을 갖게 될 뿐만 아니라 아이들 또한 교사를 전문가로 인정하기 때문이다.

공간을 여는 수업은 빈 곳을 교사 자신의 말로 채우려 하지 않는다. 그래서 공간을 여는 수업이 공간을 채우는 수업보다 어렵다. 아이들의 질문에 대답하기 전에 교사는 자신의 답변이 아이들의 배움에 어떤 영향을 줄 것인지 한 번 더 생각하고 반응한다. 알고 있는 것을 아이들에게 모두 이야기해주는 것이 배움에 방해가 된다는 사실을 잘 알고 있기 때문에 답을 주기보다는 더 많은 질문을 던진다.

공간을 열어가는 수업을 실현한다는 것은 기존에 행하던 수업 방식을 내려놓는 일이다. 그동안의 익숙한 수업 방식에서 벗어나 낯섦으로 뛰어드는 일이며, 주변 사람으로부터 곱지 않은 시선을 받게 될 것을 충분히 예상하면서도 용기 있게 때로는 무모하게 감행하는 일이다. 무슨 일이든 새로운 일을 시작하려면 서툴고 힘겨움을 이겨내는 시간이 필요하듯 공간을 열어가는 수업 또한 익숙해지기까지 많은 시간과 애씀을 필요로 한다. 과정이 순탄하지 않을 때면 이전의 방식으로 돌아가고 싶은 마음이 커지고 익숙한 수업 기술들이 그리워지기 마련이다. 열심히 가르쳤지만 기대만큼 반응을 느낄 수 없다거나 신통치 않게 가르치는 날도 있다.

수업에서 열린 공간을 만드는 일에는 공간을 여는 만큼의 용기가 필요하다. 힘들게 만들어진 빈 공간에 무엇이 채워질지 아무도 알 수 없다. 누구의 손길도 닿지 않은 미지의 땅에 첫발을 내딛은 자에게만 허락된 최고의 감동을 느끼게 될지 아니면 교사와 아이가 갈 바를 찾지 못하여 혼란만 가중될지 아무도 장담할 수 없는 노릇이다. 아이들의 웃음소리로 왁자지껄하던 교실 안이 어느 순간 생기를 잃어버리거나 아무것도 할 수 없는 무력함에 빠져 버리는 일이 반복될 수도 있다. 한 치 앞에 어떤 장애물이 있는지 알 수 없고, 혹여 안다 하더라도 완벽히 대응할 수도 없다. 두려움이 생길수록 수업 속에서 일어날 변인들을 줄이고 통제하기 위해 공간을 닫아도 시원찮을 판에, 수업의 문을 활짝 열고 공간을 열어 가겠다는 것은 용기를 품지 않고서는 불가능하다. 그래서 공간을 열어가는 것은 용기이고, 진실한 마음이며 더 나은 세상을 만들겠다는 자신만의 다짐이다.

**넘나들며 배우기**

> 1. 공간을 채우는 수업과 공간을 비우고 열어가는 수업의 차이점은 무엇인가?
> 2. 수업에서 누가 주도권을 가지고 있는가? 교사와 학생 사이에 누가 수업의 주도권을 가지고 있어야 한다고 보는가?
> 3. 공간을 비우고 열어가는 수업에서 겪게 될 어려움은 무엇인가? 그것을 극복하려면 어떻게 해야 한다고 생각하는가?

# 공부의
## 진정한 의미

솥에 담긴 물이 끓어올라 뚜껑을 들썩이게 하지만, 어느 누구도 그것이 한순간에 이루어졌다고 생각하지 않는다. 물이 끓어오르는 것은 오랜 시간 물이 가열된 결과일 뿐이다. 변화가 눈에 잘 보이지 않는다고 해서, 물이 끓기 전의 모든 시간이 물이 끓는 것과 무관하다고 말할 수 없다. 마찬가지로 학습과 배움, 그리고 공부 또한 눈으로 확인할 수 없는 수많은 시간이 있었기 때문에 자람이 눈에 보이는 것이다.

'학습'이라는 말 속에는 '배움[學]'을 몸에 새기기 위해 '익힘[習]'을 반복한다는 뜻이 있다. 머리로 배우는 것만이 아니라 몸으로 익혀야만 학습인 것이다. '배움' 또한 '배다'에서 온 말로, '스며들어 그렇게 되다'와 '생명을 잉태하다'라는 두 가지 뜻을 가진다. 무언가 스며들어 그렇게 되기 위한 과정이 필요하고, 몸속에 잉태하여 자라는 것처럼 오랜 시간을 필요로 하는 것이 배움인 것이다. 학습이나 배움, 공부 모두 한순간에 이루어지는 것이 아니라 오랜 시간에 걸쳐 이루어진다.

하지만 학습과 배움 그리고 공부의 본래 뜻은 잃어버린 채 얼마나 많이 알고 있느냐에 따라 쉽게 판단한다. 누가 더 많은 것을 더 빨리 담을 수 있느냐에 의미를 두고서, 익힘의 과정은 불필요한 것처럼 여긴다. 밥을 지을 때도 밥이 끓었다고 불을 바로 끄지 않는다. 불의 세기를 줄여 뜸을 들여야 밥은 제 맛을 낸다. 글을 지을 때도 생각을 빠르게 써내려갈 때가 있는가 하면, 다시금 천천히 읽으며 다듬어야 할 때가 있다. 밥을 짓는 것도, 글을 짓는 것도, 농사를 짓거나 집을 짓는 것 모두 익힘의 과정을 필요로 한다.

학습이나 배움, 그리고 공부는 눈에 보이는 순간뿐 아니라 그것의 앞뒤 과정을 모두 포함하는 것으로 보아야 한다. 정해진 시간에 특정한 장소에서만 이루어지는 것만을 가리켜서 학습이나 배움, 그리고 공부라고 말하는 것은 학문적으로는 가능할지 몰라도 삶을 살아가는 과정 중에 한 부분에 지나지 않는다. 더구나 삶이 단절된 상태에서의 가르침과 배움은 의미가 없을뿐더러 효력을 기대하기 어렵다. 학습이 되었든 배움이 되었든 공부가 되었든, 그 이후에 또 다른 움직임으로 이어지지 못한다면 금세 사라져버리는 것이 학습이고 배움이며 공부이기 때문이다.

만약, 사람들에게 학습이나 배움 그리고 공부가 무엇이냐고 묻는다면 무엇이라고 대답할까? 아마도 개인적으로 하는 것이고 개인적으로 무언가가 일어나는 과정이라고 말할 것이다. 자신과의 싸움에서 이기고 얻는 것이 학습이나 배움, 그리고 공부이기 때문에 공부를 잘하는 것도 못하는 것도 개인의 노력에 달린 문제로 여길 것이다. 이 또한 학문적으로는 맞는 말일 수 있다. 개인의 수고와 노력을 기반으로 이루어지는 것이 당연하기 때문이다.

학습이나 배움, 그리고 공부라는 것이 반드시 무언가 하던 일을 멈추고 그것에만 매달려야만 되는 것은 아니다. 수업 시간에만 배움을 경험하는 것은 아니다. 교실 안에서만 경험하는 것도 아니다. 우리는 언제 어디서든 누구와 만나 무엇을 하든 학습하고 배우고 공부한다. 배움이란 우리가 살아가는 중에 이루어지는 것들이다. 그것을 처음부터 의도했든 그렇지 않든 학습과 배움, 공부는 함께 어울리며 실천을 통해 이루어진다. 실천 속에서 이루어지는 학습과 배움, 그리고 공부는 실제적이고 구체적이며 지속적이다.

**넘나들며 배우기**

1. 학습과 배움, 공부라는 말을 들으면 어떤 그림이 떠오르는가? 왜 그런 생각을 하게 되었는가?

2. 배움을 느껴본 적이 있는가? 어떤 과정을 통해 배우고 자랐는가?

3. 실천 속에서 이루어지는 배움을 경험한 적이 있는가? 그것이 삶에 어떤 영향을 끼쳤는가?

# 아는 것은
# 행하는 것이다

　우리가 하고 있는 배움과 가르침의 밑바탕에는 '알면 행한다'라는 믿음이 깔려 있다. 행동하지 못하는 것은 제대로 알지 못하고 있기 때문이며, 몸으로 실천하기 위해서는 아는 것이 가장 먼저 이루어져야 한다. 하지만 안다고 해서 모든 것이 행동으로 옮겨지는 것은 아니다. 알고 있지만 행동으로 옮기지 못하는 경우가 몰라서 하지 못하는 경우보다 더 많다. 그래서 앎과 행함 사이에 감정이 자리하게 되어 '알고 느끼면 행한다'라는 생각이 수업에 깊숙이 들어오게 되었고 지식과 경험의 두 날개를 펼치게 되었다. 하지만 알고 느꼈다고 하여서 '앎'과 '느낌'이 '함'으로 연결되지 않는다. 마치 새장 속에 갇혀 있는 독수리마냥 멋진 두 날개를 가졌지만 땅을 박차고 하늘 높이 날지 못하는 신세가 되어버렸다.

　무언가를 알고 느끼는 것 사이의 간극만큼이나 행함으로까지 가는 과정 또한 멀고 복잡하다. 과연 알고 느낀 대로 행하기 위해서는 어떻게 해야 하는 것일까? 우선 이 물음에 답을 하기 전에 '알고 느끼면 행한다'라는 말을 꼼꼼히 따져볼 필요가 있다. '알고 느끼면 행한다'는 말은 지, 정, 의가 통합된 상태를 온전한 배움으로 간주하는 말이다. 머리로 알고 마음으로 느끼며 몸으로 익히는 과정이 배움인 것으로 이해하게 만든다.

하지만 알고 느끼고 행하는 흐름이 끊기지 않고 원활하게 이루어지도록 하는 것이 배움과 가르침의 과정일 수 없다. 배움의 시작이 늘 이해와 느낌으로부터 일어나는 것도 아니며, 가만히 앉아서 누구의 말을 듣는 것에서 출발하는 것도 아니기 때문이다. 배움은 주어진 어떤 것에서 시작하기도 하지만 스스로 구성한 어떤 것에서 시작되기도 한다. 배움은 멈춰 있지 않고 늘 움직이며 끊임없이 흔들린다. 때론 배움이 멈춘 것처럼 꼼짝하지 않을 때도 있고 어느새 쑥 자라 있기도 한다.

배움은 목적과 내용에 따라 다르고 그것을 누구와 함께 어떻게 배우냐에 따라서도 다르다. '알고 느끼며 행한다'는 흐름을 좇아 배움의 과정이 순탄하게 일어나는 경우보다 그렇지 않은 경우가 더 많은 이유도 수많은 변수가 작용하고 있기 때문이다. 그럼에도 배움을 지, 정, 의로 구분하며 그것을 채워나가는 것을 가르침으로 여기고 그것을 원활하게 수행하는 교사를 숙련된 교사라고 말하는 것은 옳지 않다. 아이들을 빈 그릇으로 여기고 무언가를 가득 채우는 것이 배움이 아니기 때문이다.

배움을 지, 정, 의로 나누어 이해하거나 통합적인 관점에서 해석하려는 시도들은 배움의 과정 속에서 번번이 한계를 맞기 마련이다. 어떠한 배움이든 지, 정, 의를 명확히 구별할 수 없을 뿐 아니라 순서대로 배움이 일어나지도 않기 때문이다. 따라서 '알고 느끼면 행한다'라는 것은, '알고 느낀 것을 기준으로 스스로 생각하고 행동하는 존재됨'과 동시에 '그러한 존재가 미치는 영향'까지를 포함하는 의미로 받아들임이 맞다. 다시 말해서 지, 정, 의를 각각 도드라지게 보이게 하는 것보다는 그것이 서로 어우러져 나타나는 '됨됨이'에 초점을 맞추어야 한다는 것이다. '그 사람은 됨됨이가 되었어'라는 표현은 지, 정, 의가 고루 갖추어진 상태를 나타낸다. 배움이 궁극적으로 바라는 것은 사람 됨됨이를 갖추어가는 것이고, 그러한 모습을 내비칠 때 '사람답다'고 말할 수 있을 것이다. '사람'이라는 말은 '살다'와 '알다'가 보태어져 나온 말이다. 여기에 본래의 성질을 다한 상태를 뜻하는 '~답다'를 붙여 '사람답다'가 된다. 따라서 삶과 앎이 한데 어우러지는 것이 '사람다운' 것이며, 삶을 알아가고 삶에서 앎을 실천하는 것이 '사람다워지는' 과정인 것이다. 배움에서 앎이 삶과 분리될 수 없고 분리되어서도 안 되는 이유가 바로 여기에 있다.

사람이 사람다울 때, '사람답다'고 말하며 그런 모습을 가리켜 '아름답다'고 말한다. '아름'은 사람이 양 팔을 벌려 감싸 안는 둘레를 말한다. 아름의 크기는 사람마다 다르다. 그래서 '아름'은 그만이 느끼고 아는 것이며, 그것을 기준으로 삼는 것이 된다. 이러한 '아름'에 '무엇이' 본래의 성질을 다한 상태인 '~답다'를 붙임으로써 아름이 본래 성질을 찾아간다는 의미에서 '아름답다'라고 하는 것이다. 산이 산다울 때 아름답고, 강이 강다울 때 아름다운 것처럼 사람 역시 삶과 앎이 어우러져갈 때에 비로소 '아름답다'라고 말할 수 있다.

알고 느끼면서도 행동으로 옮겨지지 않는 이유 중 하나가 삶 때문인데, 삶에 기반을 두지 않은 학습이 이러한 문제를 더욱 부추기고 있다. 교사가 교실 안으로 가지고 들어오는 것들은 아이들의 경험과는 동떨어진 것들이고 그러한 소재들을 다루는 방식도 아이들이 문제를 풀어가는 방식과 다르다. 교사가 흥미 위주로 동기를 불러일으키려 애쓰지만 그것이 지속적인 동력이 되어주지는 못한다는 것을 모두 잘 알고 있다.

배움이 삶에 기반을 두게 될 경우, 교실로 가지고 들어오는 것부터 이전과 크게 달라진다. 방금 전에 교실에서 일어난 사소한 다툼도 교사나 아이들의 경험이나 관심이 반영된 것이기에 배움을 끌고나가는 강한 동력이 될 수 있다. 서로 대화를 주고받는 이야기는 비판적인 사고와 연결되고 과거의 경험에 머물지 않으면서 새로운 경험을 열게 된다. 이러한 경험의 확장이 의사소통의 중심에 자리 잡게 되면서 삶의 변화를 이끌어내게 되는 것이다. 행동 변화를 견인하는 것은 제대로 알고 느꼈느냐가 아니라 아이들이 현실을 개선해나갈 수 있게 길을 열어 주었느냐이다. 따라서 배움은 아이들의 삶에서부터 시작되어야 하고, 참여를 통한 삶의 개선으로 이어져야 비로소 '사람 됨됨이'와 '사람다움'에 한 발짝 다가설 수 있게 된다.

넘나들며 배우기

1. 행함은 어떻게 해서 생기는 것인가? 알고 느낀다고 행함이 일어나지 않는 이유는 무엇인가?
2. 배움을 '사람 됨됨이'로 보아야 한다는 말에 어떤 생각이 드는가? 어떤 모습을 '사람답다'라고 말할 수 있는가?
3. 삶의 기반을 둔 배움과 가르침을 실천하려면 무엇부터 바꾸어나가야 할 것인가?

# 실천을
# 중심에 두는
# 용기

　삶이 있는 수업은 교사와 아이들이 함께 삶의 변화를 경험하고 개선해나가는 실천을 중심으로 한다. 실천이 수업의 중심이 된다는 것은 교사 중심과 학습자 중심으로 수업을 들여다보았던 기존의 틀에서 벗어난다는 뜻이기도 하다. 온전히 교사 중심이거나 학습자 중심의 수업이 존재할 수 있는지부터 의문이지만, 그렇다고 한들 어느 쪽이 다른 쪽보다 더 좋았느냐는 판단은 늘 수업이 끝난 뒤에야 이루어진다. 교사 중심이 되었든 아니면 학습자 중심이 되었든 어느 한쪽에 힘을 실어 수업을 전개해나갈 것인지 결심하였다고 하더라도, 실제 수업이 그렇게 이루어질 것인지는 아무도 장담할 수 없다.

　막상 수업이 시작되면 그 중심이 어디에 있는지 구분하기 힘들뿐 아니라, 그러한 구분 자체가 그렇게 중요하지도 않게 다가오기 때문이다. 학생 중심의 수업이 그만의 장점을 가지고 있듯이, 교사 중심의 수업 또한 나름의 장점을 갖고 있기 때문이다. 동시에 두 가지 모두 한계가 있다는 사실을 부인할 수 없다. 교사가 중심이 되었든 아니면 학생이 중심이 되었든, 배움이 어디를 향하며 지금 어느 지점에 다다랐는지를 확인하는 것이, 수업에서 무게 중심이 어디에 있는지를 따지는 것보다 더 실제적이다.

실천을 수업의 중심에 둔다는 것은 현실을 개선해나간다는 의미이다. 그러기 위해서는 교사와 학생 그리고 주제가 균형을 이루어야 한다. 어느 한쪽에 힘이 실리거나 편중되어 수업이 채워지는 것을 거부하고, 교사-학생-주제가 실천을 향해 함께 나아가는 과정 자체가 수업이어야 한다. 만약 수업으로 만들어진 빈 공간을 교사가 원하는 것으로만 채우려 한다면, 주제에 대한 이해와 해석은 교사의 뜻대로 이루어지게 될 것이고, 아이들은 소외될 것이다. 수업에서 소외를 경험한 아이에게 자발적인 배움과 현실을 개선해나갈 실천력을 기대하기는 매우 어렵다.

반대로 학생이 원하는 것으로만 공간을 채우려 한다면, 교사는 소외되기 마련이며, 학생에게 친숙하지 않은 주제들은 배움의 공간으로 들어올 수 없게 된다. 새로운 것에 대한 낯섦이 또 다른 편견이 되어 주제와 관계를 맺지 못하고 교사와 주제를 모두 소외시키는 결과를 가져오게 될 것이다. 또한 배움의 공간을 주제로 채우려 할 경우, 교사와 학생 모두 주제 앞에 소외를 경험하게 된다. 간혹 교사들이 '진도 나가기'란 굴레에 빠지게 되는 이유도 수업의 공간을 교사의 책무로 채우려 하기 때문이다. 그 경우 가르치는 자로서의 책임을 다했다고 말할 수는 있어도 배움이 실천으로 이어지게 한 것이라고 보기는 어렵다.

교사-학생-주제 사이에 힘의 균형을 유지한다는 것은 말처럼 쉬운 일이 아니다. 균형감을 가진다는 것은 자기 희생을 전제하지 않고서는 불가능하다. 양보와 손해 없이 균형을 유지한다는 것은 상대방의 희생만을 바라는 것이다. 따라서 배움의 공간을 만들고 확장하는 과정 속에서 배려와 희생은 불가피하다. 희생은 사랑으로부터 나오는 것으로, 사랑이 빠진 노력은 병리적인 관점에서만 교육을 들여다보고 그렇게 이해하려 한다. 진단과 처방을 통해 문제를 극복하는 것이 명쾌

해 보일지는 몰라도 균형을 이루어내는 힘을 길러내지는 못한다.

　교사-학생-주제 사이에 균형을 유지하기 어려운 이유 중 하나는 수업이 관계를 맺어나가는 과정이기 때문이다. 수업은 역동적이고 수시로 변하며, 위태로운 상황에 직면했다가도 어느새 평온을 되찾기도 한다. 하지만 평온 상태에서 만족감을 느낀 것만을 가리켜 균형을 이루었다고 말할 수는 없다. 오히려 불만족한 상태에서 더 좋은 배움이 생겨날 가능성도 배제할 수 없다. 오랜 시간이 흐른 뒤 비로소 깨닫게 될지도 모를 노릇이기도 하다. 당장에 만족함이 없다고 하여서 그것이 잘못되었다거나 균형을 잃었다고 볼 수는 없다. 따라서 교사-학생-주제 사이의 균형은 온전한 관계를 형성할 때 이루어진다. 교사-학생-주제 사이의 균형은 서로를 대상으로 보지 않을 때 가능하다. 교사와 학생, 그리고 주제를 대상으로 생각하는 순간, 교사에게 학생은 주제를 담아야 하는 대상이 되고, 학생에게 교사는 주제를 전달하는 대상일 뿐이다. 그 속에서 주제는 이리저리 옮겨 다니는 대상으로 자리매김된다.

　현실을 개선해나가기 위해 수업에서 실천을 중심에 둔다는 것은 그만큼의 절실함과 용기를 필요로 한다. 가르침은 분명 용기가 필요한 것이다. 행동의 변화를 이끌어내는 실천적 통합을 이루려면 절실함이 뒤따라야 한다. 우리가 가르치려고 하는 것은 많은 것을 쉽고 확실하게 배우게 하는 것, 그래서 구체적인 사실이나 정보를 잘 전달하는 것에 있지 않기 때문이다. 제대로 된 가르침을 펼쳐가기 위해서는 냉혹한 현실 앞에서 신념을 지키기 위한 용기와 그만큼의 대가를 치르겠다는 헌신이 필요하다. 그러한 과정에서 아이들의 상상과 도전, 창의와 성장을 기대해볼 수 있다.

1. 학생 중심의 수업과 교사 중심의 수업의 장단점은 무엇인가? 장점은 살리고 단점을 보완하는 수업은 어떤 모습인가?

2. 나의 수업에서 덜어내야 할 것은 무엇인가? 공간을 비우면 어떤 일이 생겨날 것이라고 생각하는가?

3. 수업에서 소외를 경험한 적이 있는가? 소외의 문제를 어떻게 극복하였는가?

# 배움과 가르침의 길,
# 삶이 넘나들며 배우다

우리가 가르치고 배우는 것들의 대부분은 과거에 있었던 일이거나 미래에 일어날 일이다. 가까운 주변에서 일어나는 것보다는 어딘가에서 일어나는 일들이며, 아이들의 이야기보다는 어른들의 이야기인 경우가 더 많다. 그래서 우리의 배움은 늘 멀찌감치 물러서서 보고 말하는 배움이었다. 이것은 이래서 문제이고, 저것은 저래서 문제라고 말해왔다. 그래서 이것은 이렇게 하면 더 좋고, 저것은 저렇게 하면 더 좋다는 말로 깔끔하게 정리되었다. 논리와 설득이 논쟁의 중심을 차지하면서 그것이 어느 정도 충족되면 배움은 끝난 것으로 여겨졌다. 아무런 실천도 변화도 없음에도 배운 셈 친 것이다. 실천이 없는 삶을 삶이라고 할 수 없듯, 삶이 빠진 배움을 배움이라고 말할 수 없다.

배움이 삶이 되려면 삶 속으로 들어가야 한다. 삶을 살짝 건드리는 것만으로는 온전한 배움을 경험했다고 말할 수 없다. 그럼에도 지금까지의 배움은 삶으로 깊게 들어가지 못하였으며 그것을 처음부터 거부하였다. 심지어 거리를 둘수록 더 많은 배움이 일어나는 것으로 착각하기에 이르렀다. 마치 야구 경기를 지켜보는 관중들이 선수와 감독보다 더 많은 것을 알고 있는 양 소리를 질러대는 것처럼 되어버린 것이다.

삶과 배움을 분리하면 할수록 배웠다고 말하기가 쉬워진다. 가르치면 곧 배운 것이 되기 때문이다. 오늘날 학교 교육은 아이들을 운동장 안에서 땀을 흘리고 경기를 펼치는 선수로 기르기보다는 경기장 밖에서 구경하는 관중으로 기르는 것 같다. 아이들이 구경꾼이 되어갈수록 배움은 삶이 되지 못하고 삶의 배움은 가치를 잃어만 간다. 삶과 배움이 넘나든다는 것은 관중의 자리를 박차고 과감히 경기장 안으로 들어갈 때만이 가능한 일이다.

삶이 넘나드는 배움은 사실에 주목하고 이해하는 선에 머물지 않는다. 그것이 사실인지 아닌지를 확인하고 기억 속에 오랫동안 담아두는 것만으로 만족할 수 없는 것이 배움이기 때문이다. 사실을 넘어 새로움을 발견하고 탐구해나가는 과정 속에서 누군가 그어 놓은 선들과 벽들로 인해 배움의 여정이 끊어지지 않도록 길을 터주는 선택들이 모여 가르침을 이룬다. 길에 놓인 수많은 장애물과 난관들을 미리 살피고 한쪽으로 치워놓는 것도 가르침이라고 할 수 있겠지만, 때로는 무심코 흘린 말 한마디가 실마리가 되어 새로운 길을 열어가기도 한다.

　'어디서 배우는가?'란 물음은 공간이 배움의 바탕임을 의미하고, '무엇을 배우는가?'란 물음은 내용이 배움의 결과임을 말한다. '어떻게 배우는가?'란 물음은 흐름이 배움의 방법임을 의미하고, '왜 배우는가?'란 물음은 가치가 배움의 목적임을 말한다. '누구와 배우는가?'란 물음은 관계가 배움의 시작과 끝임을 깨닫게 한다. 진정한 관계가 만들어내는 상황에서 이루어지는 배움만이 배움을 넘어 삶에 이르게 된다.

부록

# 마을 활동
# 놀이 방법

# 참다운 가치 교육을 위한
## 마을 활동

◆ **마을 활동의 약속**

1. 마을 활동은 놀이다.

2. 마을 활동에서는 놀면서 배운다.

3. 마을 활동에는 모두가 참여한다.

4. 마을 활동 놀이 방법을 자세히 읽고 반드시 지킨다.

5. 마을 활동에서는 마을 모임(반 모임)에서의 결정 사항을 따른다.

◆ **마을 활동의 흐름**

마을 활동은 세 가지 형태로 3주간 진행된다. 1주 차는 '가치 경험 놀이'로, 다양한 가치를 경험하기 위한 활동이다. 2주 차는 '가치 공유 놀이'로, 가치를 짝과 함께 나누는 활동이다. 3주 차는 '가치 탐색 놀이'로, 모둠이 협력하여 참다운 가치를 추구하는 활동이다. 이렇게 세 가지 마을 활동을 통하여 한 해 동안 교실에서 실천할 가치를 세워나간다.

◆ 마을 활동에서 사용하는 말

1. 마을 화폐

가. 마을 화폐는 개인 통장으로 받는다.

나. 마을 화폐의 단위는 '냥'이다.

다. 마을 화폐로 가치 경매에 참여할 수 있다.

라. 마을 화폐는 마음대로 주고받을 수 없다.

2. 토지

가. 토지는 앉아 있는 자리를 의미한다.

나. 1주 차 가치 경험 놀이에서는 1인 1조(개별)로 앉는다.

다. 2주 차 가치 공유 놀이에서는 2인 1조(짝)로 앉는다.

라. 3주 차 가치 탐색 놀이에서는 4인 1조(모둠)로 앉는다.

마. 토지 사용은 가치 놀이에 따라 다르다.

3. 임금

가. 매일 수업 수당 100냥을 받는다.

나. 임금은 임금 담당 공무원에게 확인받는다.

다. 공무원(임금 담당, 포인트 담당, 가치 경매 담당)은 별도의 임금(매일 20
냥)을 받는다.

4. 가치 실천 포인트

가. 가치 실천 정도에 따라 포인트를 상금으로 받는다.

나. 포인트는 개인 통장에 기재하고 포인트 담당 공무원에게 확인을 받는다.

다. 포인트는 가치 놀이에 따라 다르다.

5. 지출

가. 가치 경매에서 마을 화폐를 사용한다.

나. 가치를 구입할 경우, 가치 경매 담당 공무원에게 확인받는다.

다. 지출은 개인 통장에 기재하고 가치 경매 담당 공무원에게 확인을 받는다.

라. 가치 경매는 매주 금요일에 실시한다.

◆ 마을 활동 운영

1. 놀이의 방법

가. 놀이의 순서는 다음과 같다.

① 1주 차는 다양한 가치를 경험하는 가치 경험 놀이로 진행한다.(1인 1조)

② 2주 차는 소중한 가치를 선택하고 함께 공유하는 가치 공유 놀이로 진행한다.(2인 1조)

③ 3주 차는 가치를 실천하고 학급 가치를 세우는 가치 탐색 놀이로 진행한다.(4인 1조)

나. 가치 놀이에 따라서 1인 1조, 2인 1조, 4인 1조로 구성한다.

다. 주별로 가치 놀이의 형태가 바뀌더라도 모은 재산은 그대로 유지시킨다.

라. 가치 공유 시스템과 가치 추구 시스템에서 협의하여 만든 규칙들은 정부(교사)에 확인받은 경우에만 포인트로 인정된다.

마. 모든 가치 시스템을 경험한 후, 한 해 동안 학급 전체가 지켜나갈 규칙을 정한다.

2. 가치 경험 놀이

놀이 방법

1. 최초의 토지는 정부(교사)가 정한다.

2. 토지별로 정해 있는 가치 경험을 실천한다.(1인 1조)

3. 매일 옆 분단으로 이동하며 한 주간 동안 다섯 개의 가치를 경험한다.

임금: 매일 100냥.

가치 포인트: 1회당 10냥.(1일 포인트 지급은 100냥을 넘을 수 없다.)

가치 경험 놀이 자리 배치(1인 1조)

| 칠 판 |
| --- |

| 1분단 | 2분단 | 3분단 | 4분단 | 5분단 |
| --- | --- | --- | --- | --- |
| 경청 | 배려 | 감사 | 책임 | 지혜 |
| 경청 | 배려 | 감사 | 책임 | 지혜 |
| 경청 | 배려 | 감사 | 책임 | 지혜 |
| 경청 | 배려 | 감사 | 책임 | 지혜 |
| 경청 | 배려 | 감사 | 책임 | 지혜 |

3. 가치 공유 놀이

놀이 방법

1. 다섯 가지 가치 중에서 가장 소중하다고 생각하는 가치를 선택한다.

2. 가치 경매를 통하여 가장 높은 값을 내고 구입한 사람부터 원하는 자리
   에 앉는다.(2인 1조)

3. 가치를 선택한 이유를 발표한다.

4. 짝 협의를 통하여 가치 실천(규칙)을 추가하여 실천한다.
   임금: 매일 100냥.
   가치 포인트: 1회당 10냥.
   　　　　　　 - 짝과 협력하여 가치를 실천한 경우, 포인트 10냥 추가.
   　　　　　　 - 1일 포인트 지급은 100냥을 넘을 수 없다.

## 가치 공유 놀이 자리 배치(2인 1조)

| 칠 판 |
| --- |

| 경청 | 경청 |
| --- | --- |

| 경청 | 경청 |
| --- | --- |

| 경청 | 경청 |
| --- | --- |

| 배려 | 배려 |
| --- | --- |

| 배려 | 배려 |
| --- | --- |

| 배려 | 배려 |
| --- | --- |

| 감사 | 감사 |
| --- | --- |

| 감사 | 감사 |
| --- | --- |

| 감사 | 감사 |
| --- | --- |

| 책임 | 책임 |
| --- | --- |

| 책임 | 책임 |
| --- | --- |

| 책임 | 책임 |
| --- | --- |

| 지혜 | 지혜 |
| --- | --- |

| 지혜 | 지혜 |
| --- | --- |

| 지혜 | 지혜 |
| --- | --- |

## 4. 가치 탐색 놀이

**놀이 방법**

1. 다섯 가지 가치 중에서 가장 소중하다고 생각하는 가치를 선택한다.
2. 가치 경매를 통하여 가장 높은 값을 내고 구입한 사람부터 원하는 자리에 앉는다.(4인 1조)
3. 모둠 협의를 통하여 선택한 가치의 실천 방법을 정한다.
4. 모둠 협의를 통하여 제시된 가치 외에 새로운 가치를 세우고 실천 방법을 정할 수도 있다.

임금: 매일 100냥.

가치 포인트: 1회당 10냥.

　　　　　- 모둠과 협력하여 가치를 실천한 경우, 포인트 20냥 추가.

- 1일 포인트 지급은 100냥을 넘을 수 없다.

## 가치 탐색 자리 배치(4인 1조)

| 경청 | 경청 |
|------|------|
| 경청 | 경청 |

| 배려 | 배려 |
|------|------|
| 배려 | 배려 |

| 지혜 | 지혜 |
|------|------|
| 지혜 | 지혜 |

| 감사 | 감사 |
|------|------|
| 감사 | 감사 |

| 책임 | 책임 |
|------|------|
| 책임 | 책임 |

| 새로운<br>가치 세우기 | 새로운<br>가치 세우기 |
|------|------|
| 새로운<br>가치 세우기 | 새로운<br>가치 세우기 |

◆ 가치 놀이 내용

| 분단 | 가치 | | 내용 | 포인트 |
|---|---|---|---|---|
| 1 | 경청 | 의미 | 상대방의 말과 행동에 집중하여 상대방이 자신에게 얼마나 소중한 존재인지 알게 하는 것 | |
| | | 가치 활동 | - 수업 시간에 선생님으로부터 경청에 관한 칭찬을 들음<br>- 친구가 긍정적인 행동을 했을 때 칭찬이나 박수를 쳐줌<br>- 가족들로부터 경청에 관한 칭찬을 들음 | |
| 2 | 배려 | 의미 | 자신과 다른 사람 그리고 환경에 대하여 사랑과 관심을 갖고 잘 관찰하여 보살펴 주는 것 | |
| | | 가치 활동 | - 아픈 친구를 위로하고 구체적으로 도움을 줌<br>- 도움이 필요한 친구에게 구체적인 행동으로 도움을 줌<br>- 자신이 손해(싸움)를 보더라도 남을 위해 희생(용서)하는 행동을 함<br>- 수업 시간에 상황에 따라 목소리 크기를 달리하면서 적절히 표현하여 선생님으로부터 칭찬을 들음 | |
| 3 | 감사 | 의미 | 다른 사람이 자신에게 준 도움을 인정하고 말과 행동으로 고마움을 표현하는 것 | * 1회 10냥<br><br>* 1일 최대 100냥 |
| | | 가치 활동 | - 상대방에게 "고마워", "감사해"라는 말을 진심으로 함<br>- 학교에서 욕을 하지 않음<br>- 친구나 부모에게 감사의 글(문자, 편지, 댓글 등)을 씀 | |
| 4 | 책임 | 의미 | 자신이 해야 할 일이 무엇인지 알고 끝까지 맡아서 잘 수행하는 태도 | |
| | | 가치 활동 | - 수업 시간 과제나 학교 숙제를 최선을 다하여 마무리함<br>- 맡은 일을 제대로 해냄<br>- 자신이 맡은 집안일을 최선을 다하여 마무리함<br>- 자신의 물건에 이름표를 붙임(물건 5개당 1회 인정) | |
| 5 | 지혜 | 의미 | 자신이 알고 있는 지식을 모두에게 도움이 되도록 사용할 수 있는 능력 | |
| | | 가치 활동 | - 자신이 알고 있는 것을 다른 사람에게 설명해줌<br>- 자신이 잘하는 것(운동, 악기 연주 등)을 친구들에게 가르쳐줌<br>- 배움 공책 작성을 잘하여 선생님에게 상 도장을 받음 | |

# 개인 통장

* 마을 활동에서는 종이돈을 쓰지 않습니다.
* 마을에서 이루어지는 활동은 모두 통장에 기입합니다.

이름 (              )

| 날짜 | 받은 돈 | 쓴 돈 | 남은 돈 | 내용 |
|------|---------|-------|---------|------|
|      |         |       |         |      |
|      |         |       |         |      |
|      |         |       |         |      |
|      |         |       |         |      |
|      |         |       |         |      |
|      |         |       |         |      |
|      |         |       |         |      |
|      |         |       |         |      |
|      |         |       |         |      |
|      |         |       |         |      |
|      |         |       |         |      |
|      |         |       |         |      |

# 임금 장부

* 임금을 받는 날짜를 매일 적어주세요.
* 개인 통장에 적힌 임금을 확인한 후, 임금 장부에 기록합니다.

임금 담당 공무원 (          )

| 이름 | (  )월(  )일 | (  )월(  )일 | (  )월(  )일 | (  )월(  )일 | (  )월(  )일 |
|---|---|---|---|---|---|
|  |  |  |  |  |  |
|  |  |  |  |  |  |
|  |  |  |  |  |  |
|  |  |  |  |  |  |
|  |  |  |  |  |  |
|  |  |  |  |  |  |
|  |  |  |  |  |  |
|  |  |  |  |  |  |
|  |  |  |  |  |  |
|  |  |  |  |  |  |
|  |  |  |  |  |  |
|  |  |  |  |  |  |
|  |  |  |  |  |  |
|  |  |  |  |  |  |

# 가치 포인트 장부

* 가치 포인트를 지급한 날짜를 적어주세요.
* 개인 통장에 적힌 가치 포인트를 확인한 후, 가치 포인트 장부에 기록합니다.

가치 포인트 담당 공무원 (              )

| 이름 | (  )월(  )일 | (  )월(  )일 | (  )월(  )일 | (  )월(  )일 | (  )월(  )일 |
|---|---|---|---|---|---|
|  |  |  |  |  |  |
|  |  |  |  |  |  |
|  |  |  |  |  |  |
|  |  |  |  |  |  |
|  |  |  |  |  |  |
|  |  |  |  |  |  |
|  |  |  |  |  |  |
|  |  |  |  |  |  |
|  |  |  |  |  |  |
|  |  |  |  |  |  |
|  |  |  |  |  |  |
|  |  |  |  |  |  |
|  |  |  |  |  |  |
|  |  |  |  |  |  |

# 가치 경매 장부

가치 경매 담당 공무원 (                    )

| 이름 | (   )월(   )일 | (   )월(   )일 | (   )월(   )일 | (   )월(   )일 | (   )월(   )일 |
|---|---|---|---|---|---|
|  |  |  |  |  |  |
|  |  |  |  |  |  |
|  |  |  |  |  |  |
|  |  |  |  |  |  |
|  |  |  |  |  |  |
|  |  |  |  |  |  |
|  |  |  |  |  |  |
|  |  |  |  |  |  |
|  |  |  |  |  |  |
|  |  |  |  |  |  |
|  |  |  |  |  |  |
|  |  |  |  |  |  |
|  |  |  |  |  |  |
|  |  |  |  |  |  |
|  |  |  |  |  |  |

# 가치 카드

| | |
|---|---|
| **관계와 책임이 살아 있는 공동체 만들기** | **관계와 책임이 살아 있는 공동체 만들기** |

<table>
<tr><td colspan="2">관계와 책임이 살아 있는 공동체 만들기</td><td colspan="2">관계와 책임이 살아 있는 공동체 만들기</td></tr>
<tr>
<td>경청</td>
<td>
상대방의 말과 행동에 집중하여 상대방이 자신에게 얼마나 소중한 존재인지 알게 하는 것<br><br>
◆ 이렇게 행동해요<br>
말하는 사람을 향해 몸 돌리기, 상대방 눈 바라보기, 고개 끄덕이기<br><br>
◆ 이렇게 말해요<br>
"아!" "오!" "음" "그렇구나!" "~. 이런 말이니?"
</td>
<td>배려</td>
<td>
나와 다른 사람 그리고 환경에 대하여 사랑과 관심을 갖고 잘 관찰하여 보살펴 주는 것<br><br>
◆ 이렇게 행동해요<br>
따뜻한 눈으로 바라보기, 손 먼저 내밀기, 용서하기, 환하게 웃어주기<br><br>
◆ 이렇게 말해요<br>
"내가 도와줄까?" "이거 빌려줄게" "네가 먼저 해도 괜찮아"
</td>
</tr>
</table>

<table>
<tr><td colspan="2">관계와 책임이 살아 있는 공동체 만들기</td><td colspan="2">관계와 책임이 살아 있는 공동체 만들기</td></tr>
<tr>
<td>감사</td>
<td>
다른 사람이 자신에게 준 도움을 인정하고 말과 행동으로 고마움을 표현하는 것<br><br>
◆ 이렇게 행동해요<br>
인사하기, 안아주기, 문자 보내기, 선물 하기, 엄지 추켜세우기, 박수쳐주기, 칭찬해주기<br><br>
◆ 이렇게 말해요<br>
"감사합니다" "고마워" "좋은 이야기 고마워" "넌 나의 기쁨이야"
</td>
<td>책임</td>
<td>
자신이 해야 할 일이 무엇인지 알고 끝까지 맡아서 잘 수행하는 태도<br><br>
◆ 이렇게 행동해요<br>
숙제 충실하게 끝내기, 1인 1역 성실하게 참여하기, 모둠 활동에 적극적으로 참여하기<br><br>
◆ 이렇게 말해요<br>
"끝까지 마무리할 거야" "작은 일에도 최선을 다할 거야"
</td>
</tr>
</table>

| | 관계와 책임이 살아 있는 공동체 만들기 |
|---|---|
| | 자신이 알고 있는 지식을 모두에게 도움이 되도록 사용할 수 있는 능력 |
| 지혜 | ◆ 이렇게 행동해요<br>자신이 잘하는 것을 자랑하기보다는 남을 위해 사용한다. 남을 칭찬하고 자신을 수시로 돌아본다.<br><br>◆ 이렇게 말해요<br>"내가 알려줄게" "내가 도와줄게" "참 좋은 생각이구나" "넌 잘하는 게 많구나" |

※ 책상에 부착하여 활용함

아름다운 환경 교육을 위한
마을 활동

◆ 마을 활동의 약속

1. 마을 활동은 놀이다.

2. 마을 활동에서는 놀면서 배운다.

3. 마을 활동에는 모두가 참여한다.

4. 마을 활동 놀이 방법을 자세히 읽고 반드시 지킨다.

5. 마을 활동에서는 마을 모임(반 모임)에서의 결정 사항을 따른다.

◆ 마을 활동의 흐름

마을 활동은 세 가지 마을 형태로 3주간 진행된다. 1주 차는 '경제 성장 환경 놀이'로 환경보다는 경제 발전에 중심을 둔 마을 활동을 말한다. 2주 차는 '녹색 성장 환경 놀이'로 경제와 환경을 고려한 마을 활동을 뜻한다. 3주 차는 '지속 성장 환경 놀이'로 경제와 환경 그리고 사회정의를 추구하는 활동이다. 세 가지 환경 놀이를 통하여 환경이 우리 삶에 어떠한 영향을 끼치게 되는지 체험한다.

1. 마을 화폐

    가. 마을 화폐는 개인 통장으로 받는다.

    나. 마을 화폐의 단위는 '냥'이다.

    다. 마을 화폐는 임금, 벌금, 탄소세, 탄소 배출권, 탄소 포인트 등에 사용한다.

    라. 마을 화폐는 마음대로 주고받을 수 없다.

2. 토지

    가. 토지는 앉아 있는 자리를 의미한다.

    나. 토지는 이용 방법에 따라 임금과 오염도가 달라진다.

    다. 경제 성장 환경 놀이와 녹색 성장 환경 놀이에서는 토지 오염도가 200%를 넘게 되면 놀이가 끝난다.

    라. 지속 성장 환경 놀이에서는 탄소 배출량이 탄소 배출권을 넘어서게 되면 놀이가 끝난다.

3. 임금

    가. 토지 이용 방법에 따라 임금을 다르게 받는다.

    나. 임금은 임금 담당 공무원에게 받는다.

    다. 자신이 받을 임금을 통장에 기록하고 임금 담당 공무원에게 확인을 받는다.

    * 단, 공무원(임금, 탄소세, 탄소 배출권, 탄소 포인트, 상금, 벌금, 환경 실천)은 별도의 임금(매일 20냥)을 받는다.

4. 탄소세

    가. 녹색 성장 환경 놀이에서 주민은 통장으로 탄소세를 납부한다.

    나. 탄소세는 매일 임금의 20%를 납부한다.

    다. 토지의 용도를 1회 변경할 때마다 1000냥의 탄소세를 납부한다.

라. 통장에 자신이 납부할 탄소세를 기록하고 탄소세 담당 공무원에게 확인을 받는다.

5. 탄소 배출권

　가. 지속 성장 환경 놀이에서 지속 성장 온도계에 탄소 배출권을 표시한다.

　나. 최초 탄소 배출권은 정부(교사)가 토지 용도에 따라 무료로 배분한다.

　다. 탄소 배출권은 1g당 10냥으로 한다.

　라. 탄소 배출권이 부족해질 경우, 탄소 배출권이 남는 사람으로부터 구입한다.

　마. 탄소 배출권을 거래할 때는 탄소 배출권 담당 공무원에게 확인을 받는다.

6. 탄소 포인트

　가. 지속 성장 환경 놀이에서 환경 생활 실천을 하면 탄소 포인트를 받는다.

　나. 탄소 포인트는 지급 규정에 따르며 그 외의 환경 생활 실천은 정부(교사)가 정한다.

　나. 탄소 포인트는 마을 화폐 또는 탄소 배출권으로 교환 가능하다.

　다. 탄소 포인트를 마을 화폐로 교환할 경우 환경 실천 담당 공무원에게 확인을 받는다.

　라. 탄소 포인트와 탄소 배출권을 교환할 경우 탄소 배출권 담당 공무원에게 확인을 받는다.

7. 지출

　가. 모든 환경 놀이에서는 토지 용도를 변경할 경우 1000냥을 낸다.

　나. 경제 성장 환경 놀이에서는 벌금 이외에는 지출이 없다.

　다. 녹색 성장 환경 놀이에서는 임금의 20%를 탄소세로 납부한다.

　라. 지속 성장 환경 놀이에서는 부족한 탄소 배출권을 구입하여 사용한다.

8. 상금

   가. 과제 학습, 마을 활동 후기 작성, 환경과 관련된 조사 자료를 제출한 경우에 정부(교사)의 판단에 따라 상금을 지급할 수 있다.

   나. 지속 성장 환경 시스템에서 빈부의 격차를 해소하는 방안을 제시하고 실천한 마을에는 정부(교사)의 판단에 따라 상금을 지급한다.

9. 벌금

   가. 모든 환경 놀이에서 환경오염에 해당되는 행동에 벌금을 부과한다.

   나. 통장에 자신이 납부할 벌금을 기록하고 벌금 담당 공무원에게 확인을 받는다.

10. 온도계

   가. 경제 성장 환경 놀이에서 매일 경제 성장 온도계에 총생산액과 오염도를 표시한다.

   나. 녹색 성장 환경 놀이에서 매일 녹색 성장 온도계에 총생산액과 오염도를 표시한다.

   다. 지속 성장 환경 놀이에서 매일 지속 성장 온도계에 총생산액과 탄소 배출량을 표시한다.

11. 활동 종료

   가. 경제 성장 및 녹색 성장 환경 놀이에서 토지 오염도가 200% 되면 개인 종료된다.

   나. 지속 성장 환경 놀이에서 탄소 배출량이 탄소 배출권보다 넘어서면 개인 종료된다.

   다. 탄소세, 벌금 등을 지불할 수 없을 때 개인 종료된다.

   라. 모둠에서 2명 이상이 개인 종료를 당한 경우, 모둠 활동이 종료된다.

   마. 마을에서 2곳 이상이 모둠 종료를 당한 경우, 마을 활동 전체가 종료

된다.

바. 활동이 종료된 경우, 개인 통장을 반납해야 하며 마을 활동에 참여할
수 없다.

◆ 마을 활동 운영

1. 놀이의 방법

가. 놀이의 순서는 다음과 같다.

① 1주 차는 경제 발전만을 생각하는 환경 놀이로 진행한다.(경제성장)

② 2주 차는 경제와 환경을 중요하게 생각하는 환경 놀이로 진행한다.(녹
색 성장)

③ 3주 차는 경제와 환경과 사회정의를 모두 중요하게 생각하는 환경 놀이
로 진행한다.(지속 성장)

나. 환경 시스템의 종료는 다음과 같다.

① 개인 종료: 토지(자리) 오염도가 200% 된 경우이다.

② 개인 종료: 탄소세, 벌금, 탄소 배출권을 더 이상 납부하지 못하는 경우
이다.

③ 모둠 종료: 모둠에서 2명 이상이 개인 종료를 당한 경우이다.

④ 마을 종료: 마을에서 2곳 이상의 모둠이 종료를 당한 경우이다.

다. 환경 놀이별로 마을이 유지되는 기간을 기록한다.

라. 환경 놀이가 바뀔 때마다 토지 이용 방법을 변경할 기회를 준다.

마. 환경 놀이가 바뀌더라도 모은 재산은 그대로 유지시킨다.

## 2. 경제 성장 환경 놀이

| 토지 | 임금 | 경제 성장 온도계 |
|---|---|---|
| 1. 토지는 앉아 있는 자리로, 모두에게 동등하게 주어지며. 최초의 자리는 정부(교사)가 정한다.<br><br>2. 개인별로 토지의 용도를 선택할 수 있으며 중간에 변경 가능하다.(토지 용도 변경 시 1000냥 납부)<br><br>3. 토지 개발 종류에 따라 오염도가 다르다. | 1. 시민들은 경제활동 종류에 따라 임금을 차등 지급받는다. | 1. 경제 성장 온도계를 수시로 확인한다.<br><br>2. 경제 성장 환경 놀이의 마을 활동이 종료되면 주민들의 총생산액(통장 잔금)을 구한다. 차후 녹색 성장 환경 놀이와 지속 성장 환경 놀이의 총생산액과 비교하여본다. |

## 3. 녹색 성장 환경 놀이

| 토지 | 임금 | 탄소세 | 녹색 성장 온도계 |
|---|---|---|---|
| 1. 경제 성장 환경 놀이의 총생산액으로 토지를 경매하여 앉는다.<br><br>2. 모둠별로 협의하여 토지의 용도를 선택할 수 있으며 중간에 변경 가능하다.(토지 용도 변경 시 1000냥 납부)<br><br>3. 토지 개발 종류에 따라 오염도가 다르다. | 1. 토지 이용의 종류에 따라 임금을 차등 지급받는다. | 1. 임금의 20%를 탄소세로 낸다.<br><br>2. 모아진 탄소세는 환경보호 기금으로 적립되어 개인 종료 및 모둠 종료가 발생할 때 회생 자금(50냥=-5%)으로 활용된다. 단, 탄소세 총합의 5%만 사용 가능하며 모둠별로 1일 1회만 가능하다. 또한 한번 회생 자금을 받은 사람은 다시 지원받을 수 없다. 한 모둠에 두 사람이 동시에 종료될 경우 모둠 협의를 통하여 회생 자금 받을 사람을 결정한다. | 1. 녹색 성장 온도계를 수시로 확인한다.<br><br>2. 녹색 성장 환경 놀이의 마을 활동이 종료되면 주민들의 총생산액(통장 잔금)을 구해보고, 경제 성장 환경 놀이의 총생산액과 비교하여본다. |

## 4. 지속 성장 환경 놀이

| 토 지 | 임금 | 탄소 포인트 | 탄소 배출권 거래 | 지속 성장 온도계 |
|---|---|---|---|---|
| 1. 녹색 성장 환경 놀이의 총생산액으로 토지를 경매하여 않는다.<br><br>2. 마을 협의를 통하여 토지의 용도를 선택한다. 토지 용도를 변경하려면 마을 협의를 통해야 한다.(토지 용도 변경 시 1000냥 납부)<br><br>3. 토지 개발 종류에 따라 탄소 배출권이 다르다. | 1. 토지 이용의 종류에 따라 임금을 차등 지급받는다.<br><br>2. 토지 용도에 따라 발생된 임금의 격차를 마을 협의를 통해 해결한다.<br><br>3. 합리적인 해결책을 제시하고 실천한 마을에 상금을 지급한다. | 1. 녹색 생활을 실천하여 탄소 포인트를 지급받는다.<br><br>2. 탄소 포인트는 마을 화폐 또는 탄소 배출권으로 교환 가능하다.<br><br>3. 탄소 포인트를 기부할 경우, 포인트는 두 배가 되며 개인 종료 및 모둠 종료가 발생할 때 회생 용도로 활용된다.(회생에 대한 결정은 마을 협의를 통해 한다.) | 1. 마을의 탄소 총 배출량은 15000g으로 한다.<br><br>2. 토지 용도에 따라 탄소 배출권을 무상으로 지급한다.<br><br>3. 탄소 배출권을 사고팔 수 있다.(1g=10냥) 단, 탄소 배출권 담당 공무원의 확인을 받아야 한다.<br><br>4. 탄소 배출권을 구입하지 못할 경우 벌금을 정부에 납부한다.(부족분 1g당 20냥 단, 정부에서 구입할 수 있는 탄소 배출권은 개인당 100g으로 한정) | 1. 지속 성장 온도계를 수시로 확인한다.<br><br>2. 지속 성장 환경 놀이의 마을 활동이 종료되면 시민들의 총생산액(통장 잔금)을 구해보고, 경제성장 환경 놀이와 녹색 성장 환경 놀이의 총생산액과 비교하여본다. |

## 5. 경제 성장과 녹색 성장 놀이에서의 토지 용도에 따른 임금과 오염도

| 토지 용도 | 1일 임금(냥) | 1일 오염도(%) |
|---|---|---|
| 국립공원 | 300 | 20 |
| 수목원 | 300 | 20 |
| 벼농사 | 300 | 20 |
| 유기농 야채 재배 | 300 | 20 |
| 과수원 | 400 | 40 |
| 목장 | 400 | 40 |
| 공원 | 400 | 40 |
| 학교 | 400 | 40 |
| 아파트 | 550 | 50 |
| 대형 마트 | 550 | 50 |
| 골프장 | 550 | 50 |
| 스키장 | 550 | 50 |
| 화력발전소 | 550 | 50 |
| 제철소 | 750 | 70 |
| 조선소 | 750 | 70 |
| 자동차 공장 | 750 | 70 |
| 반도체 공장 | 750 | 70 |
| 타이어 공장 | 750 | 70 |
| 쓰레기 소각장 | 750 | 70 |
| 방사능폐기물처리장 | 1000 | 100 |
| 공무원<br>(임금, 탄소세, 탄소 배출권, 탄소 포인트,<br>상금, 벌금 담당자) | 400 | 20% |

## 6. 지속 성장 환경 놀이에서 토지 용도에 따른 탄소 배출권

| 토지 용도 | 최초 지급되는 탄소 배출권(g) | 1일 탄소 배출량(g) |
|---|---|---|
| 국립공원 | 10 | 5 |
| 수목원 | 20 | 10 |
| 벼농사 | 30 | 15 |
| 유기농 야채 재배 | 40 | 20 |
| 과수원 | 50 | 25 |
| 목장 | 60 | 30 |
| 공원 | 70 | 35 |
| 학교 | 80 | 40 |
| 아파트 | 90 | 45 |
| 대형 마트 | 100 | 50 |
| 골프장 | 110 | 55 |
| 스키장 | 120 | 60 |
| 화력발전소 | 130 | 65 |
| 제철소 | 140 | 70 |
| 조선소 | 150 | 75 |
| 자동차 공장 | 160 | 80 |
| 반도체 공장 | 170 | 85 |
| 타이어 공장 | 180 | 90 |
| 쓰레기 소각장 | 190 | 95 |
| 방사능폐기물처리장 | 200 | 100 |
| 공무원<br>(임금, 탄소세, 탄소 배출권,<br>탄소 포인트, 벌금, 환경 실천 담당자) | 50 | 25 |

## 7. 지속 성장 환경 시스템에서 환경 실천에 따른 탄소 포인트

| 환경 실천 | 마을 화폐로 본 탄소 포인트(냥) | 토지 오염도로 본 탄소 포인트(%) | 탄소 배출권으로 본 탄소 포인트(g) |
|---|---|---|---|
| 식품첨가물 기록 (1건당) | 100 | -10 | 10 |
| 녹색 소비 마크 수집(1건당) | 200 | -20 | 20 |
| 탄소 발자국 지우기 기록 (1건당) | 300 | -30 | 30 |
| 밥상의 탄소 발자국 기록 (1건당) | 400 | -40 | 40 |
| 급식 다 먹기(1건당) | 500 | -50 | 50 |
| 빈 교실에 형광등, TV, 선풍기 끄기(1건당) | | | |
| 대중교통 이용하기(1건당) | 600 | -60 | 60 |
| 10분 안에 샤워하기(1건당) | 700 | -70 | 70 |
| 쓰레기 분리수거 | 800 | -80 | 80 |
| 학교 내외 환경 정화 활동(30분) | 900 | -90 | 90 |
| 환경 관련 책 읽기 (1권당) | 1000 | -100 | 100 |
| 꽃이나 나무 심기 (1건당) | | | |

# 개인 통장

* 마을 활동에서는 종이돈을 쓰지 않습니다.
* 마을에서 이루어지는 활동은 모두 통장에 기입합니다.

이름 (                    )

| 날짜 | 받은 돈 | 쓴 돈 | 남은 돈 | 내용 |
|------|---------|-------|---------|------|
|      |         |       |         |      |
|      |         |       |         |      |
|      |         |       |         |      |
|      |         |       |         |      |
|      |         |       |         |      |
|      |         |       |         |      |
|      |         |       |         |      |
|      |         |       |         |      |
|      |         |       |         |      |
|      |         |       |         |      |
|      |         |       |         |      |
|      |         |       |         |      |
|      |         |       |         |      |

# 임금 장부

* 임금을 받는 날짜를 매일 적어주세요.
* 개인 통장에 적힌 임금을 확인한 후, 임금 장부에 기록합니다.

임금 담당 공무원 (          )

| 이름 | (  )월(  )일 | (  )월(  )일 | (  )월(  )일 | (  )월(  )일 | (  )월(  )일 |
|---|---|---|---|---|---|
|  |  |  |  |  |  |
|  |  |  |  |  |  |
|  |  |  |  |  |  |
|  |  |  |  |  |  |
|  |  |  |  |  |  |
|  |  |  |  |  |  |
|  |  |  |  |  |  |
|  |  |  |  |  |  |
|  |  |  |  |  |  |
|  |  |  |  |  |  |
|  |  |  |  |  |  |
|  |  |  |  |  |  |

# 상금 장부

상금 담당 공무원 (                    )

| 이름 | (   )월(   )일 | (   )월(   )일 | (   )월(   )일 | (   )월(   )일 | (   )월(   )일 |
|---|---|---|---|---|---|
|  |  |  |  |  |  |
|  |  |  |  |  |  |
|  |  |  |  |  |  |
|  |  |  |  |  |  |
|  |  |  |  |  |  |
|  |  |  |  |  |  |
|  |  |  |  |  |  |
|  |  |  |  |  |  |
|  |  |  |  |  |  |
|  |  |  |  |  |  |
|  |  |  |  |  |  |
|  |  |  |  |  |  |
|  |  |  |  |  |  |
|  |  |  |  |  |  |

# 벌금 장부

* 벌금을 낸 날짜를 매일 적어주세요.
* 개인 통장에 적힌 벌금을 확인한 후, 벌금 장부에 기록합니다.

벌금 담당 공무원 (                )

| 이름 | (  )월(  )일 | (  )월(  )일 | (  )월(  )일 | (  )월(  )일 | (  )월(  )일 |
|---|---|---|---|---|---|
|  |  |  |  |  |  |
|  |  |  |  |  |  |
|  |  |  |  |  |  |
|  |  |  |  |  |  |
|  |  |  |  |  |  |
|  |  |  |  |  |  |
|  |  |  |  |  |  |
|  |  |  |  |  |  |
|  |  |  |  |  |  |
|  |  |  |  |  |  |
|  |  |  |  |  |  |
|  |  |  |  |  |  |
|  |  |  |  |  |  |
|  |  |  |  |  |  |

# 탄소 배출권 장부

* 탄소 배출권을 구입하거나 지급한 날짜를 적어주세요.
* 지속 성장 환경 놀이 온도계 탄소 배출권을 확인한 후, 탄소 배출권 장부에 기록합니다.

탄소 배출권 담당 공무원 (          )

| 이름 | (  )월(  )일 | (  )월(  )일 | (  )월(  )일 | (  )월(  )일 | (  )월(  )일 |
|---|---|---|---|---|---|
|  |  |  |  |  |  |
|  |  |  |  |  |  |
|  |  |  |  |  |  |
|  |  |  |  |  |  |
|  |  |  |  |  |  |
|  |  |  |  |  |  |
|  |  |  |  |  |  |
|  |  |  |  |  |  |
|  |  |  |  |  |  |
|  |  |  |  |  |  |
|  |  |  |  |  |  |
|  |  |  |  |  |  |
|  |  |  |  |  |  |
|  |  |  |  |  |  |

# 지속 성장 환경 놀이에서 토지 용도에 따른 탄소 배출권

| 토지 용도 | 1일 임금 | 최초 지급되는 탄소 배출권(g) | 1일 탄소 배출량(g) |
|---|---|---|---|
| 국립공원 | 300 | 10 | 5 |
| 수목원 | 300 | 20 | 10 |
| 벼농사 | 300 | 30 | 15 |
| 유기농 야채 재배 | 300 | 40 | 20 |
| 과수원 | 400 | 50 | 25 |
| 목장 | 400 | 60 | 30 |
| 공원 | 400 | 70 | 35 |
| 학교 | 400 | 80 | 40 |
| 아파트 | 550 | 90 | 45 |
| 대형 마트 | 550 | 100 | 50 |
| 골프장 | 550 | 110 | 55 |
| 스키장 | 550 | 120 | 60 |
| 화력발전소 | 550 | 130 | 65 |
| 제철소 | 750 | 140 | 70 |
| 조선소 | 750 | 150 | 75 |
| 자동차 공장 | 750 | 160 | 80 |
| 반도체 공장 | 750 | 170 | 85 |
| 타이어 공장 | 750 | 180 | 90 |
| 쓰레기 소각장 | 750 | 190 | 95 |
| 방사능폐기물처리장 | 1000 | 200 | 100 |
| 공무원<br>(임금, 탄소세, 탄소 배출권, 탄소 포인트,<br>벌금, 환경 실천 담당자) | 400 | 50 | 25 |

# 환경 놀이 온도계

| | | | | | | | |
|---|---|---|---|---|---|---|---|
| 1500 | 3000 | | | 1500 | 3000 | | |
| 1450 | 2950 | | | 1450 | 2950 | | |
| 1400 | 2900 | 경제 성장 환경 | | 1400 | 2900 | 녹색 성장 환경 | |
| 1350 | 2850 | 놀이 온도계 | | 1350 | 2850 | 놀이 온도계 | |
| 1300 | 2800 | 토지 용도( ) | | 1300 | 2800 | 토지 용도( ) | |
| 1250 | 2750 | 1일 임금( ) | | 1250 | 2750 | 1일 임금( ) | |
| 1200 | 2700 | 1일 오염도( ) | | 1200 | 2700 | 1일 오염도( ) | |
| 1150 | 2650 | | | 1150 | 2650 | | |
| 1100 | 2600 | | | 1100 | 2600 | | |
| 1050 | 2550 | | | 1050 | 2550 | | |
| 1000 | 2500 | 100 | 200(종료) | 1000 | 2500 | 100 | 200(종료) |
| 950 | 2450 | 95 | 195 | 950 | 2450 | 95 | 195 |
| 900 | 2400 | 90 | 190 | 900 | 2400 | 90 | 190 |
| 850 | 2350 | 85 | 185 | 850 | 2350 | 85 | 185 |
| 800 | 2300 | 80 | 180 | 800 | 2300 | 80 | 180 |
| 750 | 2250 | 75 | 175 | 750 | 2250 | 75 | 175 |
| 700 | 2200 | 70 | 170 | 700 | 2200 | 70 | 170 |
| 650 | 2150 | 65 | 165 | 650 | 2150 | 65 | 165 |
| 600 | 2100 | 60 | 160 | 600 | 2100 | 60 | 160 |
| 550 | 2050 | 55 | 155 | 550 | 2050 | 55 | 155 |
| 500 | 2000 | 50 | 150 | 500 | 2000 | 50 | 150 |
| 450 | 1950 | 45 | 145 | 450 | 1950 | 45 | 145 |
| 400 | 1900 | 40 | 140 | 400 | 1900 | 40 | 140 |
| 350 | 1850 | 35 | 135 | 350 | 1850 | 35 | 135 |
| 300 | 1800 | 30 | 130 | 300 | 1800 | 30 | 130 |
| 250 | 1750 | 25 | 125 | 250 | 1750 | 25 | 125 |
| 200 | 1700 | 20 | 120 | 200 | 1700 | 20 | 120 |
| 150 | 1650 | 15 | 115 | 150 | 1650 | 15 | 115 |
| 100 | 1600 | 10 | 110 | 100 | 1600 | 10 | 110 |
| 50 | 1550 | 5 | 105 | 50 | 1550 | 5 | 105 |
| 총생산액(냥) | | 토지 오염도(%) | | 총생산액(냥) | | 토지 오염도(%) | |

## 지속 성장 환경 놀이 온도계

토지 용도(　　　　)

1일 임금(　　　　)

최초 지급받은 탄소 배출권(　　　　)

1일 탄소 배출량(　　　　)

| 75 | 150 | 225 | 300 | 375 |
| 70 | 145 | 220 | 295 | 370 |
| 65 | 140 | 215 | 290 | 365 |
| 60 | 135 | 210 | 285 | 360 |
| 55 | 130 | 205 | 280 | 355 |
| 50 | 125 | 200 | 275 | 350 |
| 45 | 120 | 195 | 270 | 345 |
| 40 | 115 | 190 | 265 | 340 |
| 35 | 110 | 185 | 260 | 335 |
| 30 | 105 | 180 | 255 | 330 |
| 25 | 100 | 175 | 250 | 325 |
| 20 | 95 | 170 | 245 | 320 |
| 15 | 90 | 165 | 240 | 315 |
| 10 | 85 | 160 | 235 | 310 |
| 5 | 80 | 155 | 230 | 305 |

탄소 배출권(g)

# 따뜻한 소통 교육을 위한
# 마을 활동

◆ **마을 활동의 약속**

1. 마을 활동은 놀이다.

2. 마을 활동에서는 놀면서 배운다.

3. 마을 활동에는 모두가 참여한다.

4. 마을 활동 놀이 방법을 자세히 읽고 반드시 지킨다.

5. 마을 활동에서는 마을 모임(반 모임)에서 결정 사항을 따른다.

◆ **마을 활동의 흐름**

마을 활동은 3주간 진행되는데, 마을을 형성하는 네 가지 요소(토지, 주민, 주권, 행복)를 중심으로 활동이 이루어진다. 마을이 설립되면 주민들은 희망에 따라서 자신이 원하는 마을에 살 수 있다. 마을의 법과 규칙에 따라서 일주일 동안 살아보고, 계속 생활할지 아니면 다른 곳으로 이주할지 결정한다. 3주 후에 가장 많은 주민이 살고 있는 마을이 어디인지 살펴보고 그 이유를 알아본다. 법과 규칙이 우리 생활에 어떤 영향을 미치는지 체험한다.

◆ 마을 활동에 사용하는 말

1. 토지

　가. 토지는 앉는 자리를 의미한다.

　나. 토지는 마을 법률에 따라 달리 적용된다.

　다. 주민이 다른 마을로 이주할 경우, 토지는 이주한 마을의 영역이 된다.

　라. 토지는 '유토피아'의 선정 기준이 된다.

2. 주민

　가. 토지에 거주하고 있는 사람을 주민이라 한다.

　나. 주민은 마을 활동 놀이 규칙에 따른다.

　다. 주민은 '유토피아'의 선정 기준이 된다.

3. 주권

　가. 마을을 운영할 수 있는 권리를 주권이라 한다.

　나. 주권은 마을 활동 놀이 규칙에 따라 달리 적용된다.

　다. 주민이 이주할 경우, 기존의 주권은 잃게 되고 새로운 주권을 적용받는다.

　라. 주권은 '유토피아'의 선정 기준이 된다.

4. 행복

　가. 주민은 개인 통장으로 행복 쿠폰을 받는다.

　나. 행복 쿠폰은 마을 운영에 사용되며 놀이의 종류에 따라 달리 적용된다.

　다. 주민끼리 마음대로 행복 쿠폰을 주고받을 수 없다.

　라. 행복 쿠폰은 '유토피아'의 선정 기준이 된다.

5. 마을 이주

가. 마을 이주란 현재 살고 있는 마을을 떠나 다른 마을로 이동하는 것을 말한다.

나. 다른 마을로 이주할 경우, 이주 비용(행복 쿠폰)을 지불한다.

다. 이주를 희망할 경우 마을 출입 관리 담당자에 신고하고 마을 출입 관리 장부에 서명한다.

라. 이주 절차를 마치면 자리를 이동한다.

6. 마을 활동 공무원

가. 마을 출입 관리, 행복 쿠폰, 행복 프로젝트를 마을 활동 공무원으로 지정한다.

나. 마을 활동 공무원도 마을 활동에 참여한다.

다. 마을 활동 공무원은 매일 행복 쿠폰 1개를 수당으로 지급받는다.

◆ 마을 활동 운영

1. 마을 세우기

마을 세우기 순서는 다음과 같다.

① 마을 세우기를 희망하는 경우, 마을 운영을 어떻게 할 것인지 생각한다.

② 마을 운영에 대한 안내가 적힌 주민 모집 포스터를 만든다.

③ 마을 주민 초청 기간 동안 마을의 법을 알리고 주민을 모집한다.

④ 마을과 마을을 신고 없이 합칠 수 없다.

2. 마을 운영

마을의 운영은 다음과 같이 한다.

① 마을 설립자를 제외한 시민이 1명이라도 있을 경우 마을 운영이 가능하다.

② 마을 설립자에게는 최초 행복 쿠폰 20개가 지급되며, 설립자는 이를 마을 운영에 사용한다.

③ 마을 설립자는 '마을 운영 계획(마을 법률)'에 의하여 행복 쿠폰을 활용한다.

④ 마을에 행복 지수를 높이는 일을 할 경우, 행복 쿠폰을 지급받는다.

⑤ 행복 지수를 낮추는 일이 생겼을 경우, 행복 쿠폰을 반납한다.

⑥ 행복 프로젝트 종목은 마을별로 협의하여 주민이 함께 실천한다.

⑦ 프로젝트 대상은 다른 마을 주민이어야 한다.

⑧ 마을 설립자는 행복 프로젝트 공무원에게 확인을 받는다.

⑨ 마을별로 돌아가며 마을 올림픽을 개최한다.

⑩ 올림픽을 주관한 마을은 행복 프로젝트와 같은 쿠폰을 받는다.

마을은 정치체제(마을 법률)에 의하여 운영한다.

마을 이주 기간에 주민은 다른 마을로 옮길 수 있다. 단, 이주 비용을 스스로 지불해야 한다.

- 첫 번째 이주 비용: 조건 없이 자유롭게 이동 가능.

- 두 번째, 세 번째 이주 비용: 행복 쿠폰 5개를 반납해야 이동 가능.

※ 마을 설립자는 마을이 종료된 경우에만 다른 마을로 이주가 가능하다.

이주 기간마다 마을 행복 지수를 측정하고 전체 마을 활동 종료 때 결과를 발표한다.

3. 마을 종료

마을의 종료는 다음과 같다.

① 개인 종료: 행복 쿠폰이 모두 없어지면 활동이 종료되어 마을 활동에 참여하지 못한다.

② 마을 종료: 마을 설립자를 제외하고 주민이 1명도 없을 경우 마을은 종료된다. 마을 설립자는 다른 마을로 이주한다.

4. 마을 운영 결과

마을 운영 결과는 다음과 같다.

① '유토피아'를 선정하여 시상한다.

② '유토피아' 선정 방법

| 구분 | 토지, 주민, 주권 | 행복 |
|------|----------------|------|
| 점수 | 1명당 5점 | 개인별로 소유한 행복 쿠폰 각 1점 |

③ 이주 기간마다 현재 머물고 있는 마을 행복 지수를 측정한다. 전체 마을 활동을 마친 후, 마을 행복 지수를 발표하고 그 의미를 살펴본다.

## 5. 행복 지수

| | 행복하게 만드는 행동 | 행복 쿠폰 지급 |
|------|----------------------|----------------|
| 개인 | 환경보호 활동(형광등, TV, 선풍기 끄기 등) | 1개 |
| 개인 | 급식 다 먹기(1건당) | 1개 |
| 개인 | 재능 기부(30분) | 도와준 사람(5개), 도움 받은 사람(5개) |
| 단체 | 마을 올림픽(1일 1종목당) | 우승팀(1인당 5개), 참가팀(1인당 4개) |
| 단체 | 마을 자체 행복 프로젝트 달성(1종목당) | 1인당(10개) |

## 6. 불행 지수

| | 행복하지 않은 행동 | 행복 쿠폰 반납 |
|------|--------------------|----------------|
| 개인 | 책상 주변 정리 정돈 불량(1건당) | 1개 |
| | 1인 1역 활동 미흡(1건당) | 1개 |
| | 과제 미해결(1건당) | 1개 |
| | 바르지 않은 말 사용(1건당) | 1개 |
| | 친구와의 다툼(1건당) | 2개 |
| 단체 | 마을 올림픽에 불성실한 참여 | 주권(영토) 상실 - 다른 자리로 이동 |
| | 마을 자체 행복 프로젝트에 불성실한 참여 | 주권(외교권) 상실 - 결정권 상실 |

# 행복 통장

* 마을 활동에서는 종이돈을 쓰지 않습니다.
* 마을 활동에서 이루어지는 활동은 모두 통장에 기입합니다.
* 거래한 내역을 행복 쿠폰 담당자에게 확인받습니다.

이름 (          )

| 날짜 | 받은 쿠폰 수 | 사용한 쿠폰 수 | 남은 쿠폰 수 | 내용 |
|------|------------|--------------|------------|------|
|      |            |              |            |      |
|      |            |              |            |      |
|      |            |              |            |      |
|      |            |              |            |      |
|      |            |              |            |      |
|      |            |              |            |      |
|      |            |              |            |      |
|      |            |              |            |      |
|      |            |              |            |      |
|      |            |              |            |      |
|      |            |              |            |      |
|      |            |              |            |      |
|      |            |              |            |      |
|      |            |              |            |      |
|      |            |              |            |      |

# 행복 프로젝트 실천표

* 행복 프로젝트 실천 내용을 기록해주세요.
* 실천 후에 행복 프로젝트 담당 공무원에게 확인받습니다.

이름 (                )

| 날짜 | 실천 내용 | 담당 공무원 | 쿠폰 발급 |
|---|---|---|---|
|  |  |  |  |
|  |  |  |  |
|  |  |  |  |
|  |  |  |  |
|  |  |  |  |
|  |  |  |  |
|  |  |  |  |
|  |  |  |  |
|  |  |  |  |
|  |  |  |  |
|  |  |  |  |
|  |  |  |  |
|  |  |  |  |
|  |  |  |  |

# 마을 출입 관리 장부

마을 주민이 이주를 희망할 경우 이주 날짜와 희망하는 마을 이름을 기록합니다.

마을 출입 담당 공무원 (　　　　　)

| 이름 | ( )월( )일 | 희망하는 마을 |
|---|---|---|
|  |  |  |
|  |  |  |
|  |  |  |
|  |  |  |
|  |  |  |
|  |  |  |
|  |  |  |
|  |  |  |
|  |  |  |
|  |  |  |
|  |  |  |
|  |  |  |
|  |  |  |
|  |  |  |
|  |  |  |
|  |  |  |

# 마을 행복 지수

마을 활동에서의 행복 지수를 묻는 질문들입니다. 다음에서 자신을 더 잘 설명하는 문항에 ☑ 표시를 하세요.

(      ) 마을 주민

| 문 항 | 전혀 그렇지 않다 | 별로 그렇지 않다 | 보통 이다 | 대체로 그렇다 | 매우 그렇다 |
|---|---|---|---|---|---|
| 1. 나는 우리 마을에서 자유롭게 말하고 행동할 수 있다. | 0 | 1 | 2 | 3 | 4 |
| 2. 나는 우리 마을에서 자유롭게 의견을 말할 수 있다. | 0 | 1 | 2 | 3 | 4 |
| 3. 나는 우리 마을에서 평등한 대우를 받고 있다. | 0 | 1 | 2 | 3 | 4 |
| 4. 나는 우리 마을 행복 쿠폰 운영이 잘되고 있다고 생각한다. | 0 | 1 | 2 | 3 | 4 |
| 5. 나는 우리 마을의 문제점을 자유롭게 말할 수 있다. | 0 | 1 | 2 | 3 | 4 |
| 6. 나는 내가 가지고 있는 행복 쿠폰 수에 만족한다. | 0 | 1 | 2 | 3 | 4 |
| 7. 나는 우리 마을의 행복 프로젝트 활동에 만족한다. | 0 | 1 | 2 | 3 | 4 |
| 8. 나는 우리 마을 일에 즐겁게 참여하고 있다. | 0 | 1 | 2 | 3 | 4 |
| 9. 나는 우리 마을이 베스트 오브 베스트가 될 거라고 생각한다. | 0 | 1 | 2 | 3 | 4 |
| 10. 나는 앞으로도 우리 마을의 시민으로 참여할 것이다. | 0 | 1 | 2 | 3 | 4 |
| 합계 | | (     )점 | | | |

# 문화 복지 교육을 위한
# 마을 활동

◆ 마을 활동의 약속

1. 마을 활동은 놀이다.

2. 마을 활동에서는 놀면서 배운다.

3. 마을 활동에는 모두가 참여한다.

4. 마을 활동 놀이 방법을 자세히 읽고 반드시 지킨다.

5. 마을 활동에서는 마을 모임(반 모임)에서의 결정 사항을 따른다.

◆ 마을 활동의 흐름

마을 활동은 3주간 진행되는데. 마을을 형성하는 세 가지 요소(공간, 주민, 누리 쿠폰)를 중심으로 활동이 이루어진다. 마을이 설립되면 주민들은 희망에 따라서 자신이 원하는 마을에 살 수 있다. 마을마다 문화 사업을 구상하여 문화 활동을 펼친다. 문화 사업을 펼친 후, 다른 마을로 이주가 가능하다. 문화 사업에 따라서 우리 생활에 미치는 영향을 살펴보고 바람직한 문화 복지정책이 무엇인지 생각해본다.

◆ **마을 활동에 사용하는 말**

1. 공간

   가. 공간은 주민들을 대상으로 펼쳐지는 전시 및 판매, 공연 등을 의미한다.

   나. 공간은 '옐로 라운지'와 '블루 라운지'로 구분한다.

   옐로 라운지는 정해진 장소에서 관객을 대상으로 하는 유료 전시 및 판매, 공연 등을 말한다. 이와는 달리 블루 라운지는 누구에게나 열려 있는 무료 전시 및 판매, 공연 등을 말한다.

   다. 공간은 마을의 문화 사업 정책에 따라 달리 적용된다.

   라. 공간은 '문화 마을 상' 선정 기준이 된다.

   마. 상업적인 대중가요나 춤 등은 공연의 내용으로 할 수 없다.

2. 주민

   가. 전시 및 판매, 공연 등에 참여하는 사람을 주민이라 한다.

   나. 주민은 문화 활동에 참여하는 횟수에 따라 누리 쿠폰 1개씩을 지급받는다.

   다. 주민의 마을 활동은 문화 사업 정책에 따른다.

   라. 주민은 '문화 마을 상' 선정 기준이 된다.

3. 누리 쿠폰

   가. 문화 누리 쿠폰은 정부(교사)가 발행하며 개인과 마을에 지급된다.

   나. 문화 누리 쿠폰은 마을 운영에 사용되며 문화 사업 정책에 따라 달리 적용된다.

   다. 문화 누리 쿠폰은 돈으로 구입할 수 없으며 시민끼리 마음대로 주고받을 수 없다.

라. 문화 누리 쿠폰은 '문화 마을 상' 선정 기준이 된다.

4. 마을 이주

가. 마을 이주란 현재 살고 있는 마을을 떠나 다른 마을로 이동하는 것을 말 한다.

나. 마을 이주는 문화 사업을 새롭게 추진할 경우에 이루어진다. 문화 사업 을 펼친 후에 주민은 다른 마을로 이주할 수 있다.

다. 이주를 희망할 경우 마을 출입 관리 담당자에게 문화 사업 계획서를 제 출하고 확인받는다.

라. 이주 절차를 마치면 자리를 이동한다.

5. 마을 활동 공무원

가. 문화 누리 쿠폰 담당자, 마을 출입 관리 담당자를 마을 활동 공무원으로 지정한다.

나. 마을 활동 공무원도 마을 활동에 참여한다.

다. 마을 활동 공무원은 매일 문화 누리 쿠폰 2개씩을 지급받는다.


◆ 마을 활동 운영

1. 마을 세우기

마을 세우기 순서는 다음과 같다.

① 문화 마을 세우기를 희망할 경우 전시 및 공연과 같은 문화 사업을 구상 한다.

② 문화 사업은 '옐로 라운지', '블루 라운지'로 구분하여 운영한다.

③ 사업 방식은 사업별로 변경 가능하다.

④ 문화 마을 설립자는 주민들에게 문화 사업을 홍보하고 안내한다.

⑤ 수익금(누리 쿠폰)은 마을 협의를 통하여 분배하여 개인 통장에 기록

한다.

2. 마을 운영

마을의 운영은 다음과 같다.

① 마을 세우기는 설립자와 주민 1명 이상일 때 가능하다.

② 최초 마을 설립자에게는 모인 주민만큼 문화 누리 쿠폰을 지급한다.

③ 마을 설립자는 문화 사업에 따라 전시 및 공연 등을 펼치고 관람객(주민) 또는 정부(교사)로부터 보상을 받는다.

　　－옐로 라운지 방식인 경우, 참여한 주민으로부터 화폐로 보상받음.(금액은 자율 책정)

　　－블루 라운지 방식인 경우, 참여한 주민의 수만큼 문화 누리 쿠폰 담당자로부터 문화 누리 쿠폰으로 보상받음.

④ 문화 사업의 대상은 교실 안과 밖(친구, 가족, 마을 등) 누구에게나 가능하다.

⑤ 문화 사업 운영 후 마을 설립자는 문화 누리 쿠폰 담당자에게 확인을 받는다.

⑥ 문화 사업에 따라 주민은 다른 마을로 수시로 옮길 수 있다. 마을 이주를 희망할 경우, 문화 사업 계획서를 마을 출입 관리 담당자에게 확인받는다.

⑦ 문화 복지 정책 제안에 따라 법률을 개정하여 운영할 수 있다.

3. 마을 종료

마을의 종료는 다음과 같다.

① 개인 종료: 개인 통장에 누리 쿠폰이 없는 경우 유료 공연 마을 활동에 참여하지 못한다.

② 마을 종료: 마을 설립자를 제외하고 주민이 1명도 없을 경우 마을은 종

료된다. 마을 설립자는 다른 마을로 이주한다.

4. 마을 운영 결과

마을 운영 결과는 다음과 같다.

① '문화 마을 상' 수상자를 선정하여 시상한다.

② '문화 마을 상' 수상자 선정 방법

| 구분 | 공간 | 주민 | 문화 누리 쿠폰 |
|------|------|------|----------------|
| 배점 기준 | 전시 및 공연 횟수<br>각 100점 | 문화 사업에 참여한 관람객<br>수 1인당 10점 | 쿠폰<br>1장당 10점 |

③ 문화 사업 운영 후 공간, 주민, 문화 누리 쿠폰 등의 수입은 마을 주민의 수로 나누어서 문화 누리 쿠폰 통장에 기록한다.

④ 마을 이주가 발생할 경우 마을 주민이 서로 협의하여 나누어 가진다.

5. 문화 활동(예시)

| 행복한 문화 만들기 실천 프로젝트 | 문화 누리 쿠폰 지급 |
|----------------------------------|--------------------|
| 알뜰 시장 개인 판매자 참여 | 5개 |
| 알뜰 시장 물품 기증 참여 | 5개 |
| 친구나 가족을 대상으로 문화 활동을 실천한 경우<br>※ 악기 연주, 시낭송, 노래 부르기, 마술 등 | 4개 |
| 좋은 책 서로 바꾸어 읽기(1권당) | 4개 |
| 북 셰어링 실천(1건당) - 친구, 가족 등 | 2개 |
| 마을 활동 공무원(1일) | 2개 |
| 급식 다 먹기(1건당) | 2개 |
| 친구에게 칭찬하기(1일 10회) | 2개 |
| 학교 내외 환경 정화 활동(5분) | 1개 |

# 문화 누리 쿠폰 통장

* 마을 활동에서는 종이돈을 쓰지 않습니다.
* 마을 활동에서 이루어지는 활동은 모두 통장에 기입합니다.
* 거래한 내역을 문화 누리 쿠폰 담당자에게 확인받습니다.

이름 (            )

| 날짜 | 받은 쿠폰 수 | 사용한 쿠폰 수 | 남은 쿠폰 수 | 내용 |
|------|------------|--------------|------------|------|
|      |            |              |            |      |
|      |            |              |            |      |
|      |            |              |            |      |
|      |            |              |            |      |
|      |            |              |            |      |
|      |            |              |            |      |
|      |            |              |            |      |
|      |            |              |            |      |
|      |            |              |            |      |
|      |            |              |            |      |
|      |            |              |            |      |
|      |            |              |            |      |
|      |            |              |            |      |
|      |            |              |            |      |
|      |            |              |            |      |

# 마을 문화 사업 실천 표

* 마을 문화 사업 실천 내용을 기록해주세요.
* 거래한 내역을 문화 누리 쿠폰 담당자에게 확인받습니다.

마을 설립자(                    )

| 날짜 | 실천 내용 | 관람객 수 | 쿠폰 발급 |
|------|-----------|-----------|-----------|
|      |           |           |           |
|      |           |           |           |
|      |           |           |           |
|      |           |           |           |
|      |           |           |           |
|      |           |           |           |
|      |           |           |           |
|      |           |           |           |
|      |           |           |           |
|      |           |           |           |
|      |           |           |           |
|      |           |           |           |
|      |           |           |           |
|      |           |           |           |
|      |           |           |           |

# 마을 문화 참여 기록 표

* 마을 문화 사업에 참여한 후에 내용과 소감을 씁니다.

이름 (　　　　　)

| 날짜 | 참여한 문화 사업 | 관람 후 소감 |
| --- | --- | --- |
|  |  |  |
|  |  |  |
|  |  |  |
|  |  |  |
|  |  |  |
|  |  |  |
|  |  |  |
|  |  |  |
|  |  |  |
|  |  |  |
|  |  |  |
|  |  |  |
|  |  |  |

# 마을 출입 관리 장부

* 마을 주민이 이주를 희망할 경우, 이주 날짜와 희망하는 마을 이름을 기록합니다.

마을 출입 담당 공무원 (　　　　　)

| 이름 | ( )월 ( )일 | 희망하는 마을 |
|------|------------|--------------|
|      |            |              |
|      |            |              |
|      |            |              |
|      |            |              |
|      |            |              |
|      |            |              |
|      |            |              |
|      |            |              |
|      |            |              |
|      |            |              |
|      |            |              |
|      |            |              |
|      |            |              |

# 세계시민 교육을 위한
# 마을 활동

◆ 마을 활동의 약속

1. 마을 활동은 놀이다.

2. 마을 활동에서는 놀면서 배운다.

3. 마을 활동에는 모두가 참여한다.

4. 마을 활동 놀이 방법을 자세히 읽고 반드시 지킨다.

5. 마을 활동에서는 마을 모임(반 모임)에서의 결정 사항을 따른다.

◆ 마을 활동의 흐름

마을 활동은 3주간 진행되는데. 마을을 형성하는 세 가지 요소(마음 기부, 재정 기부, 재능 기부)를 중심으로 활동이 이루어진다. 마을이 설립되면 주민들은 희망에 따라서 자신이 원하는 마을에 살 수 있다. 마을마다 세계시민 사업을 구상하여 활동을 펼친다. 사업을 펼친 후, 다른 마을로 이주가 가능하다. 세계시민으로서 살아가기 위해서 필요한 것이 무엇인지 생각해본다.

◆ 마을 활동에 사용하는 말

1. 마음 기부

가. 마음 기부는 세계시민의 마음 갖기를 의미한다.

나. 마음 기부 개인 점검 표를 운영한다.

다. 마음 기부는 '세계시민 상' 선정 기준이 된다.

2. 재정 기부

가. 재정 기부는 기부금을 의미한다.

나. 마을별로 기부금을 모을 수 있는 재정 사업을 계획하여 운영한다.

다. 가족을 대상으로 개인 재정 기부도 가능하나 금액을 밝히지 않고 비밀로 한다.

라. 재정 기부는 '세계시민 상' 선정 기준이 되지 않는다.

3. 재능 기부

가. 재능 기부는 자신의 재능이나 봉사 등의 활동을 통한 기부를 의미한다.

나. 마을별로 기부금을 모을 수 있는 재능 사업을 계획하여 운영한다.

다. 가족을 대상으로 하는 개인 재능 기부도 가능하다.

라. 재능 기부는 '세계시민 상' 선정 기준이 된다.

4. 행복

가. 주민은 통장에 행복 쿠폰을 적는다.

나. 행복 쿠폰은 기부 활동을 한 후에 행복 상태에 따라 자신이 직접 개수를 결정한다.

(최상: 행복 쿠폰 3개, 보통: 행복 쿠폰 2개, 조금: 행복 쿠폰 1개)

다. 주민끼리 마음대로 행복 쿠폰을 주고받을 수 없다.

라. 행복 쿠폰은 '세계시민 상' 선정 기준이 아니다.

5. 마을 활동 공무원

가. 기부금 관리 공무원은 학급 대표로 정한다.

나. 기부금 관리 공무원은 매일 기부 금액을 장부에 쓰고 주민들에게 공개한다.

◆ 마을 활동 운영

1. 마을 세우기

마을 세우기 순서는 다음과 같다.

① 나눔 활동을 위한 '마을 운영 계획서'를 작성하여 정부(교사)에 제출한다.

② '마을 운영 계획서' 확인 후 나눔 활동을 시작한다.

③ 나눔 활동은 매일 2교시 후 중간 놀이 시간을 이용한다.

④ 나눔 활동 후의 모금액은 공개하고 난 후 기부금 관리 공무원이 책임지고 보관한다.

2. 마을 운영

마을 운영 순서는 다음과 같다.

① 마음 기부는 개인별 점검 표에 본인이 직접 작성한다.

※마음 기부: 세계시민 교육과 관련된 활동(관련 도서 읽기, 봉사 단체 홈페이지 방문, 관련 주제로 가족과 대화하기 등)

② 재정 기부는 나눔 활동 시간에 기부금을 모을 수 있는 사업을 진행한다.

※학용품, 식품, 의류 등을 판매하며, 개인 기부도 가능

③ 재능 기부는 가족을 대상으로 기부금을 모을 수 있는 사업을 진행한다.

※심부름하기, 청소하기, 구두 닦기 등을 실천하고 기부함

④ 마을별로 재정 및 재능 기부 기록자를 정하여 활동 내용을 기록한다.

⑤ 행복 쿠폰은 기부 활동 후에 만족도에 따라 스스로 쿠폰 수를 결정한다.

※최상: 행복 쿠폰 3개, 보통: 행복 쿠폰 2개, 조금: 행복 쿠폰 1개

⑥ 12월 24일 '행복 나눔 축제'를 운영한다.

※동아리 발표회와 연결 지어서 기부 활동을 펼친다.

4. 마을 운영 결과

마을 운영 결과는 다음과 같다.

① '세계시민 상'을 선정하여 시상한다.

② '세계시민 상' 선정 방법

| 구분 | 마음 · 재정 · 재능 기부 | 행복 |
|------|------------------------|------|
| 점수 | 1회당 5점 | 개인별로 소유한 행복 쿠폰 각 1점 |

# 행복 쿠폰 통장

* 기부 활동 후에 본인이 직접 행복 쿠폰을 통장에 기입합니다.
* 최상: 행복 쿠폰 3개, 보통: 행복 쿠폰 2개, 조금: 행복 쿠폰 1개

이름 (              )

| 날짜 | 행복 쿠폰 수 | 날짜 | 행복 쿠폰 수 |
|---|---|---|---|
|  |  |  |  |
|  |  |  |  |
|  |  |  |  |
|  |  |  |  |
|  |  |  |  |
|  |  |  |  |
|  |  |  |  |
|  |  |  |  |
|  |  |  |  |
|  |  |  |  |
|  |  |  |  |
|  |  |  |  |
|  |  |  |  |
|  | 합계 |  | 합계 |

# 마음 기부 통장

* 마음 기부는 세계시민의 마음 갖기를 의미한다.
* 마음 기부 활동을 하였으면 ○로 표시한다.

이름 (          )

| 날짜 | 관련 도서 읽기 | 봉사 단체<br>홈페이지 방문 | 관련 주제<br>가족과 대화하기 | 기타 |
|---|---|---|---|---|
|  |  |  |  |  |
|  |  |  |  |  |
|  |  |  |  |  |
|  |  |  |  |  |
|  |  |  |  |  |
|  |  |  |  |  |
|  |  |  |  |  |
|  |  |  |  |  |
|  |  |  |  |  |
|  |  |  |  |  |
|  |  |  |  |  |
|  |  |  |  |  |
|  |  |  |  |  |

삶이 있는
수업

: 수업혁신, 배움을 넘어 삶으로

초판 1쇄 펴낸날 2017년 5월 10일 | 초판 3쇄 펴낸날 2021년 4월 30일

글 류창기

펴낸이 조은희 | 편집장 한해숙 | 편집 신경아 | 교정교열 정일웅 | 디자인 정계수, 이미연

마케팅 박영준, 한지훈 | 경영지원 김효순 | 제작 정영조, 정해교

펴낸곳 (주)한솔수북 | 출판 등록 제2013-000276호 | 주소 03996 서울시 마포구 월드컵로 96 영훈빌딩 5층

전화 02-2001-5822(편집), 02-2001-5828(영업) | 전송 02-2060-0108 | 전자우편 isoobook@eduhansol.co.kr

블로그 blog.naver.com/hsoobook | 인스타그램 soobook2 | 페이스북 soobook2

ISBN 979-11-7028-133-7 03370

※ 이 도서의 국립중앙도서관 출판시도서목록(CIP)은 서지정보유통지원시스템 홈페이지(http://seoji.nl.go.kr)와 국가자료공동목록시스템(http://www.nl.go.kr/kolisnet)에서
　이용하실 수 있습니다. (CIP제어번호 : CIP2017007017)
※ 값은 뒤표지에 있습니다.

한솔수북 한솔수북의 모든 책은 아이의 눈, 엄마의 마음으로 만듭니다.